경쟁과 협력의 한일관계

경쟁과 협력의 한일관계

한국일본학회 편

논형

책을 펴내며

보는 사람에 따라 차이는 있겠지만 한일양국은 지리적으로 가깝고 문화적으로 유사성을 지니면서 지난 2천여 년 동안 교류를 이어오고 있다. 고대에는 선진화된 많은 한반도 문화가 일본에 전해졌으며 그중에서 한자와 불교가 오늘날 일본사회를 만드는 데 중요한 역할을 했다. 그러나 중세에 왜구의 출현과 약탈, 임진왜란, 그리고 일제 36년을 거치면서 한일양국은 애증의 관계가 되었다. 또한 지난 20세기 일본제국주의가 한반도 침략과정에서 저지른 만행들이 한국인에게는 지금도 아픈 상처의 기억이 되어 양국의 현안이 되고 있다. 이에 한국에서 일본을 연구하는 학자들이 모여 한일관계 개선과 양국의 미래지향적인 발전을 위해 갈등을 넘어 화해를 지향하는 의미 있는 책, 『경쟁과 협력의 한일관계』를 출판하기로 했다. 특히 지난해에는 전후 70년과 한일수교 50주년을 맞아 한일관계에 큰 폭의 변화를 기대하는 이들도 많았다. 그러나 뚜렷한 변화는 없었다. 이제 새로운 50주년을 향한 한일관계의 원년이 시작되었다. 첫술에 배부를 수는 없다. 단번에 많은 변화도 기대하지 않는다. 우공이 이산하듯(愚公移山), 좋은 한일관계를 위해 포기하지 않고 노력한다면 보통의 한일관계는 그리 멀리 있지 않다고 생각한다. 그러나 일부이기는 하나 아직도 일본사회의 한국인에 대한 혐오발언과 과거사를 부정하려는 시도는 계속되고 있다. 연구자들은 이 책을 통해 현재 변모하는 일본사회 뿐만이 아니라 한일양국의 현안인 주제들을 양국의 입장에서 보여주려고 노력했다. 이는 어디까지나 연구자 개인의 연구결과이기에 정부나 사회의 입장과는 다를 수 있다는 점도 언급해둔다.

한국 일본정경사회학회 회장

곽진오

차례

3장 재일코리안에 대한 혐오표현과 규제

5장 지방정부의 교류를 통해서 본 한일협력

6장 지역발전: 일본의 경험과 한국에의 제안

1장

재일코리안: 밑바닥의 재외동포*

'밑바닥의 재외동포'로부터의 탈출은 가능한가?

김웅기

Ⅰ. 들어가며

2015년에 국교정상화 50주년을 맞이한 한일관계는 냉랭한 채 끝날 것 같았다. 그러나 12월 28일 지극히 첨예한 양국 간의 역사문제인 위안부 문제를 둘러싼 정부간 교섭이 타결로 이르렀다. 일본에서는 정부예산으로부터 10억 엔이 한국 측에 지출된다는 데 일부 반발하는 이들이 존재한다. 그러나 국제 사회에서 한국 측이 향후 이 문제로 문제제기하지 않겠다는 '불가역성(不可逆性)'까지 받아들이게 했다는 점에서 외교적 승리라고 할 수 있을 것이다. 한편, 한국 측은 아베 총리의 사죄를 이끌어냈다고는 하지만 피해당사자들의 의향을 소홀히 다루었던 점이 밝혀졌을 뿐만 아니라 앞으로 예상되는 여론의 반발을 막는 역할까지 짊어지게 되는 등, 성과에 대해서는 회의적이라고 하지 않을 수 없다. 인권이나 정의의 문제를 외교교섭에 위임하는 일 자체가 100%의 성과를 거두기가 어렵다는 점은 자명한 일이기는 하나, 그렇다 하더라도 한국 측이 얻은 성과란 지난 수십 년간의 운동 추이를 감안한다면 매우 미미한 수준에 그

* 본고는 拙稿, 「韓国社会における「最底辺の在外同胞」としての在日コリアン」, 『日本學報』, 第106輯, 2016年 2月 내용을 일부수정・번역한 것임.

쳤다. 그러나 여하튼 이 문제에 대해 한국국민의 관심이 매우 높은 것만큼은 사실이다.

한편, 같은 시기에 또 하나의 역사문제인 재일코리안[1]의 존재가 주목은 받은 일이란 거의 없었다. 한일기본조약의 부속조약인 일본국에 거주하는 대한민국국민의 법적지위 및 대우에 관한 조약(이하 재일한국인지위협정)에 의해 일본 거주권이 규정되는 등 국교정상화에 따른 직접적 당사자임에도 불구하고 그 존재감은 지극히 희미하다. 재일코리안 스스로는 양국 간의 가교역할을 자부[2]하고 있으니 아이러니하다.

2012년 8월 이후 뉴커머(new comer)라고 불리는 신정주자 집주지역인 도쿄 신오쿠보(新大久保)가 혐한시위의 현장이 되면서 대통령을 비롯한 정부관계자들이 일본정부에 대해 우려를 거듭 표명하는 등 역대 정부에 비해 이례적이라고 할 수 있는 높은 관심을 보였지만[3] 여론의 일본에 대한 분노나 반발이 고조된 것과는 대조적으로 항시적 차별과 제노사이드(genocide) 선동의 직접적 피해자이자 자국민인 올드커머(old comer) 재일코리안의 안위에 대한 관심은 부차적 차원에 그쳤다. 1992년 LA폭

1) 본고는 일제강점의 영향으로 인해 일본으로 이주 · 정주하게 된 한민족 총체를 가리키는 용어로 '재일코리안'을 사용하기로 한다. '재일조선인'이 역사적 용어라는 점에 대해서는 필자 또한 동의하는 바이기는 하나 이 용어 속에 북한 · 조총련에의 지지라는 정치적성향이 혼재된다는 점을 부정할 수는 없다. 따라서 다양한 정치적 속성을 두루 아우르는 총체라는 함의를 포함하는 용어로 사용하기에는 한계가 있다. '재일코리안'을 또한 한계를 지니고 있기는 하지만 적어도 정치적 중립성을 지향하는 데 최선이라는 판단에 따른 것이다.

2) 여태까지 수많은 재일코리안 저명인사들이 한일간의 가교라는 자부심을 표명해왔다. 한예로 대한민국민단(이하 민단) 중앙본부 오공태(呉公太) 단장은 2015년 신년사로 민단의 역할에 대해 다음과 같이 말한 바 있다. "한일국교정상화 50주년이라는 해를 맞이하게 되었습니다. 냉랭해진 한일관계를 불식시키기 위해서도 조기에 양국 수뇌가 직접 만나 흉금을 터놓는 일이 시급합니다. 한일 가교역할을 담당하는 민단이 한일우호라는 분위기 조성에 노력해야 합니다." 『統一日報』, 2015年 1月 1日.

3) 이 같은 한국정부의 움직임에 대해 신오쿠보에서 사업을 하는 한 뉴커머는 필자와의 인터뷰에서 "재외국민이 재외국민참정권을 얻게 데 따른 긍정적인 영향"이라고 말하고 있다. 졸고, 「혐한(嫌韓)현상이 재일코리안사회에 미치는 충격」, 2014년도 재외동포재단 용역사업.

동 당시 미국국적자 또는 그 취득에 적극적인 재미코리안에 대해 한국사회가 보였던 관심과 모금운동에 비해도 그 차이는 역연하다.[4]

이 같은 재일코리안의 한국사회 내 법적지위나 사회적 위상이란 과연 어떤 것일까? 한일 간의 인적이동이 갈수록 활성화되는 상황에서는 재일코리안 또한 예외가 아니라고 생각할 수 있겠지만 약 720만 명 재외동포 중 한 집단이라는 관점에서 재일코리안을 바라볼 때, 80만 명 이상이 한국 내에 정착하고 있을 것으로 추정되는 중국 조선족[5]을 비롯한 타국의 재외동포들과는 달리 유독 모국 정주에 소극적이라는 특징[6]을 가지고 있다.

그럼에도 불구하고 한국국적을 유지하는 이들이 여전히 다수를 차지

---

4) 한국 외무부 산하 재외동포재단이 명지대학교 청소년활동연구소와 ㈜한국리서치에 의뢰하여 실시된 『재외동포에 대한 내국인의 인식조사』에 따르면 2009년에 비해 2013년에는 내국인의 재외동포 전반에 대한 호감도는 저하 경향을 보였으며, 특히 재일코리안은 29.8%로 2009년 43.7%로부터 크게 저하(−13.9%)했다. 이는 재미코리안 61.3%(2009)→55.0%(2013)〈−6.3%〉, 중국 조선족 26.4%(2009)→14.9%〈−12.0%〉, 러시아 · CIS지역 16.8%(2009)→13.3%(2013)〈−3.5%〉 등과 비교해 봐도 현저하다. 「내국민 재외동포 호감도 미국 호주 유럽 순– 재외동포재단, 「2013년도 재외동포에 대한 내국민 인식조사」 결과」, 『OK Times』, 2013년 2월 5일.

5) 2015년 11월 말 현재 데이터에 근거하여 한국 법무부 외국인 · 출입국정책본부가 발표한 『출입국 · 외국인정책 통계월보』 2015년 11월호에 따르면 한국 내에 합법적으로 거주하고 있는 중국 조선족은 647,805명으로 외국적동포 전체(753,580명)에서 86.0%를 차지하고 있으며, 비정규(불법)체류자까지 포함하면 80만 명을 윗도는 것으로 추산된다. 국내언론은 조선족 3명 중 1명이 한국에 체류하고 있어 정주화 경향이 두드러지고 있다고 보도한 바 있다. 「국내 조선족 80만명… 이방인 아닌 이방인」, 『한국일보』, 2015년 12월 19일.

6) 한국국적, 일본국적을 불문하고 재일코리안의 모국 장기체류는 일본인 및 타국 재외 동포에 비해 현저히 낮은 수위에 머물고 있다. 과거 한국 호적에 등재되어 있었지만 외국국적을 취득한 자에게 취득자격이 있는 재외동포비자(F−4) 보유자는 2013년 중국 조선족 159,324 명, 재미코리안 44,999명, 재캐나다코리안 13,507 명인데 반해 재일코리안은 828명에 불과하다. 법무부 외국인 · 출입국정책본부, 앞의 자료. 또한, 해외에서 한국국적을 유지하며 재외국민 신분으로 국내 장기거주를 하는 자가 필해야 할 재외국민국내거소신고자수(2012−2014)도 재일코리안 14,861명에 비해 재미코리안 36,423명, 재캐나다코리안 11,111명 등으로 되어 있는데 지리적 여건이나 인구수 등을 감안할 때, 한국국적을 유지하고 있는 재일코리안의 모국거주 또한 타국 재외동포들과 비교할 때 활발하다고 할 수 없다. 국가통계포털, 「거주국별/행정구역별 거소신고자수」, 2015년 8월 31일. http://kosis.kr/statisticsList/statisticsList_01List.jsp?vwcd=MT_ZTITLE&parmTabId=M_01_01#SubCont (2015년 12월 23일 검색)

하고 있는 상황이 지속되는 한, 재일코리안의 권리상황 또는 사회적 위상에 대한 고찰이란 국적이 존재하는 한국의 권리상황과 거주국인 일본에서의 그것을 함께 그리고 동시에 고려하지 않고서는 완결되지 않는다. 그러나 이 같은 문제의식은 그동안 거의 존재하지 않아왔다.

재일코리안의 모국에서의 지위나 위상에 관한 선행연구는 매우 적은 편이며 문경수(文京洙)나 조경희(趙慶喜), 한영혜(韓榮恵) 등에 의한 논고가 있을 정도다. 우선 문경수는 재일코리안을 국민국가의 틀을 초월한 존재로 규정하여 다중국적에 관한 논의가 시작된 한국사회의 국민개념 변화가 재일코리안에게 새로운 가능성을 열어줄 것을 예견한다.[7] 그러나 재일코리안이 한국사회에 영향을 미칠 수 있고 정착할 수 있는 존재라는 관점으로 논의되지는 않았다. 이와 대조적으로 조경희는 한국사회에서 현실적으로 살아가고 있는 재일코리안 입장에서 논의하고 있다. 한국 내 행정시스템이 재일코리안을 도외시한 채 설계되어왔다는 점을 들어 사회적 인지를 받기가 힘든 '투명인간'적 상황에 놓여있음을 논하고 있다.[8] 한편, 한영혜의 논고[9]는 재일코리안의 모국정주의 동기나 국적에 대한 인식 등에 대한 청취조사를 정리한 것이며, 그 대상은 조선적(朝鮮籍)으로부터 한국국적으로의 국적변경자로 한정되어 있다.

본고는 재일코리안의 권익상황 또는 위상 중 모국인 한국에서의 그것에 대한 고찰이며, 대상을 한국의 재외국민이자 일본의 특별영주권자인 올드커머 재일코리안 전반으로 삼고 있다는 점에서 조경희의 논고와 동일 있다. 그러나 한국사회에서 내국인 외 구성원, 즉 재일코리안이 아닌

7) 文京洙, 「〈在日〉,"国民"の狭間を生きて」, 『立命館言語文化研究』, 第20巻 第3號, 2009年 2 月, 145−150頁.

8) 趙慶喜, 「在韓在日朝鮮人の現在 曖昧な「同胞」の承認にむけて」, 『インパクション』 185號, 2012年 6月, 152−161頁.

9) 韓榮恵, 「在韓在日朝鮮人: 本国との新しい関係−"朝鮮"から"韓国"に"国籍変更"した在日 3 世を中心に−」, 『移民政策研究』, 第3号, 2011年, 123−139頁.

재외동포 및 외국인의 권리 상황과의 상대비교를 시도한다는 점에서 차이가 있다. 또한, 재일코리안이 오늘날 어떠한 논리와 실천을 가지고 후술할 한국사회 내 '밑바닥의 재외동포'라고 해도 과언이 아닌 상황을 극복해나가려 하는지에 대해서도 논하고자 한다. 상술한 바와 같이 재일코리안의 권익상황을 한일 쌍방의 그것을 함께 감안해야 한다는 문제의식에 따라 논의의 혼란을 피하기 위해 일본에서의 권리상황에 관한 고찰은 별도의 논고[10]에서 시도한 바 있다. 한일협상 당시 양국 간의 협의 대상이었으며, 한일수교 50주년을 맞이한 재일코리안의 오늘날 권익상황에 대한 고찰은 두 편의 논고로 완결된다.

본고의 구성은 우선 Ⅱ장에서 한국의 급속한 다문화사회화와 재외동포의 다양화 진전에 관하여 논할 것이다. Ⅲ장에서는 이 같은 상황에서 한국사회는 어떻게 법행정적 제도설계를 행해왔으며 재일코리안이 한국사회에서 주변화되어가고 있는지에 대해 고찰할 것이다. Ⅳ장에서는 권리측면에서의 소외와는 대조적으로 국민으로서의 의무는 강화된 '밑바닥의 재외동포'라고 해도 과언이 아닌 지위로 전락한 재일코리안이 이 같은 상황 극복을 위해 어떠한 실천을 하고 있는지에 관해 논할 것이다.

Ⅱ. 한국사회의 재외동포 다양화 진전과 재일코리안의 주변화

재일코리안이 불과 두 세대 만에 민족언어와 문화를 상실한 이유가 동화정책이나 민족교육 탄압과 같은 일본 측 사정에 있다는 점에 대해서

10) 졸고, 「'1965년체제'와 재일코리안 –강한 정치성이 낳은 정치적 취약성–」, 『일본문화학보』, 제68집, 2016년 2월.

는 그동안 수많은 논의들이 제기되어 왔지만 이들의 모국인 남북한과의 관계 또한 그에 못치 않게 중요하다. 1960년대 후반부터 북송동포들의 북한 귀환 후 실상이 알려지기 시작한데다가 남한에서도 1970년대부터 1980년대, 즉 유신정권부터 전두환정권 시절에 2 · 3세 모국수학생들이 적어도 130명 이상 간첩의 누명으로 정치범으로 날조되어 재일동포사회에 모국에 대한 강한 불신과 공포를 낳았다. 오늘날 재일코리안의 모국과 단절된 정체성을 논의할 때는 이 같은 모국과의 관계성도 함께 고려되어야 할 것이다. 2세가 중심이 되던 1970년대부터 이미 재일코리안의 일본 정주성이 강해지고 있었지만 모국왕래가 단절이라고도 할 정도로 심각해진 데는 이 같은 정치적 이유도 작용했던 것이다.

이와 대조적으로 재미코리안의 역이민, 즉 모국귀환이 본격화하기 시작한 것이 1980년대이다. 사회통념상 재외동포의 대표성이 이들에게 이행(移行)됐던 것도 이 시기다. 인종적, 문화적 이유 등으로 미국사회에서 입신출세(立身出世)에 한계를 느끼던 다수의 고학력자들이 모국에서 전문직이나 화이트칼라로 활약하기 시작했고 미국으로 돌아가거나 제3국에서 취업기회를 찾는 이들까지 포함하여 모국을 발판으로 삼는 케리어패스(career path)가 점차 구축되어간 것이다.

이들에게 장점이 되는 것이 이중언어나 이중문화라는 데 대해서는 말할 것도 없다. 이 같은 상황을 제도적으로 지탱하고 있는 것이 김대중정권 시절에 제정된 재외동포의 출입국과 법적지위에 관한 법률(이하 재외동포법) 시행과 이명박정권 시절의 이중국적을 허용하는 국적법 개정이라는 법체계이다. 이들이 모국에서 활동하는 데 따른 제약이 되는 요소들은 이 같이 법적으로도 점차 제거되고 있다.

1990년대는 1988년 서울올림픽 이후 남북간의 외교경쟁에서 남측이 우위에 서기 시작한 시기다. 중국과 소련 등과의 국교정상화됨에 따라

이들 국적을 소지하는 중국 조선족이나 구소련(CIS)동포들이 대거 한국으로 유입하기 시작했다. 특히 중국 조선족은 오늘날 국내거주 재외동포들 가운데 압도적 다수를 차지하게 되었고 이른바 3D산업의 노동자부족을 메우는 없어서는 안 되는 존재가 되고 있다. 이들의 정주지향 고조와 고학력화 진전에 따라 사회적 발언력 또한 증대하고 있다. 이 배경으로 한국 내 NGO단체 등과의 긴밀한 연대에 따른 정치력 상승과 재외동포법위헌소송 승소[11]에 따라 외국국적동포[12]로서의 지위를 획득하게 된 일 등을 들 수 있다. 서울시 가리봉동과 대림동 등지에는 이들의 집주지역마저 형성되어 있다. 이를 가능케 하는 요인 또한 이중언어와 이중문화이다. 한편, 스탈린 시절에 극동지역으로부터 오늘날 우즈벡스탄, 카자흐스탄 등 중앙아시아로 강제이주된데다가 민족교육도 탄압을 받았던 어려움을 겪은 CIS동포들은 중국 조선족만큼 모국어 · 문화를 보전하지는 못하고 있으나, 이들 또한 취업이나 진학기회를 모국에서 얻고 있는데 변함없다.

재외동포법상 한국국적을 소지하는 재외국민과 외국국적자인 외국국적동포의 지위는 동등하다고 규정되어 있으며, 재외동포문제를 전담하는 준정부기관인 외무부 산하 재외동포재단 또한 이 같은 정의에 바탕하여 운영되고 있다. 그러나 재일코리안 입장에서 볼 때, 이 같은 정의는 부당하다고 하지 않을 수 없다. 왜냐하면 외국국적동포는 일반외국인에

---

11) 중국 조선족의 재외동포법 위헌소송 승소에 이르기까지의 경위에 대해서는 鄭雅英, 「韓国の在外同胞移住労働者－中国朝鮮族労働者の受け入れ過程と現状分析－」, 『立命館国際地域研究』, 第26号, 2008年 2月, 83-84頁에 간결하게 정리되어 있다.

12) 외국국적동포로서의 지위란 재외동포비자(F-4)의 요건을 갖는 외국국적 재외동포들에게 부여되는 한국 내 법적지위이며, 체류기간이나 취업할 수 있는 업종, 가족동반 등에서 제약이 많은 방문취업비자(H-2) 등에 비해 취업이나 금융거래 등 경제행위 등에서 크게 제약을 받지 않는 영주비자(F-5)에 준하는 체류자격이다. 재외동포법 위헌소송 최대의 성과란 중국 조선족을 비롯한 대한민국 성립 이전 이민자들에게도 재외동포비자 취득 기회가 열리게 된 점에 있다.

비해 출입국행정 등에서 우대받는 것은 물론 후술하듯이 외국인에 대한 다문화지원과 관련되는 복지수급권도 갖는 등 '한수 위의 외국인'인데 반해 재일코리안은 재외국민이라는 법적지위로 인해 국민으로서의 권리로부터 소외되는 것은 물론 외국인으로서의 권리에서도 국민이기 때문에 당연히 배제된다는 '한수 아래의 국민'이라는 지위에 놓여 있기 때문이다. 재일코리안들이 금과옥조(金科玉条)인 양 한국국적(조선적 포함)을 간직해온 역사적 경위나 가치관은 적어도 모국에서는 아무런 의미를 갖지 못하고 있다.

더욱이 재미코리안 등 출생지주의를 채택하는 국가에 거주하는 재외동포들은 이중국적법 시행에 따라 내국인과 동등한 권리를 누릴 수 있는 길이 열려 있다. 일본과 마찬가지로 혈통주의 국가 동포들 또한 대부분 한국국민 권리의 근거인 주민등록번호 발급경력이 있으므로 그 효력을 부활시킴으로써 내국인으로서의 권리회복이 가능하다. 즉 오늘날 재일코리안은 한국사회에서 내국인은커녕 외국국적자까지 포함한 세계 720만 명 재외동포들 가운데 '밑바닥의 재외동포'라고 해도 과언이 아닌 권익상황에 놓여 있는 것이다.

Ⅲ. 밑바닥의 재외동포로서의 재일코리안

여기서는 한국사회 내 '밑바닥의 재외동포'인 재일코리안이 주민으로서 실제로 어떻게 행정제도에서 배제되고 있는지 검토하고자 한다. 다만 본고에서 사회생활상의 방대한 분야를 두루 망라하기에는 한계가 있기에 복지수급권 분야를 중심으로 논하고자 한다. 이때 한국사회 내 여타 구성원(내국인, 타국 재외동포, 일반외국인)과의 비교고찰을 할 것이다.

Ⅱ장에서도 거론했지만 여기서 왜 재일코리안이 이 같은 상황에 몰리게 되는지를 정리하고자 한다. 이에는 국적과 거주국에의 이민경위를 기준으로 재외동포를 구분할 때 여실히 드러나는 재일코리안만의 특수성이 영향을 미치고 있다.

재일코리안은 재외동포들 가운데 중국 조선족이나 CIS동포와 마찬가지로 일제강점이라는 비자발적 이주경위를 가지고 있다. 그러나 일본이 혈통주의를 채택함에 따라 세대를 넘어 한국국적을 계승해나간다는 점[13]에서 이들과 별도의 범주에 속한다. 또한, 재미코리안을 비롯하여 거주국의 국적취득에 적극적인 해방후 자발적 경제이민들과도 다르다. 따라서 〈표1〉에서 알 수 있듯이 재일코리안은 독자적인 범주에 속한다. 그런데 Ⅱ장에서 본 한국의 법제도상의 문제점은 한국국적과 주민등록번호 소지 여부가 기준이 된 탓에 재일코리안이라는 제3의 범주를 도외시한 채 설계된 점이 문제의 근본적 요인이 되고 있다.

〈표 1〉 대한민국의 재외동포 분류

이민경위/국적	한국국적	외국국적
자발적	해방후 경제이민 (대부분 주민등록법 시행 이후)	
비자발적 (일제강점과의 관련성)	재일코리안	중국 조선족 · CIS동포

출처: 필자 작성.

13) "해마다 약 1만 명의 재일코리안들이 일본으로 귀화하고 있다"는 점을 들어 머지 않아 일본으로 동화하여 소멸될 것이라는 논의가 행해진다. 그러나 2005년 이후 귀화자 수가 1만 명을 상회한 해는 단 한번도 없다. 참고로 2010년 6,668명, 2011년 5,656명, 2012년 5,581명이다. 民団ホームページhttps://www.mindan.org/kr/shokai07.php#22 〈2015년 12월 23일 검색〉)실제로 귀화보다 심각한 문제는 한일간 부부 사이에 태어난 (잠재적) 이중국적자들의 문제다. 이들에게는 양국 국적이 존재하지만 일본 출생신고가 한국국적을 자동적으로 보장하는 것이 아니라 부모가 한국공관에도 출생신고를 해야만 국적이 담보됨으로 인해 대부분 한일간 더블(double) 아이들이 한국국적을 소지할 수 있는 요건을 가지고 있음에도 불구하고 현실적으로 일본국적만을 가지고 있는 상황이 되고 있다.

다음으로 재일코리안에게 부여되는 한국 내 법적지위란 '재외국민' 즉 한국국적을 갖되 국민(내국인)에 대한 복지수급권이나 정치참여 등 제반 권리로 구성되는 시민권에서 제약을 받는 지위로 정의할 수 있다. 2012년 대통령선거 당시 민단의 요구사항이자 새누리당 박근혜 후보의 공약이기도 했던 재외국민용 주민등록제도가 2015년 1월 22일부터 시행되기 시작했다. 그러나 본고 집필 시점(2016년 1월) 시점에서는 재외국민의 주관부서가 외국인을 다루는 법무부에서 내국인을 대상으로 하는 행정자치부로 이관되었을 뿐, 권리 측면에서는 어떠한 개선도 이루어지지 않고 있다. 과거 일본 외국인등록법으로 법무성의 관할 하에 있었던 재일코리안 입장에서 본다면 관할기관의 이관만으로도 굴욕적 신세로부터 벗어났다는 '자존심' 측면에서 긍정적으로 볼 수도 있을 것이다. 그러나 비록 내국인과 동일하게 주민등록제도에 편입되기는 하였으나, 굳이 '재외국민용'이라고 주민등록증에 명기되어 있는 점은 여전히 제약의 근거가 되고 있다. Ⅳ장에서 상세히 논하겠지만 기존 법령을 개정해서까지 재외국민에 대한 제약을 유지하고자 한다는 행정부처들의 의지가 발동된 점에서도 알 수 있듯이 한국 행정당국은 외국에 영주권을 갖는 자 혹은 그 가능성이 있는 자에 대해 권리제한을 하겠다는 명백한 의지를 가지고 있다.

재외국민인 재일코리안이 한국에서 충분한 시민권을 보장 받기 위해서는 해외이주법에 따른 영주귀국 절차를 거쳐 주민등록을 필해야 한다. 이때 여타 재외국민들과 마찬가지로 재일코리안도 일본 영주권 포기를 요구받게 된다.[14] 그러나 재일코리안의 영주권이란 경제적 기회를 찾아 자발적으로 해외에 정착한 결과로서의 권리와는 달리 접근해야 한다. 일

14) 해외이주법 시행규칙 제5조 제1항.

제강점으로 인한 비자발적 이주라는 역사적 경위가 담긴 특별영주권 포기를 강요한다는 점에서 문제가 되기 때문이다. 심지어 이들의 특별영주제도를 둘러싼 교섭 당사자는 다름이 아닌 한국정부이었다. 특별영주제도는 단순히 재일코리안의 거주권을 보장하는 수단('쫓겨나지 않을 권리')에 그칠 것이 아니라 역사문제 책임을 지속적으로 회피하고 있는 일본정부 스스로가 마련한 유일의 보상적 제도라는 함의도 담겨 있다. 따라서 재일코리안 입장에서 본다면 특별영주권의 포기란 자신에게 내재하는 역사성과 민족성으로 구성되는 정체성의 포기를 의미하게 되는 것이다.

〈그림 1〉 한국의 각 행정부처에 의한 다문화지원정책

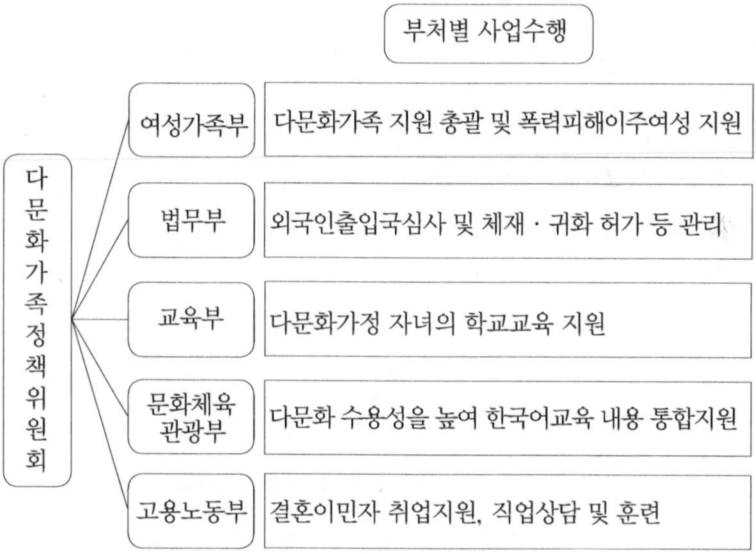

출처: 여성가족부 블로그. http://blog.daum.net/moge-family/7178

실제로 많은 한국에 정착한 재일코리안들이 이 같은 이유로 특별영주권 포기를 주저하는 한편 자녀들에게 이를 물려주고 있다. 현 정권은 일본과의 역사문제 해결을 내걸어 수뇌회담도 개최하지 않고 있지만 일본으로부터 모국으로 귀환해온 동포들에게는 역사문제의 증표인 특별영주권을 포기하지 않는다면 권리로부터 배제시킨다는 벌을 가한다는 자기모순을 범하고 있는 것이다.

이 같은 재일코리안의 한국사회 내에서의 위상은 여타 재외동포과의 비교로 한층 선명해진다. 상술대로 이명박정권 시절 2010년에 개정된 국적법에 따라 출생지주의를 채택하는 미국에서 출생함에 따라 국적을 취득한 재외국민이 한국 거주를 희망할 경우, 그 나라 국적자로서의 권리(외국인으로서의 권리)를 유보한다는 서약(외국국적불행사서약)만 한다면 내국인과 동일한 지위를 누릴 수 있게 되었다.[15] 심지어 2011년부터는 한국국적을 이탈한 만 65세 이상 외국국적동포들도 같은 조건으로 한국국적 회복이 가능해졌다. 현재 재미코리안사회를 중심으로 적용연령 인하 요구가 빗발치고 있는 상황과 이들의 정치력을 고려해볼 때, 점진적이 될지는 몰라도 점차 인하될 것으로 보인다. 즉 이들은 미국 등 국적을 유지한 채 한국에서도 주민등록을 하여 시민권이 내국인과 동일하게 보장될 것을 의미하게 된다.

일본 외 혈통주의를 채택한 국가에 거주하는 재외동포들의 경우도 '실질적으로' 재일코리안만큼 제약을 받지 않는 상황이다. 법적으로는 내국인이 90일 이상 해외에서 거주할 경우, 재외국민등록법에 따라 재일코리안과 마찬가지로 재외국민으로 신분이 변경되는 것으로 규정되어 있다. 그러나 동법에는 처벌규정이 없는데다가 강제력도 없다. 따라서 '우직(愚直)하게' 동법에 따라 주민등록증을 반납하거나 '운 나쁘게' 공권력에 의

15) 국적법 제13조 제1항.

한 주민등록 직권말소조치에 걸리지 않는 한, 상당인들이 주민등록을 유지한 채 해외에 거주하고 있는 것이 현실이다.[16] 따라서 국민건강보험을 비롯한 복지수급이나 금융거래 등 경제거래를 할 때도 당연히 불이익은 발생하지 않는다.[17] 심지어는 주민등록이 말소되었다 할지라도 금융거래에 있어서는 대부분의 경우 말소된 주민등록번호로 가능하다. 즉 실질적으로 실효성이 있는 권리제한을 받고 있는 재외국민이란 주민등록번호 발급경력이 없는 재일코리안뿐인 것이다.

---

16) 원칙대로라면 한국에서 해외로 90일 이상 유학을 간 유학생들도 주민등록이 말소되어야 한다. 유학경험이 있는 내국인들이면 자신의 주민등록이 유학기간동안에 말소되었는지를 확인해보면 알 수 있는 일이다.

17) 이 같은 상황은 미국 영주권을 소지하게 됨에 따라 주민등록증을 반납한 채 한국에서 살고 있는 한 주부의 블로그 내용으로도 알 수 있다. 이해를 돕기 위해 장문이지만 그대로 인용해보기로 한다. "나는 대한민국에서 태어나서, 짧은시간의 외국생황르 제외하고는 쭉~ 이 땅에서 살아온 대한민국 국민다. 그럼에도 나는 대한민국 국민으로서 인증을 못 받아 당연히 누려야 할 권리조차도 스스로 포기하고 살때가 너무 많았다. 그 이유는 2008년 미국 영주권을 받으면서 주민등록증을 반납했기 때문이다. (재외국민은 PR여권을 받으면서 주민등록증을 외무부에 반납해야 한다고 해서 그렇게 했는데.... 굳이 그렇게 지키지 않아도 된다는 걸.... 나중에야 알았다ㅠㅠㅠ) 말하자면--- 넘 착하게도(ㅋㅋㅋ) 국가에서 하라는대로 한 것인데, 그걸로 인해 우리 가족은 이 나라에서 너무 힘들게 살고 있는 바보들이었던 것이다." 사업을 하고 있는 남편은... 미국 영주권을 포기해야만 했고, 나는 주민등록증대신 예전에 받은 운전면허증이나 여권으로 인증이 가능하지 않는 것은 포기할 수 밖에 없었다. 나와 같은 사람이 이 땅에서 당당하게 사회생활을 하려면 외국인 거소증을 꼭 만들어야 하지만, 외국인 거소증을 만들면 내가 그동안 이 나라에서 살면서 주민등록번호로 사용해오던 은행이며, 관공서, 인터넷등의 모든 것을 외국인 거소증 번호로 바꾸어야만 한다는 것이다. (정확히는 재외국민국내거소등록증. 필자 주) 주민등록번호와 외국인 거소증이 자동으로 연계가 되는 것이 아니기에 50여년의 나는 없어지고, 나는 새로운 외국인으로 등록이 되는 것이다.". http://blog.naver.com/mesites58/220483907348 (2015년 12월 23일 검색) 이 주부의 상황이야말로 바로 재일코리안이 한국에서 놓여진 상황인데 다음 두 가지가 다르다. 첫째, 재일코리안은 주민등록증을 발급받은 경력이 없으므로 그녀가 언급한 것처럼 주민등록증을 반납하지 않는 채 내국인으로서의 권리를 누리는 선택지는 존재하지 않는다. 둘째, 말소된 주민등록번호에 의한 금융거래 등 경제행위에 관한 언급이 있는데 발급경력 자체가 없는 재일코리안에게는 불가능한 일이다. 즉 재일코리안은 권리제한을 받는 국민으로서의 재외국민제도 적용을 유일하게 엄격히 받는 존재인 것이다.

〈표 2〉 한국 내 복지수급권을 둘러싼 재외동포들 간 차이 (육아관련지원 기준)

속성	육아지원 (내국인 대상)	다문화지원 (외국인 대상)
자발적 해외이주자	O (국적 상황에 따라 한 쪽의 수급 가능)	
외국국적동포	X	O
재일코리안	X	X

출처: 필자 작성.

다음으로 외국국적자인 중국 조선족이나 CIS동포와의 비교를 해보기로 한다. 재일코리안과 마찬가지로 비자발적 이주경위를 가지고 있지만 이들은 대한민국에서 볼 때, 거주국인 중국 또는 CIS(우즈베크스탄, 카자흐스탄 등) 국가의 국적을 갖는 엄연한 외국인이다. 그러나 상술한대로 헌법소원 승소에 따라 이들 또한 재외동포법에 따른 외국국적동포로서의 법적지위를 가질 수 있게 되었다. 동법 제2조에 따라 이들의 지위는 재일코리안을 비롯한 재외국민과 동등하다. 즉 한국국적을 지켜온 재일코리안의 노력에 대해 모국이 주는 대가란 외국국적을 소지하는 이들의 그것과 동일한 법적지위에 불과한 것이다.

자국민인 재외국민조차 권리제한을 받고 있는 상황을 감안한다면 외국국적동포가 내국인을 대상으로 하는 복지수급이나 정치참여에 제약을 받는 것은 자연스러운 일로 여겨질 수 있다. 그러나 그 대신으로 이들에게는 외국인으로서의 복지수급권과 정치참여가 보장되어 있다. 즉 일반 외국인과 마찬가지로 여성가족부, 보건복지부를 비롯한 각 행정부처가 관할하고 있는 이주여성을 대상으로 하는 한국어교육이나 자녀들에 대한 이중언어교육, 학습지원과 같은 다양한 다문화지원(〈그림 1〉 참조)의 대상이 되고 있다.[18] 또한, 외국국적을 유지한 채 한국의 영주권을 취득

18) 지원 대상이 된 이주여성의 경우, 한국국적을 취득한 후에도 지속적으로 지원을 받을 수 있다.

한지 3년이 지나면 외국인지방참정권도 보장된다. 그러나 재일코리안은 한국국적자이기에 다문화지원에서도 배제되고 있고 참정권에 대해서도 2007년에 재일코리안 이건우(李健雨) 등에 의한 헌법소원에서 승소하기 전까지는 완전히 배제되고 있었다. 해외에 거주하는 재외국민은 현재도 국회의원선거 지역구의 참정권이 제한되어 수있다. 〈표 2〉는 복지수급권에 관한 재외동포 간 수급상황 차이를 나타낸 것인데 이를 통해 알 수 있듯이 재일코리안의 권리상황이란 한국국적자는 물론 외국국적자까지 포함한 재외동포들 가운데에서도 '밑바닥의 재외동포'의 그것이라고 할 수밖에 없는 상황에 놓여 있는 것이다.[19)]

Ⅳ. 지위개선을 위한 실천

지금까지 보아온 바와 같이 재일코리안의 모국인 한국 내 권리상황은 2015년 1월 재외국민용 주민등록제도 시행 후에도 열악한 채 유지되고 있다. 여기서는 이에 대한 이의제기로 현재 한국에 거주하고 있는 재일코리안 당사자들에 의한 헌법소원에 대해 논의하고자 한다.

초등학생 아들과 유치원생 딸(공히 한국국적과 일본 특별영주권 소지)을 한국에서 키우고 있는 한 재일코리안 여성(남편은 내국인)이 이들의

19) 재일코리안의 불이익은 권리 측면에 한정되지 않는다. 국민드로서의 의무는 오히려 강화되고 있기 때문이다. 2012년 6월 병무청은 재외국민에 대한 병역의무 강화를 의도한 개정을 실시했으며, 사실상의 면제에 해당하는 병역부과 상한연령까지의 지속적 유예를 가능케 하는 '재외동포2세'제도 적용을 엄격화시켰다. 1994년 1월 1일 이후 출생한 한국국적 재일코리안 남성들도 만 18세부터 만 37세 기간동안 이유를 막론하고 통틀어 3년(365일× 3) 이상 한국에 체류할 경우, '재외동포2세'로서의 취급이 취소되어 내국인과 동일한 처우를 받게 되었다. 병무청 관계자는 필자의 인터뷰에 대해 "재일동포를 염두에 둔 개정"임을 강조한 바 있다. 拙稿, 「韓国兵役行政と在日コリアン」, (特活)コリアNGOセンター主催セミナー, 大阪市立青少年センター, 2014年 2月 14日.

보육료와 양육수당 지급을 거주지 구청에 신청했으나 서면(보건복지부가 송신한 이메일)로 지급을 거부되는 일이 발생했다. 그녀의 가족은 내국인과 동일하게 납세의무를 다하고 있을 뿐만 아니라 2012년 6월 병역법 개정에 따라 아들에게는 병역의무도 부과될 것이다. 해당 구청 측은 〈표 3〉과 같이 보건복지부가 작성한 '2015보건사업지침'을 근거로 거부 사유를 설명했다.[20]

〈표 3〉 보건복지부가 작성한 '2015보육사업지침'

제목		2014년도	2015년도
지원대상	보육료/양육수당	지원자격이 없는 자 국외이주자(현지이주자, 이민출국자), 국적상실자 – 영주권 취득, 거주여권 보유, 장기체류 등으로 주민등록이 말소된 아동 – 시민권 취득에 따라 국적을 상실하여 주민번호가 말소된 아동	지원자격이 없는 자 ④ 국적상실자 – 시민권 취득에 따라 국적을 상실하여 주민등록이 말소된 아동 ⑤ 주민등록법 제6조 제1항 3호[21]에 따라 주민번호의 발급을 받거나 동법 제19조 제4항[22]에 따라 재외국민으로 등록 · 관리되고 있는 자

출처: 원본.

〈표 3〉 내용으로 알 수 있는 것은 2015년 개변사항들 가운데 지원대상

20) 筆者による在日コリアン女性に対するインタビュー, 2015年 9月 11日, 京畿道一山市.

21) 在外国民用住民登録に関する条文.在外国民の定義を次の通りに行っている.在外国民: 在外同胞法第２条第１項による住民であり,「海外移住法」第12条による永住帰国申告をしていない者のうち, 次の各目に該当する場合.あ. 住民登録が抹消されている者が帰国後再登録申告を行う場合, い. 住民登録のなかった者が帰国後, 初めて住民登録申告を行う場合.

22) 条文は次の通り.市長・郡守もしくは区庁庁は住民登録されている居住者もしくは居所不明者が「海外移住法」第６条によって海外移住申告をして出国, もしくは同法第４条第３号が現地移住をした場合には第６条第１項第３号の在外国民と区分し, 登録・管理しなければならない.

에 포함되지 않는 자(지원자격이 없는 자) 가운데 주민등록법 제6조 제1항 3호에 따라 재외국민용 주민등록번호를 발급받거나 동법 제19조 제4항의 규정에 따라 재외국민으로 등록 · 관리되고 있는 자에 대해서는 내국인을 대상으로 하는 보육료나 육아지원 수급대상으로부터 배제한다는 내용이 담겨 있다. 이 같은 변경은 재외국민용 주민등록제도 시행에 발맞추어 동 번호를 발급 받아 국내에 거주하는 재외국민을 지원대상에서 계속해서 배제하기 위한 변경이며, 이는 행정당국이 재외국민을 권리로부터 배제하고자 하는 의지를 명백히 나타내는 증거이기도 하다. 이 같은 행정행위는 재외국민 국내거주상의 불편을 없애려는 취지로 마련된 재외국민용 주민등록제도의 취지에 위배될 뿐만 아니라 '권리는 의무의 대가급부'라는 아동권리를 논하는 데 있어서는 부적절한 논의에서조차 모순되고 있다.

한편, 2011년 경부터 외국국적자를 주대상으로 하는 다문화지원으로부터의 배제[23] 시정을 촉구하는 문제제기[24]가 이루어졌던 시기가 있어왔는데 이때 중심이 된 것도 모국어 · 문화에의 적응이 미흡한 채 육아를 해야 하는 재일코리안 어머니들이었다. 당시 재외국민용 주민등록제도 시행 논의가 한창 진행중이었던 관계로 시행 후 실효성을 봐가면서 내국인용 육아지원 적용을 모색하는 방향으로 활동을 유보한 바 있다.

---

23) 韓国社会の多文化に対する認識は主として多文化家族を中心に形成されており，その政策もまた，家族を中心として展開されざるを得ない.これに伴い，女性家族部が行っている事業の場合，その受給対象を募集するにあたり，家族制度の中に収まらない移住労働，留学生，同胞などは除外している.韓国政府が認識しているこのような誤った認識は… パク・ジョンデ，パク・ジへ，「韓国多文化政策の分析と発展方案研究(박종대, 박지해, 「한국 다문화정책의 분석과 발전 방안 연구)」，『문화정책논총(文化政策論叢)』，第28巻 第1号，2014，52頁.

24) クァク・ジンソン，前掲記事.シン=ユン・ドンウク，「韓国国民なのに住民番号がないの？(신윤동욱, 「한국 국민인데 주민번호가 없다고?」)」，『ハンギョレ21(한겨레21)』，第973号，2013年 8月 9日では活動の中心となっていた在日コリアン女性の主張が紹介されている.

그런데 보건복지부에 의한 명백한 배제의사 표명에 따라 재일코리안은 내국인용 육아지원으로부터도 외국인용 다문화지원으로부터도 배제되는 상황이 확정되었다. 이에 2015년 11월 두명의 재일코리안 여성이 헌법재판소에 한국정부를 상대로 헌법소원을 제기했다. 동 소원은 2015년 1월 시점에서 진행중이다.

헌법위반 여부를 판단하는 헌법재판소의 특성상 원고 측은 소장(訴状)에서 국가가 침해한 권리로 헌법 제10조 인간의 존엄과 가치, 동 11조 재산권, 동 34조 제1항 인간다운 생활을 영위할 권리 및 자녀에게 교육을 받게 할 권리, 동 제36조 제1항 혼인과 가족생활 보장, 동 제36조 제2항 모성 보호와 보건권과 같은 헌법상의 각 조항을 들었다.[25] 한편, 관련 보도에서 보건복지부와 공동으로 지원을 관할하고 있는 교육부 유아교육정책과 관계자는 "거주국에서 영주권을 가지고 있는 재외국민은 주민번호가 부여되더라도 기본적으로 제외 대상"이며, "연주권이 있는 국가에 영구히 거주하고자 한다는 의사를 밝힌 것이므로 이를 포기한다면 지원이 가능하다"라고 주장하고 있다. 즉 해외에서 영주권을 갖는 일 자체를 배제사유로 언급했을 뿐,[26] 재일코리안의 특별영주권과 자발적 이주의 결과로 얻게 된 일반적인 영주권 간의 차이에 대한 인식 같은 것은 전혀 엿볼 수 없다.

이 같은 상황에서 2015년 11월 26일 국가인권위회는 위 헌법소원 청구인과는 별도의 한국 정착 재일코리안 아동에 대한 보육료 및 유아학비 지원 배제조치에 대해 평등권 침해에 해당된다고 판단하여 보건복지부 장관과 교육부 장관에게 국내 거주 재외국민 자녀들에게도 보육료 · 유

25) 청구인 대리인에 의한 헌법소원 심판청구서, 2015년 11월, 2쪽.

26) 강성철, 「"자녀 보육료 달라"…모국서 헌법소원 낸 재일동포」, 『연합뉴스』, 2015년 11월 17일. http://www.yonhapnews.co.kr/bulletin/2015/11/17/0200000000AKR20151117039300371.HTML (2015년 12월 23일 검색)

아학비를 지원할 것을 권고했다.[27] 일본에서 출생한 손자가 한국에서 거주하게 되어 어린이집을 다니고 있는데 재외국민이라는 점이 이유가 되어 보육료 지원대상으로부터 제외된 것을 부당하다고 주장하는 조부의 진정을 국가인권위원회가 받아들인 것이다.

보도자료에 따르면 보육료지원 등에 대해 보건복지부는 "국내영주거주 의사가 불분명한 재외국민에 대해서까지 확대하여 지급하는 데는 사회적 합의 및 신중한 검토가 필요"하다고 주장[28]했고 공동으로 사업을 추진하고 있는 교육부의 견해 또한 "유아학비는 대한민국에 영주귀국 의사가 있는 내국인을 지원하는 것이 원칙이며, 재외국민은 그 특성상 주된 주거지가 대한민국이 아니므로 현재 보육료 및 가족양육수당 등 여타 부처의 유사한 복지사비스도 재외국민의 수급자격을 인정하지 않고 있다"는 점 등을 고려하여 보건복지부와 마찬가지로 지원대상이 아니라고 주장하고 있다.[29] 그러나 동위원회는 재외국민 유아를 평등하게 처우할지 여부에 대해 사회적 합의는 필요없다는 견해를 밝혔다. 또한, 영유아보육법과 유아교육법이 정하는 보육비 · 유아학비 지원에 대해 재외국민 유아를 제외시킨다는 규정이 없다는 점 등을 들어 국내에 거주하는 재외국민 유아가 어린이집 · 유치원을 이용할 경우, 지원대상에서 배제되어야 할 이유는 없다고 판단했다. 또한, 동 유아가 한국에 정주하고 있음에도 불구하고 내국인 유아가 받을 수 있는 지원에서 제외된다는 것은 한국정부가 비준한 UN아동권리협약에도 위배된다고 지적했다.[30] 내국인

27) 국가인권위원회 보도자료, 「국내거주 재외국민 유아에게 보육료 · 유아학비 지원배제는 차별」, 2015년 11월 26일.

28) 위의 자료.

29) 위의 자료.

30) 「居住在外国民にも保育料支援すべき＝韓国人権委が勧告」, 『聯合ニュース』, 2015年 11月 26日. http://www.yonhapnews.co.kr/bulletin/2015/11/26/0200000000AKR20151126051900004. HTML(2015年 12月 23日検索)

은 물론 외국인이나 난민까지도 대상이 되고 있는 육아교육지원[31]으로부터 재외국민, 특히 완전히 수급기회가 차단되고 있는 재일코리안은 모국정부를 상대로 국제인권규범에 권리의 근거를 찾아야 할 상황에 놓여있다.[32] 일본정부가 헤이트스피치(hate speech)규제법 제정에 소극적인 것을 재일코리안이 UN인권유약위원회 등에 문제제기해야 할 상황과 조금도 다를 것이 없는 것이다.

상술한 헌법소원과 관련하여 2015년 12월에는 헌법재판소에 대해 공개변론 개최를 촉구하는 탄원소제출운동이 전개되기도 했다. 약 800명의 개인과 재외동포문제와 관련되는 국내외 학회 또는 기관들이 다수 참여했고 특히 재일코리안변호사협회(LAZAK)는 123명의 회언 전원이 참여하여 위헌의견서를 제출했다.[33] 동 의견서는 '2015보육사업지침'의 헌법 위배를 지적했을 뿐만 아니라 "결과적으로 일본 특별영주권을 가지고 있는 동포들에 대해 한국에서 보육료 및 양육수당 수급을 위해 특별영주권을 포기시키거나 일본국적을 취득케 하는 일이며, 일제강점과 재일동포에 대한 차별 · 동화의 역사를 재일동포의 조국 스스로가 지우려 하는 일"이라며 거세게 비판하고 있다. 이 지적이 중요한 것은 지금까지 논의해온대로 재일코리안에게는 자명하고 스스로의 존재의의가 걸려 있는 특별영주권을 둘러싼 인식이 한국정부에는 완전히 결여되어 있기 때문이다. 따라서 향후 소송의 쟁점은 단순히 수당 지급대상에 재외국민을 포함시킬지 여부라는 차원에 그치지 않는, 재일코리안이라는 존재를 한국정부가 인지하고 감안한 상황에서 제도설계를 해나가야 한다는 인식을 갖게 하는지에 있을 것이라고 할 수 있다.

---

31) 이범준, 「'재일동포 보육료 차별' 전직 헌법재판관이 바로잡는다」, 『주간경향』, 2015년 10월 20일.

32) 앞의 헌법소원 심판청구서도 이점에 대해 지적하고 있다.

33) 이범준, 「'재일동포 차별'을 폐지해 주세요」, 『주간경향』, 2015년 12월 15일.

V. 나가며

비록 점차적으로 한국 국적자가 감소될 것이기는 하나, 재일코리안이 외국 국적으로 일본에서 살아가는 한, 국적이 존재하는 국가에서의 지위에 대한 자각이 없는 채 시민권이 담보되지 않는 외국인 주민이라는 입장에만 경도한 채 일본에서 차별해소를 아무리 주장하더라도 충분한 설득력을 갖기가 어려울 것이다. 이 같은 인식은 합리성이 결여된 것일까? 오히려 본고에서 고찰해온 모국에서의 열악한 지위는 재일코리안이 일본에서 지위향상을 도모하는 데 걸림돌이 되고 있는 것이 아닐까?

재일코리안과 모국 사이의 비극적인 역사적 경위를 고려한다고 하더라도 이를 이유로 모국사정을 도외시해도 되는 면죄부가 될 수는 없을 것이다. 편협한 내셔널리즘을 부정하는 데 대해서는 필자도 동의하지만 이 같은 비판 또한 국가와 개인 간의 관계성을 도외시할 수 있는 면죄부가 될 수는 없다. 국가 테두리 속에서 시민사회의 풀멤버십(full-membership)을 누리고 있는 이들에 의한 내셔널리즘 비판과 국가와 제도 그리고 정치에 지속적으로 휘둘려온 재일코리안의 그것과는 자연스럽게 차원이 다를 수밖에 없을 것이다. 국가나 제도를 염두에 둔 상황에서 모순점을 지적하고 시정해나가기 위한 실천이 필요할 것이다.

특히 재일코리안의 권리상황을 논하는 데 있어서는 그 대상이 거주국과 국적소재국 양측이 될 것이며, 한국 상황과 일본 상황의 단순한 '더하기'가 아니라 서로 유기적으로 얽히는 '곱하기'의 관계에 있다는 인식이 필요할 것이다. 구체적으로는 모국으로 귀환하지 못할 정도로 열악한 권리상황이 일본정주 외의 선택지를 갖지 못하게 하며, 여타 재외동포들이 적극적으로 모국이라는 활용하고 있는 데 반해 유일하게 모국과 단절하고 거주국에 갇히게 되는 상황이 조성되고 있다는 식의 형태가 존재하고 있다.

그러나 무권리의 외국인 일본과는 달리 재일코리안 스스로가 헌법소원을 제기하여 얻어낸 재외국민 국정 참정권에 의해 정치참여가 가능한 것이 한국이다. 이를 어떻게 행사해나갈 것인지에 관한 고민과 실천이 가능해진 것이다. 시급한 과제로 모국어와 문화를 회복하기 위안 자원을 모국으로부터 이끌어내기 위한 방안을 고민한다는 것은 모국 모국 정치는 물론 사회를 이해해나가는 데도 도움이 될 것이다.

본고는 재일코리안의 위상 중 이들의 국적이 존재하는 한국에서의 권리상황을 대상으로 고찰했는데 현재 진행중에 있는 헌법소원에 대한 논의를 하였기에 한계가 존재한다는 점에 대해서는 필자도 인지하고 있다. 그럼에도 불구하고 이를 포함시키기로 한 것은 한일수교 50주년이라는 시점에서 재일코리안이 모국에서 어떠한 지위에 있는지에 대해 가장 적나라하게 드러낼 수 있기 때문이다. 따라서 향후 소송이 진전된 시점에서 별도로 논고를 시도할 필요성을 인지하고 있으며 이를 향후 과제로 삼고자 한다.

참고문헌

『OK Times』, 『한국일보』, 『OhmyNews』, 『한겨레21』, 『연합뉴스』, 『주간경향』

국가통계포털. 「거주국별/행정구역별 거소신고자수)」. 2015년 8월 31일.

법무부 외국인 · 출입국정책본부. 『출입국 · 외국인정책통계월보』. 2015년 11월호.

국가인권위원회 보도자료. 「국내거주 재외국민 유아에게 보육료 · 유아학비 지원배제는 차별」. 2015년 11월 26일.

김웅기(2016). 「'1965년체제'와 재일코리안-강한 정치성이 낳은 정치적 취약성-」, 한국일본문화학회, 『일본문화학보』 제68집.

박종대 · 박지해(2014). 「한국 다문화정책의 분석과 발전 방안 연구」, 『문화정책논총』, 제28권 제1호.

여성가족부 블로그 http://blog.daum.net/moge-family/7178

엘룩 블로그 http://blog.naver.com/mesites58/220483907348

『統一日報』.

金雄基. 「韓国兵役行政と在日コリアン」, (特活)コリアNGOセンター主催セミナー, 大阪市立青少年センター, 2014年 2月 14日.

趙慶喜(2012). 「在韓在日朝鮮人の現在: 曖昧な「同胞」の承認にむけて」, 『インパクション』 185号.

鄭雅英(2008). 「韓国の在外同胞移住労働者-中国朝鮮族労働者の受け入れ過程と現状分析-」, 『立命館国際地域研究』 第26号.

韓榮恵(2011). 「在韓在日朝鮮人: 本国との新しい関係-"朝鮮"から"韓国"に "国籍変更"した在日 3 世を中心に-」, 『移民政策研究』 第3号.

文京洙(2009). 「〈在日〉, "国民"の狭間を生きて」, 『立命館言語文化研究』 第20巻第3号.

在日コリアン女性に対するインタビュー, 2015年 9月 11日, 京畿道一山市.

民団ホームページ https://www.mindan.org

2장
한국과 일본의 여론을 찾아서

최인숙

I. 들어가며

동아시아에 위치한 한국과 일본은 많은 역사와 문화를 공유하고 있고, 최근 몇 십 년간 고도의 눈부신 경제 발전을 이루어 내, 2014년 한국은 OECD 경제 수준 랭킹 13위(국내 총생산량 기준)를, 일본은 3위를 기록하였다.

이 두 나라는 제 2차 세계대전 이후 헌법을 제정했다. 한국은 1919년 대한민국 임시정부가 최초의 헌법을 채택했지만 일본의 점령으로 사문서화 되었다. 한국 역사에 있어 처음으로 새로운 제도를 설립하는데 기본이 된 대한민국헌법(大韓民国憲法)은 1948년 반포되었다. 이 헌법은 9번 수정되었고, 최종 변경은 1987년으로 대통령 직선제를 도입하고 국회의 권한을 강화하였다. 이는 수년간 계속된 군사 독재를 마감하고 민주주의의 문을 여는 원동력이 되었다.

일본은 1868년부터 무쯔히토(睦人)가 그의 백성에게 헌법을 약속하고 권력을 복구시켰다. 그리고 1889년 2월 11일 반포하였다. 헌법 전문은 1850년에 설립된 프러시아 헌법의 영향을 받았고, 신권 천황은 다소간의 권한을 귀족원과 의회에 위임하면서 그의 통치권에 일본 백성이 참여하도록 함으로써 근대화의 포문을 열었다. 그러나 진정한 의미의 근대적 일본헌법은 1945년 패전 이후 미 점령군에 의해 1947년 탄생하게 된다. 이 헌법에 의해 양원제 의회가 창설되고 천황은 전적으로 상징적인 역할만을 담당함으로써 일본은 진정한 민주주의의 국가로 재탄생하게 되었다.

민중의 소리, 즉 여론은 "일인(一人) -일표(一票)"의 원칙에 입각한 보통선거와 함께 병행하여 여론조사 기관에 의해 측정된다. 유교 문화에 근간을 둔 한국과 일본이 서양 모델로부터 직접 영감을 얻어 정치 체제를 설립하고 그러한 과정에서 이 백성의 소리가 어떻게 지난 세기 표현되어 왔는지 찾아보는 것은 매우 흥미로운 일임이 분명하다.

한국과 일본은 프랑스와 마찬가지로 해마다 천 본 이상의 여론조사를 실시하고, 공표한다.[1] 이 여론조사들은 양국의 각종 정치적, 경제적, 사회적 사안들에 관해 국민의 의견을 측정하는 것을 목적으로 한다. 여론조사의 결과가 전통적 유교 문화에 근간을 두고 있는 한국과 일본에서 어떻게 여론의 개념을 대신하고 독점하게 되었는지 이해하는 것은 그리 쉬운 일이 아니다. 여론의 최근 변화에 있어 서구의 "public opinion"을 번역하는데 합당한 표현은 일반적, 그리고 현대적 의미로 받아들여져, 세월 속에 뒤섞어진 과거의 의미들을 잊어버리는 추세에 있다.

비록 미디어 사회학자들, 특히 피에르 브르디외(1984)는 여론조사의 유효성을 부정하고 "여론은 존재하지 않는다"고 단언하고 있지만, 오늘

1) 2007년 발행된 일본 총리부의 『여론조사 연감』에 의하면, 2006년 한 해 일본에서 실시된 여론조사는 1,270개이다. (Cf: http://8.cao.go.jp/survey/genkyou/h20/h19-genkyou/index.html). 동년 프랑스에서는 매스컴을 통하여 850 개의 여론조사가 출판 보도되었다(Lehingue 2007). 한국의 경우 프랑스나 일본과 같은 통계자료가 없기 때문에 한국조사협회(KORA: Korea Research Association)가 발표한 매출 규모량을 비교하면, 2012년 국내 조사산업 매출 규모가 7,123억 원으로, 2001년에 비해 약 세 배 이상 증가하였다(신은희, 2013)

날 여론조사의 결과는 하나의 정확하고, 왜곡되지 않은 여론의 이미지로서 간주된다. 바로 지질학의 측정이 땅의 깊이를 거슬러 올라가 암석에 숨어있는 성분과 역사를 분석해 밝혀 낼 수 있듯이 여론조사는 여론의 상태를 반영하고, 구체화하고, 응축한 거울이다.

사실상, 보다 옛날의 형태를 기묘한 것, 혹은 독창적인 것(다시 말해 여론조사에 의해 여론을 정의하려는 경향)으로 간주해, 여론의 개념을 한 사회 내부에서 일사불란하게 합의를 본 내용으로 이끌 때, 역사 속에서 변화된 여러 의미를 찾아 대질시키는 것은 의미의 이해에 있어 대단히 중요하다(Blondiaux, 1998). 과거와 현재 사이의 변증법 안에서, 과거는 현재의 검열에 굴복하고 여론의 개념의 깊은 가치를 측정할 수 있게 한다.

이러한 관점에서 보면, 한국과 일본에 있어 여론의 개념의 진화, 즉 여론의 탄생과 여론을 반영하는 어휘에 주어진 의미의 발달 과정은 서구와 유사한 여정을 밟고 있다고 가정할 수 있다. 단지 여론을 의미하는 단어들과 뒤 늦게 도입되어 사용되기 시작한 여론조사, 그리고 뒤 늦게 정착된 민주주의에서 차이점을 찾을 수 있을 것이다.

본고는 따라서 서구 선진국에 비해 한국과 일본의 정치 사회 시스템 안에서 여론의 진화 과정이 유사한지 아닌지를 알아볼 수 있는 요인들을 더듬어 찾아보고자 한다.

비교 연구 방법론으로서, 여론이라는 주제에 관심을 갖고 제법 연구를 하고 있는 일본에 비해, 한국은 그렇지 못한 상황이어서 본고는 참고 자료 면에서 한계에 부딪치고 있음을 밝힌다. 따라서 보다 심도 있는 비교 분석을 하는데 어려움이 따르기 때문에 일반적인 구상은 여론이 출현하고 여론조사의 기술이 도입되는 연이은 역사적 문맥을 유기적으로 결합시키고자 시도할 것이다.

여론의 개념은 아시아에서 자생한 것이 아니고 서구로부터 수입해 온 것이다. 따라서 이 분야의 관련 자료들이 한국과 일본에는 그다지 많지 않다. 최근 들어 일본의 학자들이 여론 개념의 진화에 대해 연구를 하여 논문과 책들을 출판하고 있다. 반면에 한국은 아직도 여전히 미진하고 거의 진척되지 않았다고 볼 수 있다. 확실한 자료의 부족으로 본고는 한국과 일본의 사회적 구조의 발달과 관련하여 여론이라는 단어의 역사성과 유동성에 기대어 전개해 나갈 것이다.

II. 한국과 일본의 여론의 기원

1. 여론의 표현

서구에서는 어원적 관점에서 "public opinion"의 표현은 두 개의 개념 "public"과 "opinion"의 결합으로 구성되어 있다. "여론"은 사실상 먼저 엘리트들이 궁중의 일들에 관해 그들의 의견을 "대중"에게 공개하는 것을 의미했다(Champagne, 1990). 따라서 여론(public opinion)의 개념에는 두 개의 서로 다른 영역, 즉 공중(public)과 여론(opinion)을 포함하고 있다.

반면에, 한국과 일본에서는 이 모두가 단 하나의 개념 안에 요약된다. 따라서 "public"은 부재한 채 여론이라는 단어에 의해 지시된다. 사실 이 두 나라에서 "public"이라는 용어는 공중(公衆: jp. ; 공중: kr.)이 존재한다. 그러나 보통 이 단어는 "opinion"의 개념과 결합되지 않는다. 이는 고대 중국어 gongzhong(公衆)에서 온 것으로, 특히 다음과 같은 경우: 대중에게 이야기 하다. 공중위생(여기서 "public"은 대중을 의미한다)에 사용된다. 일본에서는 世間(세켄)이라는 용어를 사용하는데, 이는 한국어로 "세상사람"을 의미한다. 따라서 여론의 개념은 모호함을 내포하고 있다. 한국과 일본 사회에서 언제 여론이 인정되었는지 정확히 규명하는 것은 매우 어렵다.

서구에서는 16세기 말부터 "public opinion"이라는 숙어가 사회의 한 그룹, 혹은 사회의 한 그룹 내의 일부분이 공유하는 총체적 생각이나 판단을 가리키는 것으로 사용되었다(Blondiaux, 1998). 여론의 개념은 앙시앙 레짐(Ancien Régime, 16-17세기) 말기에 출현하여 정치적 어휘로서 보강되었다(Habermas, 1992).

이러한 여론의 개념이 한국과 일본에서는 각각 19세기 말 메이지(明治) 시대와 조선 왕조 아래서 출현하기 시작한 것으로 보인다. 그러나 여기에는 하나의 의문이 떠오른다. 왜 한국과 일본에서는 이렇게 늦어졌을까? 첫 번째 요인은, 유교적 문화를 기반으로 한 양국의 전통적 사회 조직인 계급 제도와 공동체 의식이 매우 강했고 이러한 시스템의 변화, 그리고 근대화가 매우 느렸기 때문이다. 두 번째 요인은, 서구에서 탄생한 민주주의 제도, 즉 정당, 대중 신문, 사회운동의 도입과 사회적 정착이 매우 늦게 실행되었다.

시간을 거슬러 올라가 긴 역사를 더듬어 보면 "여론(輿論)"이"public opinion"의 의미를 독점하기 이전에 여러 단어들이 사용되었음을 발견할 수 있다. 그 것들은 공론, 공의, 민의, 인심, 중론 등이다.

公論 (kr. : 공론) ; (jp. : こうろん),
公議 (kr. : 공의) ; (jp. : こうぎ),
民意 (kr. : 민의) ; (jp. : みんい),
人心 (kr. : 인심) ; (jp. : じんしん),
衆論 (kr. : 중론) ; (jp. : しゅうろん), etc.

2. 여론의 기원

그렇다면, 언제부터 한국과 일본에서 여론(輿論)이라는 단어를 사용하기 시작한 것일까? 여론은 어디에서 기원해 온 것일까? 중국 양조 시대의(梁朝: 502–557) 정치 역사를 다룬 양서(梁書: Liangshu)에서 유론(輿論)[2]이 처음 사용되었다(佐藤, 2007). 이 용어는 "평판"을 의미했고(西平, 2009), 따라서 어느 한 사람의 가치에 대한 평가를 의미했다. 유론(輿論)은 황제 무제(武帝: 502–549)[3]가 통치할 때 공무원의 선출을 위해 하나의 임용 방식으로 사용되었다. 무제는 조정의 엘리트를 선출할 때 후보자들의 심원한 지식이나, 유론을 들어 알아 본 후 결정했다. 조정은 정부 요원을 선출하는데 백성의 의견을 듣기를 원했다. 이 방법은 나라를 다스리는데 있어 백성의 동정을 살피기 위해 가장을 하고 바그다드를 순시한 천일야화의 술탄 하룬 알 라시드(Hārūn al-Rashīd)를 상기시킨다. 따라서 이 유론은 진짜 여론이기 보다는 로마의 rumores와 fama popularis, 즉 세간의 평판이나 풍설과 유사하다고 볼 수 있다.

유론은 중국 문화와 중국 문자의 가방 속에 들어 한국에 도착했고, 그 다음 한국의 문화 전파로 일본에 전해졌다. 한국과 일본은 이 단어에 거의 유사한 의미를 부여해 사용했다.

---

2) "輿"는 "public" 또는 "masse", 論은 "opinions"을 의미한다. 그러나 이 단어들은 통상적으로 하나씩 분리되어 사용되지 않는다.

3) 무제의 통치 기간은 가장 번영되고 안정된 시기였다. 그는 지식인 계급과 백성을 양립시키고자 노력했다. 출처: (http://www.angelfire.com/co/leong/history7.html)

III. 한국의 여론의 발달

1. 조직적 사회 그룹의 출현 이전

한국에서는 여론을 언급하는 여러 단어들이 이미 1451년 발행된 고려의 역사를 기술한 고려사(高麗史)에서 찾아볼 수 있다.[4] 그러나 우리는 상세한 의미를 가지고 있는 정확한 역사의 한 시대와 결부된 여론과 여론조사를 모체로 하고 있는 현대적 개념의 여론 사이에는 확연한 의미 차이가 있다는 것을 결코 잊지 말아야 한다.

한국에서 여론을 의미하는 두 개의 단어, 공론(公論)[5]과 여론(輿論)이 있는데 이 두 용어는 여론 연구에 있어 아주 중요한 위치를 차지하고 있다. 전자는 엘리트의 의견[그리스어: 로고스(logos)], 다시 말해 귀족 계급인 양반의 의견으로 해박한 엘리트들의 성찰과 토론에 입각하여 표출되었기 때문에 솔리드하고 정확한 의견으로 간주되어 백성에게 위엄이 있었다. 공론 역시 중국에서 온 단어로 추정된다.[6] 이 단어는 중국인 필원이(畢沅 Bi Yuan: 1730-1797)[7] 송나라와 원나라의 역사를 기록한 책, 『속자치통감(續資治通鑑)』에서 약 50번 쯤 언급되었음을 알 수 있다(이, 2002). 여론은 그리스어로 독사(doxa)라 불리는 백성의 의견, 혹은 공통의 감정과 갈증의 표출로 이성적으로 성찰되지 않은 사람들의 감성과 감정으로 객관적이지 않고 따라서 편파적이고 불공평하다(이, 2002). 이 단어는 민심(民心: voix du peuple)과 병행해서 동시에 사용된다.

---

4) Cf: 여론 연구의 전문가인 Zhu Chuan Xing에 의하면 단어 "輿論"은 19세기 초 "民意"에 의해 대체 되어 사용되기 시작했다. (김, 2002). 오늘날 중국인들은 여론을 가리키는 용어로 "民意와 "輿論"을 병행해서 사용하고 있다.

5) 네이버 영어 사전에 의하면 공론은 의미는 다음과 같다. 1. Public [popular, general] opinion. 2. 여론의 동의어.

6) 성리학의 대가 주자(朱子: 1130-1200)는 《公論》을 (萬口一辭)로 개념화했다.

7) 필원은 清(1644-1911) 나라 때 역사학자이자 수집가, 편찬자였다.

16세기 초 조선왕조에서 조광조(趙光祖: 1482-1519)와 이이(李珥: 1536-1584)는 정치를 하는데 여론의 열망을 중시해야 할 필요성을 강조했다. 이 두 철학자는 양반 계급과 백성 사이에 하나의 언로를 개척하고자 노력했다.

조광조는 공론(公論)을 고려하여 받아들여야 한다고 생각했다. 그는 정치 엘리트들에게 감돌고 있는 기대, 비판, 제안 등을 들으면 그것은 지도 계급과 백성 간의 조화로운 관계를 형성하는데 이롭고 양자 간에 신뢰 관계를 확실하게 구축할 수 있다고 보았다.

이이는 해박한 지식을 가지고 있는 문인들(사림)이 유교적 가르침에 입각해 보잘 것 없고 소외된 사람들까지 포함하는 모든 사회 구성원들의 의견을 구해, 백성을 교육하고 육성하고 능력과 겸양을 겸비하여 공적인 일을 관리할 책무가 있다고 보았다(이이, 1972).[8] 이러한 상황에서는 하나의 합의를 찾기가 쉽고, 따라서 사회생활을 충돌 없이 기능하게 하는 필요조건을 형성한다(김 & al., 1994). 이이는 공론보다는 여론(輿論)을 보다 중요시하였다. 언로의 증대와 다양화로 여론이 표현되길 원했다(전, 2007).

그러나 여기서 분명히 해야 할 것은 이러한 한국의 여론의 개념은 서구의 새로운 정치 문화 속에서 탄생한 엘리트 혹은 대중의 의견, 즉 로고스와 독사의 의미와는 판이하게 다르다. 왜냐하면 정치권력을 향해 정보와 토론, 그리고 이성적 사유에 의해 지속적인 비판을 발동하는 정치 엘리트 계급이 16세기 한국 사회에서는 아직 존재하지 않았다고 보기 때문이다. 1894년 동학 혁명이 일어나기 이전까지 한국 사회는 엄격한 계급사회로 전통적이고 위계질서가 강했다. 이러한 정치, 경제, 사회적 분위기는 서구의 상황들과 달랐다. 따라서 본고는 이러한 점을 고려하여 조

8) 율곡전서 3권.

선 시대의 왕권이 백성의 의견을 참작하기 시작한 작은 징표들을 보여주는데 그칠 수밖에 없다.

2. 여론의 확대

한국에서 국민의 의견을 나타내는 현대적 의미의 여론은 사회변동과 대중 신문이 출현한 1890년을 전후하여 출현했다고 볼 수 있다. 1894년 일어난 동학 혁명과 농민 반란은 봉건제도와 계급 사회에 대항하는 하나의 모멘텀이었다. 이들은 민중의 이름을 표방하고 농민, 소상인, 장인 등 조선왕조 사회의 하층 계급을 기반으로 하여 일어났다. 게다가, 동학 운동은 여론의 역사 · 사회학적 측면에 관심을 두고 있는 연구자에게는 의미심장한 사건이다. 왜냐하면 한국의 근대화를 모색하고, 중국과 일본에 대항하여 조선의 독립을 확보하기 위해 신흥 계급에 의해 조직되고 지지를 받았기 때문이다.

이 혁명은 봉건적 시스템을 청산하고 평등을 실현하는 하나의 세계를 만드는 것이 목적이었다. 이 때 계급제와 일부 계급의 자녀에게만 특권을 주어 국가 요직에 진출할 수 있는 시험인 과거 제도가 폐지되었다. 이러한 관점에서 동학은 한국 사회와 한국인들의 사고에 있어 근대화의 시작이라 볼 수 있다. 게다가 서구의"공공(public)", 그리고 "사적(private)" 개념이 일본의 영향 아래 한국 사회에 들어왔다. 매우 중요한 하나의 개혁이 단행되었는데, 왕의 개인 재산과 국고가 분리되었다. 회계 업무적인 차원을 넘어 이 개혁은 고도의 상징적인 역량을 가지고 있다.

그 후, 하버마스가 제안한 전형적 재편성에 따라 이 이데올로기적 변동은 경제적 관계에 있어 시스템의 변동과 신흥 부르주아 계급의 탄생, 그리고 장소와 제도(클럽, 문학 카페, 신문 등)의 창설로 가능하게 되었고 박차를 가했다(Habermas, 1992).

두 진보주의 사상가에 의해 1896년 설립된 클럽 독립협회는 회원 모집을 확대했다. 같은 해 말 2000명이 회원으로 등록했는데 이들은 상인, 학생, 새로운 지식 계급이었다. 클럽을 개조하면서 독립협회는 매주 3회 독립신문을 출간했다. 이렇게 근대적 미디어가 한국 사회에 지속적으로 도입되었다(김, 2006).

독립신문의 논조는 중립적이었고 1900년 폐간될 때까지 계속해서 신문을 발행했다. 4년간 이 신문은 정부와 서민 계급 사이에 정보를 유통하는 하나의 경로로 이용되었다. 독립신문은 정치를 비판하고 사건을 재조명하여 부패한 정치인, 혹은 부정부패자들을 문제 삼는 기록들을 파헤쳤다(김, 2006).

같은 맥락에서 1898년 매일신문, 황성신문, 제국신문과 같은 새로운 신문이 창간되었다. 따라서 여론은 같은 신문을 읽는 독자들 간에 어떤 정치적 사안에 대한 공통된 생각이나 유사한 열망을 공유하면서 커뮤니티를 구성한다는 타르드의 이론처럼 그 영향력을 확장해 갔다.

한국에서도 그럼 서구에서처럼 신문은 여론의 산파 역할을 했는가? 그렇다고 볼 수 있다. 만약 1896년 8월 22일자 독립신문의 논설을 믿는다면 그 증거를 찾을 수 있다. "우리의 신문을 읽음으로써, 시민들은 지금까지 전혀 생각하지 못했던 것들을 생각을 할 수 있고, 모르고 있었던 것들을 알 수 있다. 이런 식으로 그들은 솔리드한 의견을 만들 수 있는데 왜냐하면 그들이 현실에 참여할 수 있기 때문이다. 주요한 교육자인 신문은 여론의 창출에 기여한다."

이러한 새롭고 진보적인 생각들은 과연 어디에서 온 것일까? 독립신문의 책임자 서재필(1864-1951)은 조지 워싱턴 대학을 졸업하고 조제프 퓰리처(Joseph Pulitzer)의 새로운 저널리즘에 매혹되었고 편집장인 퓰리처가 발행한 세인트 루이스 포스트-디스패치의 지면에서 큰 영감을 얻었다(이, 1999).

서재필의 신문은 영어와 한글로 발행되었고, 한자를 사용하지 않고 유일하게 한글을 사용했다.[9] 한자를 읽을 줄 모르는 대중이 신문을 쉽게 읽고 이해하도록 배려한 것이다. 서재필은 독자들을 모으려고 노력했고 중국과 일본의 제국주의에 대항해 싸워야 하는 절박함을 대중에게 의식하게 하려고 안간힘을 썼다. 그러나 독립신문의 독자들은 비싼 구독료 때문에 지극히 제한적이었다. 그럼에도 불구하고 이 신문은 한국인들의 정치 교육을 위해, 그리고 외부 세계에 개방해야 하는 사고 증진에 기여했다. 서재필은 이 신문에서 서구의 시사문제, 즉 인권, 개인의 자유 등과 관계된 주제를 다루어 독자들의 의식을 일깨우고 계몽했다.

독립신문과 더불어 협성회의 역할 또한 간과할 수 없다. 협성회는 200여명의 멤버와 함께 정부의 방향 결정을 실행시키는 영향력과 참가자들의 의식을 향상시키기 위해 50여 개의 공개 토론을 조직했다. 이러한 과정을 통해 공중(public)의 범위는 확대되어 가기 시작했다.

3. 일본 식민 통치와 여론의 분출

한국에서 여론의 분출은 역시 일본 제국주의에 대항하는 투쟁과 밀접하게 연결되어 있다. 1910년, 일본이 한국을 합병한 해부터 여론의 성격은 변했다고 볼 수 있다. 만약 그렇지 않다면 적어도 이때부터 여론은 새로운 형태의 양상을 띠기 시작했다. 일본의 억압에 저항하는 비판 의식이 이때 우리 국민의 깊숙한 곳에서 용솟음쳤고, 점점 더 폭력적인 방법으로 전국에 확대되어 갔다. 국민들의 저항은 1919년 3월 1일 독립 운동과 3월 3일 고종 황제 장례식에 모인 데모 행렬로 절정에 달했다. 이때

9) 이때부터 한국인들은 '여론'이라는 용어를 한자 '輿論'과 한글 '여론' 모두 사용하기 시작했다.

한국인들은 "독립 만세"를 외치며 서울 거리를 대행진했다. 이 결정적인 순간은 적대국인 일본의 지배에 저항하기 위해 필요한 국가적 차원의 인식과 합치했다. 1920년대 노조 운동도 한국인 노동자를 착취한 일본 기업에 대항하기 위해 데모를 벌이고 최고조에 달했다.

이 사건은 문자 그대로 총체적 판단, 공유된 감정, 식민지에 대항하여 싸우고자 하는 일반 의지, 자유에 대한 공동의 욕망인 여론을 표출시키는데 기폭제가 되었다(Tarde, 1989). 이와 같은 현상이 계속해서 일본의 침략으로부터 한국이 해방되는 1945년 8월 15일까지 재현되었다.

이후 미군정의 통치하에 한국과 일본 사회에 여론을 측정하기 위해 여론조사가 들어왔고 사회 과학 분야에서 사용하기 시작했다. 앙케트의 사용은 민주적 가치를 총체적으로 성장시키고, 향상시키면서 숭고한 동기에서 여론조사의 정당화에 기여했다. 여론조사는 공적인 일에서 제외된 피통치자들의 감정을 무시하는 통치자를 통제하고 대중의 의사를 지속적으로 측정할 수 있는 간단하고 직접적인 수단이 되었다. 정치학자 블롱디외는 민주주의에서 이 같은 현상은 "사니오르 파르(sanior pars: 소수, 즉 엘리트 혹은 가장 경쟁력이 있는 사람들이 결정)가 아닌, 마조르 파르(major pars: 다수가 결정)"라고 상기시킨다. 따라서 일본에서처럼 한국에서도 여론조사는 1945년 이후 미국의 보호령(protectorat) 하에서 시작된 민주주의와 함께 그 모습을 드러냈다(Choi, 2008).

Ⅳ. 일본 여론의 탄생

1. 輿論(よろん: 요론)의 출현

일본인들이 언제부터 "public opinion"에 얼마만큼 합당한 용어를 사용

하기 시작했는지 그 역사적 시기를 정확히 규명하는 것은 쉽지 않다. 고문서에서 두 개의 단어, 輿論(よろん: 요론)과 世論(せろん:세론)을 끄집어 낼 수 있다. 전자는 엘리트의 의견을 나타내는 용어로 천황 가족이나 무사, 그리고 스님들의 의견을 가리키고, 후자는 서민 계급인 일반 사람들의 의견을 가리킨다.

요론(輿論)은 1415년경에 써진 "輿論の帰する所(요론노 키스루 도코로)" 책과 무로큐소(室鳩巣: 1658-1734)의 스루가다이 자쯔와(駿臺雜話)에서 찾아 볼 수 있다(日本国語大事典, 小学館). 그 후 1867년 마지막 쇼군인 도쿠가와 요시노부(徳川慶喜)가 정계의 쇄신을 모색하는 방법으로 새롭게 사용했다(山本, 1992). 아마도 요시노부는 쇠망해 가는 나라를 재건하기 위해 막부 근처에 있는 박식한 엘리트를 재결집 시키길 원했다. 이 때 요론은 일종의 이데올로기적 장치가 되었다.

반면에 세론(世論)은 메이지 시대에 여론을 가리키기 위한 신조어로 등장했다. 이 단어는 후쿠자와 유키치(福沢諭吉)가 1875년에 쓴 작품 문명론의 개략(文明論之概略)에 모습을 드러냈고 의미는 "서민층 사람들의 의견" 이었다(宮武, 2007). 메이지 유신에 기반 한 정치 모델은 여론의 가치를 실제적으로 의식하는데 유리한 사회적 상황을 창출했다.

이는 대중 신문의 출현으로 입증되었다. 신문들은 여론의 "결정"에 큰 영향을 미치는 작용을 했다. 특히 신문사들은 정치적 반목을 일으킬 수 있는 사설을 실어 공공연하게 대중에게 알렸다(Séguy, 1983). 일본에서 진정한 의미의 첫 번째 일간지 요코하마 마이니치신문(横浜毎日新聞)이 모습을 드러낸 것은 1871년. 그로부터 1년 뒤, 다섯 개의 신문이 정기적으로 나타났다. 그 중에 가장 중요한 것은 잣씨(雑誌)로 막부 말기와 메이지 초기 정치인이었던 기도 다카요시(木戸孝允: 1833-1877)가 후원을 했다(Huffman, 1980). 후쿠치 켄이치로의 도쿄 니치니치신문은 가장 덜 신랄한 것으로 보였지만 역시 정부를 꼬집었고, 그러나 의회에 대해 일관성 있게 정당을 공격하지는 않았다(Esmein, 1991). 몇몇 신문은 중립적이었고 시민이 지배하는 의견 혹은 대중의 감정을 메아리치게 하는 데 그쳤다.

봉건 사회에서 굳어진 엄격한 사회 구조의 해체와 서구에 대한 개방은 근대화된 지식의 도입에 의해 더욱 진전되었지만, 신문에 의한 이 새로운 표현 형태로는 아직 매우 협소한 영향력만 발휘했다(Esmein, 1991).

1890년 경 일본 신문들은 상업화의 시대에 들어서게 된다(Anthony, 2005), 이 신문들은 이미 수만 부를 발행했고(Huffman, p. 386), 그리고 대중문화를 전파했다(Pons, 1988). 여론의 실제적인 힘은 정부가 여론의 압력에 굴복할 정도로 이미 입증되었다. 이때 여론의 개념은 원초적인 의미로서 통치자의 행동으로서 각자의 행동에 필요한 통제의 결정 기관을 가리킨다고 할 수 있다(Blondiaux, 1998).

이러한 관점에서, 신문 기자, 정치인, 사상가, 특히 후쿠치 켄이치로와 후쿠자와 유키치는 각각 자기의 신문 도쿄 니치니치신문(東京日日新聞)과 지지신뽀(時事新報)에 輿論(よろん:요론)과 世論(せろん:세론), 혹은 (せいろん:세이론) 이란 단어들을 사용하면서 여론을 동원하였다. 세론/세이론[10]은 "사회적 분위기"를 의미했고, 반면에 요론은 "책임감"을 의미했다. 그러나 프랜시스 브린클리(Francis Brinkley)의 영일 사전(1896)에서는 요론은 "여론"을, 세론은 "대중의 감정"을 의미한다고 정의 내리고 있다. 메이지 시대의 정치인들은 요론과 세론을 명확하게 구분지어 사용

10) '世論'은 메이지 시대 《せいろん(세이론)》과 《せろん(세론)》으로 읽었다. 그러나 《세이론》은 시간이 지나면서 사라졌다.

했다. 스미토모(2001)는 하라 다카시 일기(原敬日記)[11]를 분석하면서 여론은 일치에 귀착하기 위한 하나의 논쟁을 의미하고, 세론은 불일치적 관점에서 두 파트너 간에 야기되는 토론을 의미한다고 했다.

2. 두 선구자

특별히 일본 여론의 발전 과정에서 결코 간과되어서는 아니 되는 탁월한 두 지식인이 있다. 후쿠치 겐이치로(福地源一郎:1841-1906)와 후쿠자와 유키치(福沢諭吉: 1834-1901).

후쿠치 겐이치로는 에도 시대 쇼군의 신하였다가 메이지 시대에는 도쿄 니치니치 신문의 기자로 변신했다. 그는 국제 정치와 국내 정치를 잘 알고 있었다. 서구 문화를 일본에 수입해 들여왔고 그 중 "society"라는 단어를 처음으로 도입하였다. 후쿠치는 요론(輿論)과 세론(世論)에 큰 관심을 갖고 "바쿠마쯔 세이지까(幕末政治家)"라는 책에서 요론(輿論)을 4번 언급했고, 세론(世論)을 14번 언급했다. 예를 들면, 이 책에서 다음과 같은 구절을 발견할 수 있다: "[…] 정부와 요론의 분노를 진정시키기 위하여". 이 문맥에서 요론은 "이성적인 의견", "지식인들의 의견"을 의미한다. 세론에 관해서, 그는 다음과 같이 썼다: "이 시대의 세론과 안도의[12] 행동은 비난을 받았다(2003[1900], p. 192). 여기서 세론은 "사람들"과 "세상", 다시 말해 "소문"을 의미한다.

지지신뽀(時事新報)의 설립자 후쿠자와 유키치 역시 서양을 잘 알고 있

11) 메이지(明治)와 다이쇼(大正) 시대의 역사적 문서이다.

12) 안도 노부마사 (安藤信正: 1819-71)는 무사로 에도 말기 정치에 큰 영향력을 행사했다. 그는 쇼군 제도의 권위를 복원시키기 위해 쇼군 도쿠가와 요시토미와(徳川慶福)와 카즈노미야 공주 (和宮)의 정략결혼을 추진하고자 했다. 그러나 카즈노미야 공주는 아리수가와 노미야타루히토(有栖川宮 熾仁)와 이미 정혼한 사이였다. 출처: 芝原拓自(1975), 『日本の大歴史』 第23号, Tôkyô: 小学館, 1975, pp. 136-137.

는 인물이었다. 그는 일본 정부의 특사로 미국과 유럽을 여러 차례 방문했고, 일본에 서구 문화와 서구 사상을 도입했다. 또한 그는 남녀 평등주의의 지지자로서 여성에 대해 우월의식을 느끼는 권위적인 남성 사회를 부추기고 일부다처제를 정당화하는 유교적 도덕성을 비난하고 문제시했다.[13]

평등의 중요성을 인식하면서 유키치는 그의 저작 "문명의 개략"에서 世論(せろん:세론)을 강조했다. 그는 이 책에서 세론, 즉 서민들의 의견을 통해 일본 사회의 진짜 모습을 알 수 있다고 주장했다. 그리고 일본이 서구 문명을 향해 개방하는데 유리하게 작용하도록 이러한 관점을 옹호하고 확대시켰다.

3. 세론의 영향력 증대

서양에서처럼 일본에서도 자유와 인권을 위한 운동(自由民權運動: 1874-1890)이 여론의 발전과 확대에 있어 중요한 역할을 했다. 지식인 엘리트들, 도시의 부르주아들, 그리고 서민 계급은 그들의 정치적, 사회적 요구를 정당화하기 위해 메이지 시대의 정부 원칙에 대항하여 결집했다. 그들은 의회와 헌법을 만들도록 요구했고, 출판의 자유와 집회의 권한을 보장하라고 요구했다. 첫 번째 신문들의 발행부터 일본 여론은 다이나믹했고 심지어 시끄러웠다. 신문들은 이 운동의 초기(1875-1881)에 국민의 자유와 권리를 위해 열심히 보도했고, 1889년 외교적 위기 동안 도쿄의 매우 중요한 데모들도 보도했다. 이러한 사회적 환경은 세론을 구조화하는 싹을 트게 했다.

1904년 러시아와 긴장 관계에 있을 때 이러한 사회적 분위기는 하나

13) 후쿠자와 유키치는 일본인의 정신을 일깨우는데 큰 영향력을 가진 사상가였다. 그는 민주주의 정신, 특히 평등 정신을 보급하는데 노력했다. 그러나 그의 아시아에 대한 식민 사관은 인권에 역행하는 것이었다. 따라서 일본에 의해 지배를 당한 한국과 만주, 타이완에 대한 그의 관점은 많은 논쟁을 불러일으킨다.

의 실제로서 다가왔다. 1903년 6월 10일부터 도쿄제국대학(東京帝国大学)의 교수 7명이 카쯔라 타로(桂太郎) 수상에게 정부를 위한 세론을 모으기 위해 대중지, 잡지, 그리고 집회를 이용하고 동맹할 것을 제안했다. 일본의 사회학자인 사토와 미야타케(佐藤&宮武, 2007)는 이 작전에서 요론(輿論)이 놀랍게 세론화(世論化) 되었다고 설명한다.

다이쇼 시대(大正: 1912–1926)의 문화의 성숙은 이 현상을 가속화하는데 유리한 작용을 했다. 그것은 국민의 대중 교육의 확산이었다. 사실상, 의무교육(義務教育)의 보편화는 일본 최초의 근대적 학교제도를 정한 교육 법령(教育法令)이 1872년 공포됨으로써 시작되었고, 이 시기를 거친 세대가 성년에 이른 1890년대 초 큰 효과가 나타나기 시작했다(Galan, 2001). 다른 하나의 사건 또한 세론의 확대에 기여를 했는데 그것은 1925년 남성에게만 한정되었던 보통선거(普通選挙)의 채택이었다. 정치 엘리트들은 그때 완전히 시민의 지위를 재인식했고 점점 더 국민의 중요성을 알게 되었다.

이와 같은 사회적 분위기 속에서 요론(輿論)과 세론(世論) 사이의 경계를 구분하는 것은 점점 더 어렵게 되었다(佐藤, 2007). 이 두 용어는 제 2차 세계 대전 때까지 동의어로서 취급되어 사용되었다.

4. 여론의 개념의 모호성

1946년부터 GHQ(General Head Quarter: 連合軍最高司令官)는 사회조사와 여론조사를 이용하여 일본 사회와 연관된 다방면의 자료들을 모았다. GHQ는 시민 정보와 교육 담당 부서(Civil Information and Education)에 여론과 사회연구(PO&SR: Public Opinion and Sociological Research) 관리 부서를 설치했다.

이때 여론의 용어와 관련된 문제가 부각되었다. 1946년 11월부터 일본

문자 언어의 간략화와 관련하여 문부성(文部省)은 1850개 등용한자(当用漢字) 목록을 만들어 신문, 잡지, 관용 문서의 기안자들에게 어렵거나 희귀한 한자를 가능한 한 사용하지 않도록 권장했다. 요론(輿論)의 한자 요(輿)는 이 등용한자 목록에 들어 있지 않았고 따라서 복합어 요론(輿論)은 더 이상 사용되지 않게 되었다. 따라서 상용어는 세론(世論)으로 대체되었고, 세론은 요론(輿論)의 의미까지 확장하여 포함하게 되었다.

이로부터 "世論"은 두 가지, 즉 'せろん(세론)'과 'よろん(요론)'으로 발음되었다. 사실상 대부분의 한자는, 일본어 글씨의 3가지 요소 중의 하나로, 읽는 방법이 다양하여 한자 "世"는 '세'로 읽히기도 하고 '요'로 읽히기도 한다. 1989년 NHK(Nippon Broadcast)가 도쿄에서 거주하는 16세 이상의 주민을 상대로 실시한 여론조사에 의하면, 63%의 응답자가 한자 "世"를 'よ(요)'로 발음하고, 34% 만이 '세(せ)'로 발음했다. 일본인들은 특히 이 한자의 발음을 선택하는데 구속받지 않는다. 사회학자 사토(2003)는 이러한 상황을 "애매한 일본 여론"이라는 논문에서 조롱하였다. 그는 철자 "世論"은 어떤 발음을 선택하느냐에 따라 의미가 다르다고 주장한다. 그러나 통계학자 니시히라는(2009) 요론과 세론 사이에 있어 개념적 차이를 찾는 것은 쉽지 않다고 단언한다.

우리가 확인한 사실은 일본의 대부분의 여론조사 전문가, 기자, 학자들은 "世論"을 요론으로 발음하고 있다는 사실이다. 바로 일본 여론조사 협회의(Japan Association for Public Opinion Research: 日本世論調査協会) 회원들과 언론 관계자는"요론"으로 발음하고 있다.[14] 이러한 이유로

14) 2003년 11월 28일 일본 여론조사 협회가 개최한 선거 여론조사의 샘플에 관한 컨퍼런스에서 우리를 포함한 발표자들은 모두 'public opinion'을 가리키기 위해 '요론'이라는 용어를 사용했다. 게다가 일본 여론조사 협회가 발행하는 잡지명은 히라가나 "よろん"이다. 그리고 일본의 출판사 코분도(弘文堂)가 출판하고 있는 "사회학사전"에는 요론(世論)과 요론쪼사(世論調査)만 실려 있고 세론, 세론쪼사는 찾아볼 수 없다.

인하여 본고는 世論이라는 단어를 요론으로 표기하고자 한다.

여론조사 도입 이후 일본의 정치학자, 사회학자, 여론조사 전문가, 기자들은 요론(世論)을 어떻게 정의할지를 두고 논쟁을 벌였다. 정치학자 마쯔모토(松本, 2003)는 먼저, 사회의 한 그룹 내의 공유된 의견이라고 정의했다. 그러나 그는 결국 통계학자 하야시(林, 1976)가 여론이란 여론조사가 측정한 결과물이라고 정의한 것에 합류하고 만다. 아사히신문은 자기 나름대로 다음과 같은 정의를 내린다: "사회의 이러저러한 문제에 대해 대다수의 의견이나 태도". 요미우리(1982)는 사회의 이러저러한 문제에 대한 국민의 일반의지라고 정의한다. 그럼에도 불구하고 여론에 대한 마지막 두 개념 정의는 전혀 새로운 것이라고 볼 수 없고, 서구의 개념을 그대로 답습하고 있을 뿐이다.

결국, 일본도 다른 선진 민주주의 나라처럼 여론조사의 결과가 "여론"의 상태를 반영하고 있는 듯하다. 일본의 언론과 정치 관계자들은 일상적으로 여론조사를 사용하는 것이 사회에 내재해 있는 여론을 도출하는데 좋은 효력이 있다고 생각한다. 이제는 모두 여론조사가 측정한 결과와 들어야 할 여론이 동일하다고 받아들이게 된 것이다(Blondiaux, 1997). 그러나 자주 주목하여 여론을 둘러싼 역설에 대해 성찰하고 감지해야 한다. 왜냐하면 이 개념의 정치적, 그리고 과학적 사용에 있어 정의를 내리는 데는 많은 어려움이 따른다. 무엇보다 여론의 개념 정립은 확고하지 못한 채 불안정하고, 정의를 내리는데 따르는 저항과 점진적 소멸 사이에는 놀라운 대비가 존재한다. 따라서 주석자의 혼란이 명백하게 나타난다. 예를 들면, 1960년대 중반 미국의 한 교과서가 여론의 개념 정의를 50여 개 이상 집계할 수 있었는데 그중 일부분은 환원 불가능했다는 사실을 상기해야 한다(Childs, 1965).

어쨌든, 엘리트에 의해 표현된 의견이 독점적으로 행사되었던 때와 국민 공동체의 의견을 반영한 여론이 표현되는 것을 인식하는 때, 이 둘 사이의 진화 관계는 한국과 일본 사회의 역사적 조직 속에서만 밝힐 수 있다. 국민이 포함된 여론은 몇몇 관점에 있어 생존과 관련된 요구에 통치자들을 굴복시키려는 목적으로 폭력적인 반대를 자주 표현하는 배달꾼이었다. 이러한 사회 운동들은 여론의 검은 이미지를 잘 묘사한다.

역사 속에서 사람들이 구현한 여론에 관한 동의어들을 정리하면 다음과 같다.

〈표 1〉 여론의 동의어

	중국	한국	일본
엘리트의 의견	公論: gonglun	公論: gongron	輿論: yoron
대중의 의견	輿論: yu.lun, 民意: min.yi	輿論: yôron	世論: seron
여론을 가리키는 현재 용어	輿論: yu.lun, 民意: min.y	輿論: yôron, 民意: minui	世論: yoron, seron, 民意: min.i
중국어 용어들 公論(gonglun), 輿論(yu.lun), 民意(min.yi)는 역시 한국과 일본에서 여론을 가리키기 위해 사용되었다. 그러나 세론(世論)은 중국과 한국에는 존재하지 않는다. 아마도 중국어 사용에 있어 중국과 한국, 두 나라는 유사했던 것 같고, 한국을 통해 일본에 도착한 중국어는 꽤 변형된 듯하다. 다시 말해, 한국은 중국어의 1차 수입자이고, 일본은 한국을 통한 2차 수입자이다.			

V. 나가며

본고는 한국과 일본에 있어 여론의 개념의 진화 과정이 어떤 식으로 이루어졌는지 징표들을 찾아보고자 하는 작은 시도를 했다. 이 개념은 두 나라 사이의 긴 역사로부터 물려받은 것으로 유교 문화의 흔적이 새겨져 있다. 한국은 35년 간 일본의 식민 지배를 받았다. 여론의 탄생과 이 단어에 부여한 의미의 변화 과정은 아시아라는 사회 문화적 차이가 존재함에도 불구하고 전반적인 프로세스는 서구와 유사한 것을 알 수 있다.

일본에서 진정한 표현의 자유가 출현한 것은 제 2차 세계대전 후 연합국의 통치 하에서가 아니던가? 일반적으로 퍼져 있는 이 견해를 현대 일본에 대한 역사 전문가들, 특히 비에(Michel Vié, 1995)는 하나의 진부한 생각이라고 반박한다. 1873년 언론에 관한 명령에 의해 잡지와 신문의 통제가 처음으로 도입되었다. 그러나 1897년 이 검열 제도가 폐지되면서부터 언론은 자유를 향유하게 되었다고 간주한다(Fraser, 1995). 한국에서는 이 같은 상황이 1987년 국민의 직선에 의한 대통령 선거 때 바야흐로 실현되었다고 볼 수 있다.

오늘날은 여론 형성을 위한 담화를 생산하는 장소가 정보와 커뮤니케이션의 새로운 기술로 다양화되고 구조화되었다. 인터넷을 매개로 하여 페이스북(facebook), 트위터(twitter), 유투브(youtube), 그리고 한국은 싸이월드(cyword), 일본은 믹시(Mixi), 그리(GREE) 등을 통해 세계 차원에서 커뮤니케이션 망을 구축하고 있다. 2014년 인터넷 이용자는 한국의 경우 84.33%, 일본의 경우 90.58%에 달한다.[15] 타르드는 이미 1901년 원격에서 생각을 공유하는 공중(公衆)을 암시하고 그 생각을 도입하였다. 그것은 "원격에서 전염되는" 현상에 의한 다른 사람들의 생각이 개인이나 커뮤니티 멤버, 그리고 서로 육체적으로 떨어져 있는 사람들의 의견 형성에 영향을 주는 것을 의미한다.

한국과 일본의 여론에 대한 개념의 연구가 비록 매우 제한적이지만 이 현상이 사회 구성원을 분석하기 위한 여론조사의 실시와 사용을 제한하지는 못한다. 구소련의 공산제도 붕괴와 세계화의 출현 이후, 1990년대

15) http://ecodb.net/ranking/icts_internet.html#JP(검색일: 2016/01/23)

부터 세계 차원에서 여론조사를 이용한 지구촌 각국의 비교 연구는 크게 발전했다. 이 분야와 관련된 많은 연구소들이 대학에 창설되었다. 여론에 대한 경험 연구는 World value survey, East Asian Barometers, Asian Barometer 등 대규모의 국제 조사로 인해 사회과학 분야에서 발달되었다.

World value survey[16]는 1981년 미국의 사회학자 로널드 잉글하트(Ronald Inglehart)가 세계 여러 나라의 사회 문화적, 도덕적, 종교적, 정치적 가치관을 상호 비교하기 위해 서구의 22개국을 대상으로 시작하였으나, 지금은 세계 143개국으로 확대하여 매 5년 마다 실시하는 사회조사다. 현재 한국과 일본은 이 조사에 참여하여 사회적 신뢰, 정치적 정향, 관용성 등에 대한 여론의 추이를 시계열적으로 관찰하고 있다.

Asian Barometer[17]와 관련하여 타이완 정부는 2000년 한국, 일본을 비롯한 14개국을 규합하여 동아시아 나라들의 가치 체계와 민주주의의 발전 정도를 측정하는 국제 조사를 시작하여 지금껏 지속해 오고 있다.

16) http://www.worldvaluessurvey.org/wvs.jsp

17) http://www.asianbarometer.org/

참고 문헌

김세철 · 김영재(2000). 『조선시대의 언론문화』, 서울: 커뮤니케이션북스.

김영주(2002). 「이조초기 여론형성과정에 대한 연구」, 『언어학연구』 제 2권 3호, 12월.

김용직(2006). 「개화기 한국의 근대적 공론장과 공론형성 연구: 독립협회와 "독립신문"을 중심으로」, 『한국동북아 논총』 38권.

신은희(2013). 「2013년 KORA회원사 조사결과」, 『국내조사산업의 현황과 발전방향』. 한국조사협회(KORA).

이상익(2002). 「율곡의 공론론과 그 현대적 의의」, 『율곡사상연구』, 5권

이상희(1993). 「율곡의 철학과 언로」, 『조선시대의 커뮤니케이션 현상연구』, 서울: 나남출판사.

이상철(2003). 『신문의 역사』, 서울: 커뮤니케이션북스.

이이(1972). 『율곡전서』, 서울: 동화사.

이현희(1994). 『우리나라 근대인물사』, 서울: 세문사.

전세영(2007). 『율곡의 군주론』, 서울: 집문당.

최정호(1982). 『언론문화와 대중문화』, 서울: 민음사.

한원영(2002). 『한국 신문 한 세기』, 서울: 푸른사상사.

ANTHONY Smith. 최정호 역(2005). 『세계신문의 역사(*The Newspaper: An International History*)』, 서울: 나남출판사.

松本正生(2003). 世論調査のゆくえ, Tôkyô: 中央公論.

宮武実知子(2007). "1980年代以降の「世論」研究", 『輿論研究と世論調査』, 岡田直之, 佐藤卓己, 西平重喜, 宮武実知子, Tôkyô: 新曜社.

西平重喜(2009). 世論をさがし求めて, Tôkyô: ミネルヴァ書房.

岡田直之, 佐藤卓己, 西平重喜, 宮武実知子(2007). 『輿論研究と世論調査』, 新曜社.

佐藤卓己(2007). 日本型「世論」の成立 輿論研究と世論調査』, 岡田直之, 佐藤卓己, 西平重喜, 宮武実知子, Tôkyô: 新曜社.

佐藤卓己(2003). 『戦後世論のメディア社会学』, Tôkyô: 柏書房.

芝原拓自(1975). 『日本の大歴史』 第23号, Tôkyô: 小学館.

住友陽文(2001 3月).『近代日本の政治社会の転回 日本史研究』第463号.
山本武利(1992).『新聞と民衆』, Tôkyô: 紀伊国屋書店.
福地源一郎(2003; 초판 1900) 幕末政治家, 東京: 岩波書店. 国民の友社, 総日本史籍協会叢書, 1900年発行, 1979年復刻.
福沢諭吉(1962; 초판 1898). 文明論之概略, 東京: 岩波書店.
福沢諭吉(1978; 1eréd1898) 学問のすゝめ (Invitation à l'instruction), 東京: 岩波書店.
人物で読む近代歴史 (2001) vol. I, Tôkyô: 青木書店.
社会学辞典 弘文堂 (cf. 雑誌 よろん, n° 90, 2002年9月).
日本世論調査協会, よろん, n° 90, 2002年10月.
Dictionnaire Chinois-Français(1990). Eds.You-Feng, France. *Gonglun* (p. 232), yu.lun(p. 870),min.yi(p. 465).
NHK世論調査辞典(1996). Tôkyô: 大空社.
Grand Dictionnaire Français-Chinois du nouveau siècle (1998) Pékin Eds : Waiyujiaoxieyu yanjiuchupanshè.
日本語大事典 2(2006). Tôkyô: 小学館.
日本語大事典 3(2006). Tôkyô: 小学館.
BLONDIAUX Loïc(1998). *La fabrique de l'opinion. Unehistoiresocialedessondages*, Paris, Seuil.
BLONDIAUX Loïc(1997). "Ce que les sondages font à l'opinion piblique" in *Politix*, vol, 10. n° 37 Primier trimestre, De Boeck.
BLONDIAUX Loïc QualiQuanti www.qualiquanti.com
BOURDIEU Pierre(2002; 1ered.1984). "L'opinion publique n'existe pas" in *Questions de sociologie*, Paris, Les Editions de Minuit.
CHAMPAGNE Patrick(1994). *Faire l'opinion: le nouveau jeu politique*, Paris, Les éditions de Minuit.
CHILDS Harwood(1965). *Public opinion. Nature, Formation and Role*, Princeton, VanNostrand.
CHOI In-sook(2008). *Institutionnalisation des sondages d'opinion au Japon et en Corée du Sud*, thèse, Sciences Po Paris.

ESMEIN Jean(1991). *Le Japon contemporain*, Paris, PUF.

FRASER Andrew(1995). *Japan's early Parliaments 1890–1905*, Londres, Routledge.

GALAN Christian(2001). *L'enseignement de la lecture au Japon*, Presses universitaires du Mirail Toulouse.

HABERMAS Jürgen(1992; 1ered.1962). *L'espace public*, Paris, Payot.

HUFFMAN James L.(1980). *Politics of the Meiji Press: the life of Fukuchi Gen.ichirô*, The university press of Hawaii Honolulu.

NISHIHIRA Shigeki [NISIHIRA Sigeki](1983). "Political Opinion Polling in Japan" in *Political Opinion Polling*, New York St. Martin's Press.

PONS Philippe(1988). *Japon*, Paris, Seuil.

SEGUY Christiane(1983). *Histoire de la presse japonaise*, Publications orientalistes de France.

TARDE Gabriel(1989). *L'opinion et la foule*, Paris, PUF.

VIE Michel 1995(1ered. 1971). *Le Japon contemporain*, Paris, PUF.

www.kr.dic.yahoo.com

www.z-flag.jp 東京帝大七博士事件.

3장
재일코리안에 대한 혐오표현과 규제*

문연주

Ⅰ. 들어가며: 헤이트 스피치, 표현의 자유인가

2013년 한 해 동안 도쿄(東京)의 신오쿠보(新大久保)와 오사카(大阪)의 츠루하시(鶴橋) 등, 재일코리안[1]의 역사로 볼 때 상징적이고도 각별한 장소에서 '일한 국교 단절 국민 대행진', '일한 우호 분쇄 데모 행진' 등의 제목으로 수차례의 집회가 열렸다. 실제 유투브 등에 게재되어 있는 시위 영상을 보면 '조선인을 죽여라', '한국인은 너희 나라로 꺼져라', '바퀴벌레', '구더기 새끼' 등, 발언의 수위가 물리적인 폭력 못지않게 강도 높다. 그 중에서도 특히 화제가 된 것은 2013년 2월 24일, 츠루하시역 앞에서 있었던 14세 여중생의 혐오연설이었다. 재일코리안이 '미워서, 미워서

* 본고는 『일본논총』 Vol.39(현대일본학회, 2014.)에 게재된 논문 「일본의 혐오표현과 규제:교토지방법원의 '가두선전금지 등 청구사건' 판결 사례를 중심으로」를 일부 수정한 것임을 밝힌다.

1) 『신사회학사전(新社会学辞典』(有斐閣, 1993)에 의하면, '재일한국 · 조선인(Korean minority in Japan)'은 넓은 의미에서 '일본에 거주하고 있는 조선반도 출신자 및 그 자손'을 의미하며, 실제로는 '일본 제국주의의 조선식민지 지배 결과, 조선으로부터 일본으로 이주하게 되거나 강제 연행되어 전후에도 일본에 재류하지 않을 수 없게 된 자 및 그 자손'을 의미한다. 현재 일본의 '헤이트 스피치=혐한시위'는 재일한국 · 조선인=올드커머뿐만 아니라 1980년대 이후 일본으로 이주 · 정착한 뉴커머까지를 모두 대상으로 하고 있는 바, 이 글에서는 이들 모두 포괄하는 의미로 '재일코리안'이라는 명칭을 사용한다.

참을 수 없다. 죽이고 싶다. 언제까지고 그렇게 오만하게 군다면 난징대학살이 아니라 츠루하시 대학살을 실행할 것이다'라고 외치는 여중생의 모습은 인터넷을 통해 일본은 물론 세계 각국에 전파되어 커다란 충격과 논란을 불러일으켰다.

일반적으로 혐오표현(hate speech)[2]이란, 인종, 피부색, 성별 등과 같은 타고난 속성에 대해 편견과 폭력을 부추기는 위협 · 폄하 · 선동 발언이나 연설 등을 의미한다. 그러나 근래 일본 사회에서 회자되고 있는 '헤이트 스피치(ヘイト・スピーチ)'는 유감스럽게도 재일코리안을 대상으로 하는 '혐한(嫌韓)시위', '혐한표현'의 다른 말로 쓰이고 있다.

매스컴을 통해 알려진 바와 같이 '재일특권을 용납하지 않는 시민모임(在日特権を許さない市民の会)'(이하 '재특회')은 일본의 헤이트 스피치=혐한시위를 이끄는 대표적 단체이다. 2006년 12월에 설립된 재특회는 2016년 1월 현재 15,747명의 회원이 가입되어 있으며,[3] 일본 전국에 37개 지부를 구성하고 있다. 재특회는 '자이니치(在日)[4]문제를 널리 일반에 제기하고, 자이니치를 특권적으로 취급하는 이른바 '재일특권(在日特権)'을 없애는 것을 목적으로 하고 있음을 회칙을 통해 밝히고 있다. 여기에서 그들이 문제제기하는 '재일특권'이란, 구체적으로는 자이니치의 특별영주자격, 통명, 생활보호(이상은 기존의 재일특권) 및 연금, 참정권(이상은 앞으로의 재일특권) 등을 의미한다. 재특회는 자이니치가 일본사회에서 이와 같은 '부당한 특권'을 누림으로써 일본인의 권리를 빼앗고 있다고 주장하고 있다.

---

2) hate speech는 국내에서 혐오표현, 증오표현, 혐오언론, 증오언론 등으로 표현되고 있다. 이 글에서는 '혐오표현'이라는 용어를 사용한다. 단, 최근 일본의 혐한시위를 일컫는 경우에는 '헤이트 스피치'를 사용한다.

3) 재특회의 홈페이지(http://www.zaitokukai.info/)에 공표된 회원 총수 기준(2016년 1월 19일 검색). 남성 13,508명, 여성 2,234명, 해외거주자 348명

4) 일본에서는 재일코리안을 통상 '자이니치'라 부른다.

재특회의 헤이트 스피치는 인터넷 상에서의 특정 커뮤니티의 정보 공유 차원을 넘어, 일본인의 역사의식과 배외주의, 일본 사회의 우경화, 청년세대의 절망감과 상실감 등 일본 사회에 다양한 사회적 의제를 제기하고 있다. 이 글에서는 일본 사회의 헤이트 스피치가 제기한 여러 사회적 의제 중에서 소수자의 인권과 평등권의 실현이라는 관점에서 혐오표현에 대한 규제 문제를 다루어보고자 한다.

재특회는 스스로를 '행동하는 보수'라 일컬으며, 집회 · 시위 문화가 좀처럼 없는 일본 사회에서 조직적으로 가두시위를 주도하고 있으며, 재일코리안의 생활의 터전 한 가운데에서 재일코리안을 향해 큰 소리로 모욕하고 저열한 욕설을 퍼붓는 표현 방식으로 세간의 이목을 끌고 있다. 그리고 그들의 무자비하고 저열한 헤이트 스피치에 대한 세간의 비판에 대해 재특회는 자신들의 표현 활동이 헌법이 보장하는 '표현의 자유'임을 주장한다.

실제로 일본헌법 제21조는 집회, 결사, 언론, 출판의 자유를 통해 개인적 또는 집단적 표현의 자유를 포괄적으로 보장하고 있으며, 표현의 자유는 민주주의 사회에서에서 각별히 강조되어 온 소중한 가치이기도 하다. 그러나 표현의 자유가 중요하다고 해서 타인의 인격권과 평등권을 위협하고 해를 끼치는 표현행위까지 허용해도 될 것인가, 즉 표현의 자유는 다른 그 어떤 기본권에 우선하는 절대적 기본권인가 하는 문제에는 논란의 여지가 존재한다.

자유주의 사회에서 사상과 표현의 자유는 마땅히 존중되어야 하지만, 특정 표현이 타인의 인격권이나 평등권과 같은 기본권을 침해했을 경우에는 그 역시 제한될 수 있는 '상대적 기본권'으로 이해해야 하며,[5] 그러

---

5) 이준일(2013), 「혐오표현과 차별적 표현에 대한 규제의 필요성과 방식」, 『인권의날 기념 국제심포지움 미디어와 인권』 발제문. 법무부, p. 177.

한 제한이야말로 진정한 표현의 자유를 보장하는 데 도움이 될 것[6]이라는 판단도 존재한다.

UN은 인종차별철폐조약에서 차별적 표현을 금지하는 것은 표현의 자유의 권리와 정합하는 것이라는 기본적 관점 하에 체결국에 대해 차별의 법적 처벌을 의무화하도록 규정하고 있다. 실제로 캐나다, 영국, 독일 등의 국가는 차별의 금지를 법제화하고 있다. 그러나 일본에서는 표현의 자유를 근거로 혐오표현에 대한 법 규제 반대론 내지는 신중론이 대세를 이루고 있다. 이러한 현상에 대해 모로오카(師岡)는 일본의 경우 정부뿐만 아니라 헌법학 · 헌법학자 대다수가 미국의 판례이론에 많은 영향을 받았기 때문이라고 설명하기도 한다.[7]

이에 이 글에서는 교토조선제일초급학교(京都朝鮮第一初級学校)가 재특회를 대상으로 한 소송 '가두선전 금지 등 청구사건(街頭宣伝差止め等請求事件)'에 대한 교토지방법원의 판결(2013.10.7, 京都地裁平22(ワ)2655号) 사례를 중심으로 소수자의 인권 및 평등권의 구제라는 관점에서 일본 사회에서의 혐오표현 규제의 제도적 한계와 과제를 제시해 보고자 한다. 이 판결은 일본 사법부가 차별적 혐오표현이 위법임을 명백하게 밝힌 첫 판결이라는 점에서 매우 의미 있는 판결이라는 평가를 받고 있으나, 동시에 일본 사회가 차별적 혐오표현에 대처하는 데 있어 제도적으로 어떤 한계와 과제를 안고 있는지를 점검해볼 수 있는 중요한 계기가 되어 줄 것으로 기대된다.

---

6) 심경수(2007), 「증오언론과 십자가 소각에 관한 판례경향」, 『미국헌법연구』 Vol.18. No.1. 미국헌법학회, p. 72

7) 師岡康子(2013), 『ヘイト · スピーチは何か』, 東京: 岩波書店, . p. 136.

Ⅱ. 혐오표현과 표현의 자유 논쟁

1. 혐오표현이란 무엇인가

혐오표현(hate speech)과 혐오범죄(hate crime)라는 용어는 1980년대에 미국에서 만들어진 용어이다. 제2차 세계대전 이후 본격적으로 전개된 공민권운동(Civil Rights Movement)으로 인해 미국 사회에서의 공적 차별은 일정 정도 해소되었으나, 여전히 차별은 공고하게 남아 있었으며, 1980년대 전반에는 뉴욕을 중심으로 차별적 동기에 의해 아프리카계 흑인과 성적 소수자를 살인하는 사건이 빈번하게 발생했다. 1985년, 연방하원은 국가에 대해 '혐오범죄'에 대한 조사를 의무화하는 '혐오범죄 통계법안'을 제출, 1990년에 동법이 성립되었다. 이로써 1991년부터 '혐오범죄'가 공식적인 범죄 통계의 일 유형으로 분류되었으며, 이로써 '혐오범죄'라는 용어가 사용되기 시작했다.[8] 여기에서 '혐오범죄'는 인종, 종교, 성적 지향, 국적 · 민족성에 대한 편견에 근거한 범죄로 정의된다.

한편, 같은 시기인 1980년대, 미국의 대학 내에서는 유색인종과 여성에 대한 차별사건이 빈번하게 발생했다. 각 대학은 대학에서 성적으로나 인종적으로 보다 많은 평등과 형평성을 고취하고 다원주의와 차별철폐를 지향하고자 차별적 표현을 포함한 괴롭힘(Harrasment)행위를 규제하는 학칙 제정 움직임이 활발해졌고 이를 둘러싼 논의가 사회 전반으로 널리 전개되면서 '혐오표현'이라는 용어가 사용되게 되었다.[9] '혐오표현'은 통상 인종이나 민족, 성, 종교, 성적 정향성에 근거하여 폭력이나 증오, 또는 차별을 유발하는 무절제하고 위협적이며 모욕적인 표현으로 정

---

8) 심경수(2007), pp. 43-44; 師岡康子(2013), pp. 139-141.

9) 이재진(2000), 「가상공간에서의 혐오언론의 문제:미국의 경우를 중심으로」, 『사이버커뮤이케이션학보』 통권제6호. 사이버커뮤니케이션학회, pp. 116-117.

의된다.[10]

'혐오표현'과 '혐오범죄'는 모두 인종, 민족, 성 등 소수자에 대한 차별에 근거한 공격이라는 공통점을 가지지만, 미국 사회에서 '혐오표현'은 수정헌법 제1조의 보호를 받는 표현행위이며, '혐오범죄'는 가중처벌이 가해지는 범죄적 행위라는 차이를 가진다.[11]

2. 혐오표현과 표현의 자유

미국에서 혐오표현의 문제는 '평등' 또는 '다원성'의 문제와 더불어 수정헌법 제1조와의 관계에 있어서 대단히 예민하고 복잡한 문제로 여겨져 왔다. 혐오표현을 수정헌법이 제창하는 표현의 자유의 보호에 있어 예외로 보아야 하는가라는 문제는 법학자들의 사이에 오랜 논쟁의 대상이 되어 왔다. 1977년의 '스코키 판결'[12]은 미국 사회에서 '증오를 표현할 수 있는 권리'에 대한 헌법적 보호를 인정한 가장 대표적인 판결이다.

1977년 네오나치즘을 표방하는 미국사회당(National Socialist Party of America)의 당수인 프랭크 콜린(Frank Collin)은 홀로코스트의 생존자가 전 주민의 6분의 1을 차지하는 일리노이 주의 스코키 마을을 행진하고자 했다. 이에 대해 스코키 당국은 공중의 안전을 이유로 나치 휘장을 사용한 행진을 금하는 결정을 내렸다. 이와 관련한 소송에서 일리노이주 법원은 나치 휘장을 사용한 행진이 싸움을 유발하는 폭언(fighting words)—상대방에게 직접적으로 정서적 위해를 가해 즉각적으로 평온을 깨는 표현—에 해당하지 않는다 하여 네오나치 그룹의 행진을 수정헌법

10) Coliver, S.(1992), "Striking a balance:Hate speech, freedom of express, and non-discrimination," Constitutional Law Review 9.

11) 심경수(2007), p. 44.

12) National Socialist Party of America v. Skokie, 432 U.S. 43. 1978.

제1조에 의해 보호되는 것으로 판결했다. 법원은 그들의 결정이 개인의 자유로운 표현의 권리를 보호함으로써 궁극적으로 인종적 또는 여타의 이유에서 소수에 속하는 이들에게 이익이 될 것이라고 주장했다.

연방대법원의 판례를 통해 현재 미국에서 수정헌법 1조의 보호를 받지 못하는 혐오표현의 유형은 싸움유발폭언(fighting words)과 즉각적인 범법행위(imminent lawless action) 조장 표현이다. 따라서 사실을 적시하지 않으면서 상대방에게 정서적 위해를 가하도록 의도된 '표적화한 혐오표현(targeted hate speech)'의 불법성 여부를 가리기 위해서는, 해당 표현이 상대방에게 직접 싸움을 걸거나 즉각적인 범법행위를 유도하는 표현인지 여부를 판가름해야 한다.[13] 미국은 기본적으로 이와 같은 연방대법원의 판결을 축적해오면서 인종차별적인 혐오표현에 대해 관용적인 정책을 유지해왔지만 이에 대한 미국 사회 내의 비판도 존재한다.

레빈슨(Levinson)은 1977년 스코키 판결은 '표적화한 혐오표현'의 대표적 사례로 이제 특정 대상을 타깃으로 하는 그와 같은 혐오표현은 규제되어야 한다고 주장한다. 그는 특정 소수 집단을 대상으로 하는 극단적인 혐오표현을 수정헌법 1조에 입각하여 보호함으로써 정서적으로 취약한 희생자들에게 가혹한 영향을 줄 수 있음을 우려하며, 표적화된 혐오표현은 근본적으로 평등, 종교의 자유, 인격적 존엄, 사생활 존중과 같은 동등하게 중요한 헌법적 가치를 위협하기 때문에 비록 그 혐오표현의 주제가 공적 관심 사안이라 할지라도 고의적 정서고통 유발행위에 대해서는 배상을 받아야 한다고 주장한다.[14]

---

13) 이향선(2014), 「미국에서의 혐오표현 규제: '무슬림의 무지'동영상 사태로 촉발된 논란과 그 함의를 중심으로」, 『방송통신심의동향』 제2014-1호, 방송통신심의위원회, p. 39.

14) 이향선(2014), pp. 38-39에서 재인용

3. 혐오표현 규제 반대론

혐오표현 규제에 대해서는 찬반 논란이 존재한다. 규제를 반대하는 이들의 철학적 기반은 '자유주의적 헌법이론', '언론의 자유주의적 공개시장의 원리'이다. 이는 언론의 자유를 보장함으로써, 거짓과 진리의 자유롭고 공개적인 사상과 논쟁의 대결을 통해 종국에는 진리가 승리하게 될 것이라는 믿음을 기반으로 하고 있다. 무엇보다 혐오표현을 규제하는 것은 억압적 측면을 가지기 때문에 하나의 심각한 검열수단이 되기 쉬우며 표현의 자유에 대한 위축효과(chilling effect)를 가져올 것이라고 지적한다. 혐오표현 규제 반대론자의 주장을 간단히 요약하면 아래와 같다.[15]

① 혐오표현에 대한 규제는 시간과 자원의 낭비일 뿐이다. 이러한 논의가 학문적으로나 사회적으로 공헌할 바가 없다(Lively 1994).

② 혐오를 표현하는 언사는 경우에 따라서는 은폐되어서는 안 된다. 왜냐하면 그러한 언사가 사회적인 경각심을 가져올 수 있기 때문이다. 모든 사회성원의 언로를 막아서는 안 되며, 비이성적이거나 진리가 아닌 언사도 모두 허용하여 오히려 정치적으로 잘못된 언어도 교육적인 목적을 위해 도움이 되도록 해야 한다(Carter 1992).

③ 혐오표현의 제한 자체가 소수자로 하여금 자신이 피해자라는 의식을 가지게 하므로 이로 인해 소수 성원들이 실제적으로 하찮은 문제들이나 모욕적인 문제에 너무 집착하도록 하는 것은 위험하다. 피해의식이 곧 차별을 불러온다(Finn 1989).

④ 치료가 병을 더욱 악화시킬 수 있다. 왜냐하면 규제는 새로운 형태의 검열을 낳을 수 있기 때문이다. 현실에서 발생하는 모순적인 문

15) 이재진(2000), pp. 123-125에서 재인용

제들은 근본적으로 자연적으로 해결되도록 두어야 하며 만일 이러한 자연적 치유가 아닌 경우에 언론의 자유라는 대명제에 반하는 상황을 초래할 수 있다(Gates 1993). 또한 법적인 기준을 통하여 억압하게 되면 이는 한편으로 개인의 자연스러운 감정의 발현을 억압하게 된다.

이와 같은 규제 반대론은 차별적 혐오표현의 규제에 대해 '최소 규제의 원칙'으로 접근하게 된다. 따라서 형사처벌과 같은 법적 규제보다는 자유로운 언론 활동과 교육을 통한 문제해결, 그리고 차별시정이 필요한 경우 민사소송을 활용하는 방법을 선택한다.

4. 혐오표현 규제 옹호론

혐오표현의 규제를 옹호하는 이들은 차별적 혐오표현이 본질적으로 소수자에게 은밀하면서도 심각한 해를 끼친다고 본다. 현실적으로 혐오표현은 위험하며 소수자의 생존과도 직결될 수 있으며, 필연적으로 공동체 안에서 적대적이거나 모멸적인 분위기를 조성한다. 규제 옹호론자의 시각을 간단히 요약하면 다음과 같다.[16]

① 혐오표현은 수정헌법 제1조의 보호를 받을 자격이 없다. 차별적 혐오표현에 대해 반응하는 것이 소수자 자신의 신상에 위험을 초래할 수 있다는 사실을 인식하기 때문에, 그들은 결국 침묵하거나 복종적 자세를 취하게 된다(Lawrence 1990). 혐오표현의 대상이 되는 이들을 보호하는 차원에서 제재는 불가피하다. 혐오표현이 감정적

16) 이재진(2000), pp. 126-129에서 재인용

인 타격을 가할 수 있는 위법행위를 구성하는 하나의 공격 형태로, 일단 혐오표현에 접하게 되면, 비록 물리적 폭력이 동반되지 않는다고 하더라도 그보다 더 큰 좌절감과 분노를 느끼게 하고 투쟁을 유발할 수 있다(Delagdo 1982).

② 실상 권력 배분의 불균형으로 인해 사상의 자유시장에서의 공정한 경쟁은 이루어질 수 없다. 권력배분의 불균형은 혐오표현의 희생자를 위협하여 침묵하게 만든다. 인종적, 민족적, 성적 소수자에 대한 뿌리 깊은 편견과 감정의 골로 인해 혐오표현에 반응하는 것은 사상의 자유시장에서 진실에 도달하는 자정역할에 아무런 기여도 하지 못한다. 인종과 민족성을 비난하는 욕설은 수정헌법 제1조의 표현의 자유를 누릴 하등의 가치가 없으며, 다수에 속하는 이들은 혐오표현을 참는 것에 무리가 없겠지만, 소수자들이 혐오표현을 참아내는 것은 훨씬 어려운 일이며 신상에 위험을 동반하게 된다(Greenwalt 1990).

③ 차별은 사회의 심각한 문제이며 이를 인식하지 못하는 사람들의 책임이 크다. 차별적 혐오표현에 의해 초래되는 것은 '평등'의 부재이다. '평등'은 인간의 생존에 있어 가장 중요한 민주주의적 원칙이며, 평등을 위협하는 혐오표현은 적절한 규제가 가능하다면 제한되어 마땅하다(MacKinnon 1993).

규제옹호론에서는 혐오표현이 소수자에게 심각한 피해를 가져오며, 혐오표현을 형사적 범죄로 인정하고 있는 국제법적 경향에 근거하여 혐오표현을 제어할 수 있는 법적 토대를 마련해야 한다고 주장한다.

Ⅲ. 인종차별철폐조약과 주요 국가의 혐오표현 규제

1. 인종차별철폐조약의 성립 경위

인권존중은 UN이 가장 큰 관심과 주의를 기울여온 과제이다. UN헌장 제1조는 인종 · 성별 · 언어 또는 종교에 따른 차별 없이 모든 사람의 인권 및 기본적 자유에 대한 존중을 촉진하고 장려함에 있어 국제적 협력을 달성하는 것이 UN의 목적임을 명시하고 있다. 또한 1948년 12월 10일 UN총회에서 채택된 세계인권선언은 모든 사람은 태어날 때부터 자유롭고 존엄성과 권리에 있어서 평등(제1조)하며, 인종, 피부색, 성, 언어, 종교, 정치적 또는 그 밖의 견해, 민족적 또는 사회적 출신, 재산, 출생, 기타의 지위 등에 따른 어떠한 종류의 구별도 없이, 이 선언에 제시된 모든 권리와 자유를 누릴 자격이 있다(제2조)고 선언하고 있다.

그러나 1950년대에 서독에서 시작되어 1959년 말 영국, 프랑스, 이탈리아 등 유럽 각국에 널리 퍼진 네오나치즘, 남아프리카 공화국의 극단적인 인종차별정책인 아파르트헤이트정책이 기승을 부리자, 국제 사회는 강한 위기감을 느끼게 되었다. 이에 1960년 제15회 UN총회에서 '인종적, 민족적 증오의 제 표현'이라는 나치즘 비난 결의가 만장일치로 채택되었다. 결의의 주요 내용은 인종적, 종교적, 민족적 증오의 모든 표현과 관행은 UN헌장 및 세계인권선언에 위반하는 것이므로 모든 정부가 그러한 관행 등을 방지하기 위해 필요한 조치를 취하도록 요청한다는 것이었다.

이후, UN은 현실에 존재하는 각종 차별을 철폐하기 위해서는 법적 구속력을 가지지 않는 결의문만으로는 부족하며, 각국이 차별 철폐를 위해 보다 구체적인 조치를 이행할 수 있도록 의무를 부여하는 조약의 필요성을 제기했고, 1965년 제20회 UN총회에서 '모든 형태의 인종차별 철폐에 관한 국제조약'(이하, 인종차별철폐조약, 1969년 발효)을 채택했다.

인종차별철폐조약은 '인종차별'을 '인종, 피부색, 혈통 또는 민족적, 종족적 출신에 근거한 모든 구별, 배제, 제한 또는 정치적, 경제적, 사회적, 문화적 그 밖의 모든 공적 생활 분야에서의 인권 및 기본적 자유를 인식하고 향유, 행사하는 것을 방해하거나 해할 목적 및 효과를 가지는 것'으로 정의하고(제1조1항), 모든 가맹국에 대하여 혐오표현을 포함한 모든 형태의 인종차별을 철폐하는 정책을 지체 없이 취할 것을 기본적 의무로 규정(제2조), 모든 적당한 방법(상황에 따라 필요할 경우에는 입법을 포함)을 통해 그 어떤 개인이나 집단, 조직에 의한 인종차별을 금지하고 종료시킨다'(제2조1항d)고 정하고 있다. 또한 '인종적 우월 또는 증오에 근거한 사상의 유포', '인종차별의 선동', '폭력 행위 또는 그 행위의 선동', '인종주의에 근거한 활동에 대한 자금 원조의 제공', '인종차별을 조장하고 선동하는 단체 및 조직적 선전활동 기타 모든 선전활동'에 대해 법률적 처벌을 취할 것을 요구하고 있다(제4조).

2. 혐오표현에 대한 각국의 입법 사례

일본 외무성의 자료에 의하면, 2009년 5월 현재 인종차별철폐조약 서명국은 85개국, 체약국은 173개국이다. 인종차별철폐조약에의 비준을 유보하고 있던 일본은 1995년 12월 15일에 가입함으로써 146번째 체약국이 되었다.

인종차별철폐조약의 체약국은 국제인권기준 및 각국의 인권기준에 근거하여 차별금지법과 국내 인권기관을 제도화하는 등 차별철폐 및 혐오표현에 대처하기 위한 법적 규제 제도를 정비해왔다. 영국, 프랑스, 독일, 캐나다 등에서는 인종차별철폐조약을 이행하기 위해 각종 차별을 규제하는 법률을 제정하고 있다. 캐나다의 '캐나다 인권법(Canadian

Human Rights Act, 1977)', 영국의 '평등법(Equality Act, 2010)' 등은 인권존중과 차별철폐를 위한 법제도적 구현을 보여주는 일례라 할 수 있다. 또한 제2차 세계대전으로 인해 나치스에 의한 유태인의 대량학살, 이후에는 이민의 급증을 경험한 유럽의 경우, 대부분의 국가에서 혐오표현은 범죄에 해당된다.

한편, 미국은 표현의 자유를 최대한 보장하고자 하는 판례법을 배경으로 인종차별철폐조약 제4조에 유보를 달아 표현에 대한 규제를 회피하는 형태로 조문에 가입, 현재에도 혐오표현을 규제하는 입법은 존재하지 않는다. 일본은 1995년 인종차별철폐조약에 가입했으므로 국제인권기준에 근거한 제도를 정비할 조약상의 의무를 지고 있으나, 미국과 마찬가지로 인종차별철폐조약에 보류를 붙여 가입하고 있으며, 혐오표현과 관련해서는 규제를 위한 그 어떤 법적 제도도 마련되어 있지 않은 상황이다.

1) 독일의 법적 규제

독일의 경우, 세계대전의 전범국으로서 인종주의적 홀로코스트를 경험한 독일 국민의 반성과 역사적 책임의식을 바탕으로 다른 국가에 비해 비교적 엄격한 규제를 적용하고 있는 것으로 알려져 있다.

독일 형법은 헤이트 스피치에 '민중선동죄(Volksverhetzung)'가 적용된다. 즉, 일정한 국가, 인종, 종교 또는 출신민족으로 이루어진 특정 집단이나 일부의 인구집단, 또는 그에 속한 개인에 대한 혐오 또는 폭력적이거나 자의적인 조치를 선동하는 경우 및 그러한 집단이나 개인을 모욕하거나 악의적으로 경멸하거나 중상함으로써 인간의 존엄을 침해하는 경우, '민중선동죄'로 처벌한다(제130조 제1항). 또한 이러한 선동이나 침해를 담은 문서를 제작, 배포, 게시하거나 언론매체를 통해 유포하는 행위 등도 처벌된다(동조 제2항).[17] 형법 제130조 민중선동죄가 적용되면 3개월에서 5년까지 금고형을 받을 수 있다.

또한 허위사실을 유포하거나 모욕적인 발언에 대해서도 형법에 의거하여 처벌하고 있는데, 모욕(형법 185조), 악성 비방(형법 제186조), 중상(형법 제187조) 표현이나 명예훼손에 해당하는 표현은 오프라인이나 온라인에 상관없이 동일하게 법적 처벌대상이 된다.[18]

2) 영국의 법적 규제

영국은 역사적으로 이민의 유입이 많은 국가로 다양한 소수자가 존재하는 다문화주의국가이다. 이중국적을 인정하는 1948년 '영국적법(British Nationality Act, 1948)'이나 인종, 피부색, 국적, 출신국가 · 출신민족을 이유로 한 차별을 금지하는 '인종관계법(Race Relations Act, 1976)'과 같은 법률의 제정은 영국 사회가 소수자의 자유, 문화를 존중하는 관용적 사회라는 것을 자국의 아이덴티티로 삼고 있음을 보여주는 법적 제도라 할 수 있다.[19] 특히 헤이트 스피치에 대한 법규제에 해당하는 '인종관계법'은 지방자치체 및 그 밖의 공공기관에 기회균등과 양호한 인종관계를 촉진할 의무를 부과한 것으로, 이 법에 의해 인종, 출신국가 · 출신민족 등을 이유로 한 괴롭힘(harassment)은 불법행위로 규정된다. 동법에서는 이러한 행위가 타인의 존엄을 침해할 목적이나 침해하는 결

---

17) 이준일(2013), p. 179.

18) 최은희(2014), 「독일의 인터넷 혐오표현에 대한 논쟁과 법적 규제」, 『방송통신심의동향』 제2014-1호, 방송통신심의위원회, pp. 47-48.

19) 岡久慶(2008), 「英国の移民統合政策: 共有されるべき価値観とアイデンティティの模索」, 『人口減少社会の外国人問題: 総合調査報告書』(調査資料: 2007-1). 国立国会図書館調査及び立法考査局. Retrieved from http://www.ndl.go.jp/jp/data/publication/document/2008/20080116.pdf; 厚生労働省大臣官房国際課(2010) 「諸外国における外国人労働者対策」, 『厚生労働省海外情報報告』. Retrieved from http://www.mhlw.go.jp/wp/hakusyo/kaigai/10/pdf/tokusyu/to060~068.pdf

과 또는 위협적(intimidating), 적대적(hostile), 굴욕적(humiliating), 공격적(offensive) 환경을 만들 목적이나 만드는 결과를 가지고 행해진 원치 않는 행위로 정의되고 있다.[20] 이후 2006년에 제정된 '인종과 종교 혐오금지법(Racial and Religious Hatred Act, 2006)'은 인종이나 종교를 이유로 혐오를 조장하는 행위를 범죄로 규정하였으며, 2010년에는 일반적 차별금지법인 '평등법(Equality Act, 2010)'을 제정함으로써, 인종관계법이나 장애차별금지법 등 그 이전까지 영국 법체계에 산재해 있던 각종 차별 관련 개별 법률을 하나의 통합법으로 통합했다.

3) 캐나다의 법적 규제

1982년에 개정된 캐나다 헌법 제15조에는 '인권, 출신국 내지 민족적 출신, 피부색, 종교, 성별, 연령 또는 정신적 · 신체적 장애에 근거한 차별을 받아선 안 된다'고 밝힘으로써 헌법 안에 명백하게 '평등'의 이념을 규정화한 것이라 볼 수 있다. 또한 제27조에는 캐나다의 다문화주의 전통의 유지 및 발전에 기여하도록 헌법을 해석해야 한다는 조항이 삽입되어 있는데, 이는 세계 최초 법률에 규정된 '다문화주의선언'이다. 모로오카는 캐나다가 과거의 차별정책을 청산하고, 각종 국제인권기준을 존중하는 각종 정책을 추진해왔다는 점에서 하나의 모델국가가 되고 있다고 평가한다.[21]

먼저 1965년 캐나다 연방의회가 설치한 '헤이트 프로파간다에 관한 특별위원회'(Special Committee on Hate Propaganda: The Cohen Committee, 1965, 이하 코헨위원회)는 헤이트 스피치에 대한 캐나다 사회의 기본 입장을 잘 보여주고 있다. 코헨위원회 보고서(1966)는, "헤이

---

20) 이준일(2013), pp. 178-179.

21) 師岡(2014), pp. 111-113

트 프로파간다가 현시점에서 커다란 영향력이 없다는 이유로 사람들 사이에 편견을 조장할 잠재적 가능성을 무시하는 것은 잘못이며, 둔감한 대다수와 표적이 된 민감한 소수자집단 쌍방에게 미치는 심리적 · 사회적 데미지는 헤아릴 수 없다"고 지적하였으며, 표현의 자유에 대한 규제 문제에 대해서는 "자유사회에 필요한 충분하며 솔직한 토론에 의해 획득되는 사회적 이익과, 공공의 질서와 개인 · 집단의 명예에 관련된 사회적 이익과의 사이에 균형이 이루어져야 하며, 헤이트 프로파간다는 공적 사안에 대한 성실하고 정당한 토론에 기여하는 진지하고 성실한 논의라고는 결코 볼 수 없다"고 결론짓고 있다.[22]

이에 근거하여 캐나다에서는 1970년에 인종차별철폐조약을 비준하고, 연방형법을 개정하여 제노사이드 선동, 증오선동, 증오선전의 3가지 유형의 혐오표현 금지 규정을 도입했다. 우선 제노사이드 선동 즉, 피부색, 인종, 종교, 민족적 출신 내지는 성적 지향에 의해 식별되는 집단에 대한 제노사이드 주장 및 조장을 금지하고, 이를 위반하였을 경우 5년 이하의 자유형(自由刑)[23]을 구형하도록 하였으며(제318조), 공공의 장에서 증오선동을 하여 그 선동이 평화를 파괴할 가능성이 높을 경우 이를 금지하며 또한 사적인 회화 이외의 장에서 의도적으로 증오를 촉진하는 의견을 전하는 것을 금지하여, 이상의 조항을 위반할 경우 2년 이하의 자유형을 구형할 수 있도록 규정하고 있다(제319조).

또한 1977년에 차별 금지에 대한 포괄적인 법제도로서 '캐나다 인권법(Canadian Human Rights Act)'을 제정했다. 캐나다 인권법은 금지되는 차별의 이유와 차별 행위를 구체적으로 명기함으로써 혐오(hatred)와 모

---

22) 師岡(2014), pp. 114-115

23) 신체의 자유를 박탈하는 내용의 형벌로, 한국의 형법상에는 징역, 금고, 구류의 3종의 자유형이 인정된다.

욕(contempt)의 개념 및 범주를 명확히 하고 있다. 특히 혐오표현과 관련해서는 인권법 제13조에 인종, 종교, 성별, 장애유무, 성적 성향에 근거하여 혐오나 모욕을 담은 메시지를 전화나 인터넷을 사용하여 확산시키는 행위를 범죄행위로 규정하고 있다.

캐나다 인권법은 정부로부터 독립된 행정기관인 캐나다 인권위원회(Canadian Juman Rights Commission)를 설치하여 차별 피해를 구제하도록 하고 있으며, 차별에 대한 고소 및 구제 절차, 처벌 방식을 구체적으로 규정하고 있다.

절차적으로 혐오표현의 대상이 된 개인 혹은 집단은 캐나다 인권위원회에 고소하며, 인권위원회는 이를 검토하여 더 조사할 것인지 기각할 것인지의 여부를 권고한다. 검토 결과 조사할 가치가 있다고 판단되는 경우에는 인권위원회가 고소 내용을 독립기구인 캐나다 인권재판소(Canadian Human Rights Tribunal)에 회부하고, 인권재판소는 재판을 열어 증거와 진술을 받아들여 진위를 판단하게 된다. 인권재판소는 혐오표현에 대해 영구적인 정지 명령, 차별행위를 바로잡기 위한 프로그램 책정 명령, 손해배상 지불 명령 등을 내릴 수 있으며, 증오표현물이 어떤 사람을 구체적으로 목표로 삼은 경우 최고 2만 달러의 배상을, 보복의 경우 최고 4만 달러의 배상 및 최고 1만 달러의 벌금형에 처할 수 있다. 또한 인권재판소의 판결을 따르지 않아 법정모독죄가 적용될 경우 벌금이나 자유형을 가할 수 있다.[24)]

4) 혐오표현 규제에 대한 일본의 법제도 및 정부의 입장

2013년 현재, 일본에는 혐오표현을 규제할 수 있는 일반법이나 특별법

---

24) Richard Warman(2013), 「혐오표현에 대한 캐나다의 법적 규제"」, 『인권의날 기념 국제심포지움 미디어와 인권』 발제문, 법무부, p. 204.

이 제정되어 있지 않다. UN의 인종차별철폐조약에도 주요 선진국 중에서는 가장 늦게 비준하였으며, 1995년 12월 15일 조약 비준 시에도 차별사상의 유포나 차별 선동 등을 '법률로 처벌해야 하는 범죄'로 규정하는 인종차별철폐조약 제4조[25]에 대해 '일본국 헌법 하에서의 집회, 결사, 표현의 자유, 그 밖의 권리 보장과 정합하는 범위 내에서 이러한 규정에 근거한 의무를 이행한다'하여 실제로는 제4조를 '유보'한다는 방침을 취하였다. 이에 대해 인종차별철폐위원회는 2001년 3월 20일 제4조의 유보를 축소 · 철회하고 증오적 · 인종차별적 표명을 단속할 것을 요청해왔다.[26] 당시 인종차별철폐에 관한 위원회가 조약 제4조와 관련하여 일본에 권고한 내용은 다음과 같다.

- 위원회는, 본 조약 제4조(a) 및 (b)에 관하여 「일본국 헌법 하에서의 집회, 결사 및 표현의 자유, 그 밖의 권리 보장과 정합하는 범위

25) 제4조 체결국은 인종의 우월성, 피부색, 종족적 출신의 집단적 우월성의 사상 혹은 이론에 근거한 모든 선전 및 단체, 또는 인종적 증오 및 인종 차별(형태의 여하를 묻지 않는다)을 정당화하거나 조장하는 것을 기획하는 모든 선전 및 단체를 비난하며, 이러한 차별의 선동 또는 행위를 근절하는 것을 목적으로 신속하고 적극적인 조치를 취할 것을 약속한다. 이를 위해 체결국은 세계인권선언에 구현된 원칙 및 다음 조에 명시적으로 정한 권리에 대해 충분한 고려하면서 특히 다음을 실시하도록 한다.
(a) 인종적 우월 또는 증오에 근거한 사상의 유포, 인종차별의 선동, 특정 인종, 피부색, 종족적 출신을 달리하는 이들의 집단에 대한 모든 폭력 행위 또는 그 행위의 선동 및 인종주의에 근거한 활동에 대한 자금 원조를 포함한 어떠한 원조의 제공도 법률로 처벌해야 할 범죄임을 선언한다.
(b) 인종차별을 조장하고 선동하는 단체 및 조직적 선전 활동, 그 외의 모든 선전 활동을 위법으로 보고 금지하며, 이러한 단체 또는 활동에 참가하는 것이 법률로 처벌해야 할 범죄임을 인정한다.
(c) 국가 또는 지방의 공공당국 또는 기관이 인종차별을 조장하거나 선동하는 것을 인정하지 않는다.

26) 인종차별철폐에 관한 위원회는 일본이 제출한 제1회(1997년 1월 14일) 및 제2회(1999년 1월 14일) 정기보고에 대하여 2001년 3월 8일 및 9일에 개최된 회합에서 심사하여 최종견해를 채택, 일본에 전달하였다(2001년 3월 20일). 외무성이 정리한 『인종차별철폐위원회의 최종견해(人種差別撤廃委員会の最終見解), 2001년 3월』을 참조함. (http://www.mofa.go.jp/mofaj/gaiko/jinshu/saishu.html) (검색일: 2014. 1. 6.)

내에서 일본은 이러한 규정에 근거할 의무를 이행한다」는 뜻을 밝혀 체결국이 유지하고 있는 유보에 대해 유의하고자 한다. 위원회는 이러한 해석이 본 조약 제4조에 근거한 체결국의 의무에 저촉하는 것이라는 점에 염려를 표명한다. 위원회는 일반적 권고7(제32회기) 및 15(제42회기)에 체결국의 주의를 환기하고자 한다. 동 권고에 의하면, 본 조약의 모든 규정이 자동 집행력이 있는 성격의 것이 아니라는 점을 감안한다면, 제4조는 의무적 성격을 가지고 있으며, 또한 인종적 우월이나 증오에 근거하는 모든 사상의 유포를 금지하는 것은 의견이나 표현의 자유의 권리와 정합하는 것이다.

– 인종차별의 금지 전반에 대하여 위원회는 인종차별 그것만으로는 형법상 명시적이고 충분한 처벌을 받지 못한다는 점을 더욱 염려한다. 위원회는 체결국에 대해, 인종차별의 처벌화 및 국가의 권한 있는 재판소 및 타 국가기관에 의해 인종차별적 행위로부터의 효과적인 보호와 구제 액세스를 확보할 수 있도록 본 조약의 규정을 국내법 질서에서 완전하게 실시할 것을 고려할 것을 권고한다.

이에 대한 외무성(外務省)의 답변 요지는 다음과 같다.[27)]

첫째, 인종차별사상의 유포와 표현에 관해서는 그것이 특정 개인이나 단체의 명예, 신용을 해하는 내용이라면 형법의 명예훼손죄, 모욕죄 또는 신용훼손 · 업무방해죄로 처벌 가능하며, 그 외 특정 개인에

27) 외무성에서 제출한 『인종차별철폐위원회의 일본정부보고심사에 관한 최종견해에 대한 일본 정부의 의견 제출(人種差別撤廃委員会の日本政府報告審査に関する最終見解に対する日本政府の意見の提出), 2001년 8월』을 참조함. (http://www.mofa.go.jp/mofaj/gaiko/jinshu/iken.html) (검색일: 2014. 1. 6.)

대한 협박적 내용이라면 형법의 협박죄 등에 의해 처벌 가능하다. 또한 인종차별적 사상을 동기, 배경으로 하는 폭력 행위에 대해서는 형법의 상해죄, 폭행죄 등에 의해 처벌 가능하다.

둘째, 제4조(a)(b)의 처벌 입법 의무화에 대해서는 충분히 인지하고 있으나 현행 법제를 뛰어넘는 형벌 법규로 규제하는 것은 그 제약 필요성 · 합리성이 엄격하게 요구되는 표현의 자유와 처벌 범위의 구체성 · 명확성이 요청되는 죄형법정주의라고 하는 헌법이 규정하는 보장과 저촉될 우려가 있으므로 제4조(a)(b)에 대해서는 유보한다.

셋째, 유보를 철회하고 인종차별 사상의 유포 등에 대해 정당한 언론까지도 부당하게 위축시킬 수 있는 위험을 무릅써가며 처벌에 대한 입법 조치를 취하는 것을 검토하지 않으면 안 될 정도로 현재 일본의 인종차별사상의 유포나 인종차별의 선동이 이루어지고 있는 상황이라고는 생각하지 않는다.

일본 외무성이 인종차별철폐조약 제4조의 유보에 대해 UN에 공식 답변을 제시한 것은 2001년이지만, 이후로 외무성이 관련한 다른 입장을 표명한 바가 없으므로, 이는 2014년 현재에도 공식적인 일본 정부의 입장이라고 보아야 할 것이다.

일본 외무성은 '민족적 또는 종족적 출신'을 근거로 한 재일 한국인 · 조선인에 대한 차별은 인종차별철폐조약의 대상이라고 간주할 수 있으나,[28] 이 조약상의 의무는 국가의 헌법을 시작으로 하는 현행 국내법제에서 이미 담보되고 있다는 입장으로, 인권옹호는 법제도적 측면뿐만 아니

28) 외무성〉외교정책〉인종차별철폐조약 Q&A〉Q2 아이누 사람들이나 재일한국 · 조선인은 이 조약의 대상에 포함되는가?에 대한 답변 참조(http://www.mofa.go.jp/mofaj/gaiko/jinshu/top.html) 2014년 1월 6일 열람

라, 인식적, 실태적 측면에서 부단의 노력을 통해 향상시켜야 하는 것이며, 행정부 내에서 뿐만 아니라 국민 간에 인종차별을 포함한 모든 차별을 철폐해야 한다는 의식을 고양함으로써 인권옹호를 도모하는 것이 이 조약을 체결하는 의미라고 해석하고 있다.[29]

Ⅳ. 교토지방법원의 '가두선전금지 등 청구사건' 판결 사례 분석

1. 사건 개요[30]

2009년 12월 4일, 2010년 1월 14일 및 3월 28일, 3차례에 걸쳐 간사이(関西) 지역에 거주하는 재특회 회원 및 그에 동조하는 주변우익단체의 회원은 간사이팀을 구성, 교토의 조선제일초급학교[31] 앞에서 시위를 벌였다. 1946년에 설립된 교토조선제1초급학교(이하 본건 학교)는 학교 운동장이 없었다. 1960년 교토시 미나미구(南区)로 이전한 본건 학교는 학교 근처의 간진바시(勧進橋)아동공원(이하 본건 공원)을 운동장 대신 이용해왔다. 본건 공원의 관리자인 교토 시는 2009년 5월경까지 한 번도 본건 학교에 의한 본건 공원 사용에 대해 개선을 요구한 적이 없었으며, 본건 학교도 본건 공원의 사용 시 신고나 허가신청을 제출한 적이 없었다. 2009년 2월 한신고속도로주식회사(阪神高速道路株式会社)는 본건 공원의 일부를 시공구역으로 하는 한신고속도로 연장공사에 착수했

---

29) 외무성>외교정책>인종차별철폐조약 Q&A>Q2 이 조약에 의해 구체적으로 무엇이 바뀔 수 있는가?에 대한 답변 참조(http://www.mofa.go.jp/mofaj/gaiko/jinshu/top.html) (검색일: 2014. 1. 6.)

30) '가두선전금지 등 청구사건' 판결 전문(全文)의 내용을 참고하여 정리함

31) 패전 후 민족교육을 위해 조선인이 세운 학교로 제1초급학교는 유치원과 초등학교에 해당한다.

고, 공사 착공시 교토시 녹지관리과의 직원이 한신고속도로주식회사 관계자 및 본건 학교 교장과 함께 본건 공원의 상태를 조사한 결과, 본건 학교 소유의 축구골대 2개, 조례용 단상, 스피커가 설치되어 있음을 확인했다. 교토 시는 이것이 엄밀하게는 도시공원법 위반에 해당한다고 판단, 본건 학교에 대해 본건 공원으로부터 상기 물건을 이동 · 철거하도록 지도했다. 2009년 5월 경, 복수의 인근구민으로부터 본건 학교의 본건 공원 사용에 관한 불만이 교토 시에 접수되었고, 교토 시는 본건 학교에 대해 재차 설치물을 철거하도록 지도했다. 본건 학교는 그때까지 본건 학교에 의한 공원 사용이 묵인되어 왔던 경위가 있어 바로 철거에 응하지 않았으나, 교토 시의 지도를 받게 되자 2010년 1월말까지는 설치물을 철거할 것을 약속했다. 그러나 2009년 11월 13일, 본건 학교의 인근주민으로부터 본건 학교가 본건 공원을 교정으로 사용하고 무허가로 낭독회를 여는 등 주민에게 폐를 끼치고 있다는 내용의 메일을 받은 재특회 간사이지부는, 12월 4일, '교토조선학교가 아동공원을 불법점거'하고 있다는 항의의 명목으로 본건 공원 및 본건 학교 앞에서 시위를 벌였다. 간사이팀은 확성기를 사용하거나 큰 소리로 '내쫓아 버려라'라고 외쳤으며, 본건 학교 관계자를 향해 '너희들은 똥이라도 쳐먹어라! 반도로 돌아가라' 등의 발언을 하기도 했다. 당일은 평일 오후였고, 학생들은 수업을 받고 있었다. 본건 학교의 교사들은 아이들이 시위 내용을 듣지 않도록 창문을 닫고 커튼을 쳤지만 확성기 소리를 완전히 차단하는 것은 불가능했고, 3학년 교실에서는 대부분의 아이들이 공포를 느끼고 일제히 울음을 터트렸다.

자이니치와 조선학교를 대상으로 하는 거친 폭언 등 혐오표현을 동반한 재특회의 시위는 이후 2차례 더 있었고, 그들은 이와 같은 시위활동을 촬영한 영상을 인터넷을 통해 공개했다. 실제로 12월 4일의 시위활동은 '교토아동공원을 무단으로 교정으로 사용한 조선학교로부터 탈환'이라는 제목으로 동영상 사이트에 투고, 공개되었으며, 이 영상은 1주일 만에 10만 건을 넘는 조회 수를 기록했다.

이에 2010년 6월 28일, 학교법인 교토조선학원은 교토지방법원에 본 사건의 시위 참가자들을 피고로 하는 민사소송을 제기했다. 그리고 2013년 10월 7일, 교토지방법원은 원고의 주장을 받아들여 재특회 측에 학교 주변 반경 200미터 이내 가두선전금지와 1,225만 엔의 배상을 명령했다.

2. 혐오표현과 관련한 재판에서의 주요 판단[32]

1) 인종차별철폐조약에 대한 재판소의 판단

교토지방법원은 일본이 인종차별철폐조약을 비준한 조약체결국이므로 이번 사건과 같은 개인 간의 인종차별 문제를 다루는 민사소송에서 인종차별철폐조약이 어떻게 영향을 미치는지를 사전에 검토해야 한다고 판단했다. 이에 교토지방법원이 인종차별철폐조약과 관련하여 내린 판단은 다음과 같다.

첫째, 인종차별철폐조약은 체결국에 대해 인종차별을 금지하고 종료시키는 조치를 요구하고 있으며(제2조1항), 재판소를 통해 인종차별에 대한 효과적인 구제 조치를 확보하도록 요구하고 있는 바(제6조), 이는 체결국에 대해 국가로서 국제법상의 의무를 지게 하는 것에 머무르지 않고, 체결국의 재판소에 대해서도 직접 그 의무를 지게 하는 규정으로 해석한다.

둘째, 그렇지만 개인에게 구체적인 손해가 발생하지 않았음에도 불구하고 인종차별행위가 있었다는 것 자체만으로 재판소가 해당 행위를 민

32) '가두선전금지 등 청구사건' 판결 전문의 내용을 참고하여 정리함

법 709조[33]의 불법행위로 해석하여 배상 지불을 명하는 것은 불법행위에 관한 민법 해석의 일탈이다. 따라서 재판소는 단지 인종차별행위가 있었을 뿐만 아니라, 그에 의해 구체적인 손해가 발생했을 경우에 비로소 민법 709조에 근거하여 가해자에게 손해배상을 명할 수 있다.

셋째, 인종차별 행위가 무형 손해를 발생시켜 민법 709조에 근거하여 행위자에 대해 피해자에 대한 손해배상을 명할 수 있는 경우, 재판소는 인종차별철폐조약 상의 책무에 근거하여 동 조약의 규정에 적합하도록 무형 손해에 대한 배상액을 인정할 수 있다.

넷째, 무형 손해에 대한 배상액은 행위의 위법성의 정도와 피해의 심각성을 고려하여 재판소가 그 재량에 의해 결정함. 인종차별 행위에 의한 무형 손해가 발생했을 경우, 인종차별철폐조약 제2조1항 및 제6조에 의한 배상액은, 인종차별 행위에 대한 효과적인 보호 및 구제 조치가 되는 액수를 정하도록 한다.

2) 시위활동 및 영상공개의 불법성에 대한 재판소의 판단

교토지방법원은 피고들이 재일조선인에 대한 차별의식을 가지고 있었으며, 본 시위활동 및 영상공개는 전체적으로 재일조선인에 대한 차별의식을 널리 일본 사회에 알리기 위한 목적으로 의도성을 가지고 행해진 것으로 판단했다.

또한 피고들은 세 차례의 시위에서 조선총련, 조선학교, 재일조선인에 대해 차별적 발언을 했다. 2009년 12월 4일 시위에서는 조총련 관계자를 '조선 야쿠자'라고 매도하고, 조선학교에 대해서는 '일본에서 쫓아버려라' '때려 부수자'라고 했으며, 재일조선인 전반에 대해서는 '구석으로

33) 민법 709조(불법행위에 대한 손해배상) 고의 또는 과실에 의해 타인의 권리 또는 법률상 보호되는 이익을 침해한 자는 이에 의해 발생한 손해를 배상할 책임을 진다.

걸어라' '김치냄새 난다'라고 조롱했다. 또한 '약속이라고 하는 것은 인간끼리 하는 것이다' 등의 발언을 하여 재일조선인을 마치 인간이 아닌 것처럼 취급했다. 또한 이러한 언동은 모두 영상으로 공개할 것을 예정하고 있었고, 실제로 공개되었다. 따라서 이는 피고가 불특정다수의 영상 시청자용으로 유포한 발언이라고 할 수 있다.

2010년 1월 14일의 시위에서는 조선학교에 대해 '일본에서 내쫓아라' '해체하라'고 발언했으며, 재일조선인 전반에 대해서는 재일조선인이 전후 혼란기에 일본에서 흉악범죄를 저지르고 마구 날뛰었다며 '불령(不逞) 조선인을 일본에서 내쫓아라'는 발언으로 일본인과의 공존을 부정했다. 2010년 3월 28일의 시위에서도 조선학교에 대해 '비열, 흉악'하다는 발언과 재일조선인에 대해 '바퀴벌레, 구더기, 한반도로 돌아가라' 등의 발언이 이어졌다.

교토지방법원은 이러한 발언이 모두 천박하고 모멸적일 뿐만 아니라 재일조선인이 일본 사회에서 일본인이나 다른 외국인과 평등한 입장에서 생활하는 것을 방해하려는 의도에서 나온 발언으로, 재일조선인에 대한 '차별적 발언'이라고 판단했다. 이는 전체적으로 인종차별철폐조약 제1조1항의 '인종차별'에 해당하는 것이며, 이러한 시위활동에 의한 업무방해와 명예훼손은 민법 709조 소정의 불법행위에 해당함과 동시에 인종차별에 해당하는 위법성을 띠고 있는 것으로 판단했다.

3) 명예훼손으로서의 위법성 또는 책임의 조각사유에 대한 재판소의 판단

판례이론에 의하면, 타인의 명예를 해치는 표현행위일지라도 적시 사실이 공공의 이해에 관한 사실이며, 오로지 공익을 도모할 목적으로 한 표현 행위이고, 적시 사실이 진실임이 증명되었을 경우, 해당 표현으로 인한 명예훼손은 위법이 아닌 것으로 판단한다(위법성의 조각). 또한 만

일 적시 사실이 진실임을 증명하지 못한 경우라도 그것이 진실이라고 믿을 수 있는 상당한 이유가 있을 경우에도 명예훼손에 대해 과실이 없고, 불법 행위는 성립하지 않는다고 해석된다. 이는 논평 표현의 경우도 마찬가지로 해석될 수 있다. 즉, 판례법리에 의하면 명예훼손 표현이 사실적시이든 논평이든 오로지 공익을 도모할 목적의 표현 행위일 경우에만 면책될 수 있다.

이에 비추어 볼 때, 교토지방법원은 재특회 시위활동은 본건 학교의 부근에서 확성기를 이용해 큰 소리를 내고, 그 내용이 의견이나 논평이라기보다는 모멸적인 발언(이른바 욕)으로 의견이나 논평으로서 법적인 면책사유를 검토할 만한 것으로는 인정할 수 없으며, 공익을 도모하는 표현 행위가 본건 공원에 설치되어 있던 축구 골대를 넘어뜨리는 등의 실력 행사를 수반하는 위압적인 것임은 통상 있을 수 없다는 이유에서, 재특회의 시위활동이 오로지 공익을 도모할 목적으로 이루어진 것이라고는 매우 인정하기 곤란하며, 본건 활동에 있어서의 명예훼손이 판례법리에 의해 면책될 여지는 없는 것으로 판단했다.

(4) 시위활동 및 영상공개로 인한 원고의 손해에 대한 재판소의 판단

교토지방법원은 3차례의 시위활동 및 영상공개에 의한 손해를 유형손해와 무형손해, 변호사비용으로 합계 1,226만 3,140엔의 배상액을 원고에게 지불할 것을 명령했다.

교토지방법원은 집단 시위활동에 의한 학교법인의 교육업무를 방해했을 경우, 눈으로 보이는 유형의 손해가 발생함과 동시에, 재산 손해로서 용이하게 인식할 수 없는 무형의 손해가 발생하며, 본 사건의 경우, 시위활동으로 인해, 본건 학교 내에 현저한 혼란이 발생함으로써 예정되었던 행사나 수업을 할 수 없게 되었고, 이로 인해 고통을 받은 것은 본건 학교의 아동이나 교원이지만, 학교법인인 원고에게 손해가 생기지 않는다

고는 할 수 없다고 판단했다.

법인은 살아있는 인간이 아니고, 정신적 · 육체적인 고통을 느끼지 않기 때문에 고통에 대한 위자료의 필요성은 상정하기 어렵지만, 학교법인으로서의 교육업무가 방해를 받게 되면, 조직의 혼란, 평상 업무의 체류, 조직의 평온을 유지하기 위해 혹은 혼란을 진정시키기 위한 시간과 노력의 발생이라고 하는 형태로 반드시 악영향이 발생하게 된다. 이에 교토지방법원은 본건 시위활동에 의한 업무 방해가 본건 학교의 교육업무에 미친 악영향 전반이 무형손해로서 금전 배상의 대상이 된다고 판단했다. 또한 무형손해를 금전 평가함에 있어서는 피해의 심각성과 침해 행위의 위법성의 크기를 고려해야 한다고 적시하고 있다.

더불어 교토지방법원은 1988년 UN의 인종차별철폐위원회가 일본 정부에 대해 '증오적 및 인종차별적 표명에 대처하는 추가적 조치, 특히 관련한 헌법, 민법, 형법의 규정을 효과적으로 실시하도록 할 것'을 요구한 사실을 명시, 명예훼손 등의 불법행위가 동시에 인종차별에도 해당하는 경우 혹은 불법행위가 인종차별을 동기로 하고 있는 경우, 인종차별철폐조약이 민사법의 해석 적용에 직접적으로 영향을 주어, 무형손해의 인정을 가중시키는 요인이 된다고 판단했다. 결과, 무형 손해의 금전 평가에서도 고액의 손해배상을 명령했다.[34]

3. 판결의 시사점 및 한계

교토지방법원의 판결에 대해 재특회는 일부 부적절한 발언이 있었음은 인정하였으나 이 역시 '공정한 정치적 언론의 범주'임을 주장하며 항

34) 배상액 중 무형손해에 대한 보상액은 1,100만 엔, 적극적인 재산 손해 (유형손해)에 해당하는 보상액은 16만 3,140엔으로, 보상액의 상당 금액이 무형손해에 대한 가중처벌적 의미가 큼을 시사하고 있다.

소심을 신청했다. 그러나 이는 지난 2014년 7월 8일, 오사카(大阪)고등법원에서 모두 기각되었다.

2013년 10월 7일 교토지방법원의 판결에서 주목할 만한 점은 첫째, 이번 판결이 현재 혐오표현을 규제할 수 있는 일반법이나 특별법이 마련되어 있지 않고, 인종차별철폐조약 제4조에 대한 유보 방침을 유지하고 있는 일본의 국내법제도 하에서 교토지방법원이 인종차별철폐조약 제6조(인종차별에 대한 효과적 구제 조치를 위한 재판소의 의무 규정)를 적극적으로 채용하여 내린 판결이라는 점이다.

교토지방법원은 본건에서 재특회의 시위활동이 재일조선인의 기본적 자유와 평등을 해칠 목적에서 이루어진 (인종차별철폐조약이 금지하는) 인종차별에 해당하는 위법행위임을 인정하고, 인종차별을 동기로 하고 있는 불법행위를 무형손해의 인정을 가중시키는 요인으로 판단, 재특회의 인종차별적 행위가 가져온 무형의 손해에 대해서도 고액을 인정(認定)했다는 점에서 획기적인 판결이라 할 수 있다. 해당 판결은 일본의 재판소가 재특회의 시위활동을 인종차별철폐조약이 금지하는 인종차별에 해당하는 위법임을 인정한 첫 판례로서 앞으로 다른 혐오표현에 대한 소송이나 인종차별철폐조약의 현행법 적용이라는 측면에 많은 영향을 미칠 것으로 전망된다.

한편 이번 판결에서 교토지방법원은 '인종차별발언이 행해졌을 경우, 개인에게 구체적인 손해가 발생하지 않았음에도 불구하고 인종차별행위가 행해졌다는 것 자체만으로 해당 행위를 민법 709조의 불법행위로 해석하여 배상 지불을 명하는 것은 불법 행위에 관한 민법 해석의 일탈'이며, 따라서 '인종차별 행위에 의해 구체적인 손해가 발생했을 경우'에만 민법에 근거한 손해배상을 명할 수 있다고 밝히고 있다. 이는 불특정 집단에 대해 이루어진 혐오표현 자체에 대해서는 현행법으로 규제할 수 없다는 현행법의 한계를 명시한 것으로 주목할 만하다.

또한 이번 판례의 경우 원고가 교토조선제일초급학교라고 하는 '재일조선인 학교를 설치 · 운영하는 법인'으로 특정되었기 때문에 소송이 성립될 수 있었으나, 오쿠보나 츠루바시와 같은 공공장소에서 불특정다수를 상대로 한 혐오표현은 현재의 법으로 규제하는 것이 불가능하다는 점이 확인되었다.

고타니(小谷)는 우선 현행의 형법 관련 규정을 적용할 경우, 혐오표현에 대해 협박죄, 명예훼손죄, 모욕죄 등을 적용하거나, 혐오표현의 발신을 민사상의 불법행위로 보고 피해자에게 손해배상을 청구할 수 있는 기회를 부여하는 방식 등이 가능하지만, 이러한 규정들은 특정 개인을 대상으로 하는 표현에 한정되므로, 불특정 다수로 구성된 민족 · 인종적인 집단 전반에 대한 공격 발언을 불법 행위로 간주할 여지가 그다지 없을뿐더러 현실적으로 집단에 대한 규제가 매우 곤란하다는 점에서 실현되기가 쉽지 않다고 지적하고 있다. 따라서 만약 형법 관련 규정의 한계를 극복하고 형사법으로 불특정 다수를 대상으로 하는 혐오표현을 규제하고자 한다면, 협박죄, 명예훼손죄, 모욕죄 등의 개념을 응용해 인종 · 민족적 집단에 대한 명예훼손이나 모욕을 규제 대상으로 하는 새로운 방법을 채택하거나, 혐오표현 규제를 위한 규정을 새롭게 창설하는 방식을 채택할 필요가 있다고 설명한다.[35)]

또 하나의 방법은 인권법을 새롭게 제정하여 인권법 체계 하에서 혐오표현을 규제하는 방식이다. 이에 대해서는 일본의 민주당 정권 하에서 '인권옹호법'의 도입이 모색된 바 있으며, 현재 민주당의 참의원 의원이자 저널리스트로 활동하는 아리타 요시후(有田芳生)의원이 '반한시위 금

35) 小谷順子(2013), 「憎悪表現(ヘイト・スピーチ)の規制の合憲性をめぐる議論」, 『SYNODOS』, Retrieved from (http://synodos.jp/society/4013

지법' 제정의 필요성을 제기하고 있는 상황이다. 그러나 이러한 금지법의 입법화에 대해서는 규제가 표현의 자유의 보장에 대한 위협이 될 수도 있다는 규제반대론자들의 우려가 여전히 일본 사회에서 주류를 차지하고 있는 것으로 보인다. 한편, 2013년 7월 9일, 아리타 요시후 의원은 우익민족파단체 '일수회'(一水会)의 스즈키 쿠니오(鈴木邦男) 고문과 함께 '일본의 헤이트 스피치'라는 테마로 기자회견을 열고, 외국인 배척을 주장하는 데모의 실태와 대응책을 호소했다(IWJ Independent Web Journal, 2013.7.9.). 당시 기자회견에서 스즈키 고문은 일본의 우익과 보수파, 일반국민은 현재의 헤이트 스피치에는 전혀 관련되어 있지 않으며, 헤이트 스피치를 하는 것은 극히 일부에 지나지 않는다고 강조했다. 그럼에도 불구하고 헤이트 스피치가 사라지지 않는 이유는 우익과 보수파, 일반국민, 매스컴이 '어쩔 수 없다'거나 '어쨌든 조만간 없어질 것'이라며 헤이트 스피치를 간과하고 있기 때문이라며 국민들의 옅은 위기의식을 문제점으로 지적한 바 있다.

Ⅴ. 나가며: 혐오표현은 규제 가능한가?

로렌스(Lawrence)는 혐오표현은 사상의 시장을 왜곡하며 표적이 된 사람들을 침묵하게 함으로써 표현의 총량을 줄어들게 만드는 침묵효과가 있음을 문제로 제시한 바 있다.[36] 언론의 자유주의적 공개시장의 원리로 일본 사회의 인종차별적 혐오표현을 극복할 수 있다는 주장은 일본에

36) Lawrence, C.(1993) "If He Hollers Let Him Go: Regulating Racist Speech on Campus, in Words That Wound: Critical Race Theory, Assaultive Speech, and The First Amendment 64".

재일코리안 사회가 형성된 역사성과 사회적 역학 관계 등에 대한 고려가 없는 이상주의적 주장을 반복함으로써, 사회적 소수자에 대한 차별과 불평등의 문제를 용인하는 결과를 낳을 수 있음을 유의해야 할 것이다. 특히 우려스러운 바는 앞서 언급한 일본 외무성의 공식적 입장 표명에서 보는 바와 같이 일본 정부는 인종차별적 혐오표현에 대한 처벌을 위해 입법 조치를 취할 정도로 일본사회에 인종차별사상이나 인종차별의 선동이 이루어지고 있지 않다고 판단하고 있다는 점이다. 인종차별을 묵인하거나 실재하는 차별을 인정하지 않는 일본 정부의 태도는 그 자체로 평등권에 대한 침해로 이어질 수 있다.

일본 사회가 여전히 표현의 자유를 근거로 인종차별철폐조약이 규정하는 인종차별의 처벌 의무화를 보류하고 있는 상황에서 이번 교토지방법원 판결은 현행법의 틀 안에서 차별적 혐오표현을 규제하는 첫 사례를 만들었다는 점에서 매우 의미가 깊다. 하지만 현재에도 여전히 재일코리안이 삶의 터전으로 삼고 있는 지역의 한 복판에서 헤이트 스피치가 반복되고 있으며, 그럼에도 불구하고 혐오표현 자체만으로는 처벌대상이 될 수 없다는 이유로, 또한 그 대상이 특정될 수 없다는 점에서 현행법제도 하에서는 그 어떤 제재를 가할 수 없는 상황이다. 그리고 이러한 상황 속에서 재일코리안은 무방비 상태로 혐오표현을 인내하고 참아낼 수밖에 없다.

캐나다 연방법원의 이브스 드 몽티나(Yves de Montitny) 판사는 '증오를 담은 메시지가 희생집단에 야기하는 피해를 바로잡는 것은 대다수의 경우 어렵다. 일부 사람들이 인종, 피부색과 종교에 따라 구분되는 소수자 집단에 대해 갖는 선입관을 서서히 강화하여, 차별행위와 심지어 이들 집단에 대한 폭력을 고무하고 정당화하게 된다. 동시에 이러한 메시지는 사회 모든 구성원의 지각과 자존감에 영향을 주고, 이들이 사회에 완전히 참여하는 것도 인간으로서 잠재력을 충분히 실현하는 것도 못하게 만든다'하여 혐오금지법의 필요성을 제기한 바 있다.[37] 이러한 몽티나 판사의 지적처럼 혐오표현은 직접 대상이 되고 있는 소수자 혹은 그 집단에 대해 지극히 극복하기 어려운 해를 입히지만 그에 머무르지 않고 직접적으로 혐오표현에 참여하지 않는 사회 구성원의 인식과 자존감에도 부정적 영향을 미칠 수 있다는 점을 충분히 숙고해볼 필요가 있다.

일본의 규제 반대론적 입장과 제도는 일본 사회의 역사적 경험으로부터 구성된 것으로 그 역시 존중되어야만 하지만, 현재 일본 사회가 특정 민족에 대한 혐오표현을 개인적 문제, 표현의 자유의 문제 중심으로 보는 것에 경도되어 사회적 문제, 인권 침해에 대한 문제의식이 상대적으로 희박하거나 간과되고 있지는 않은지, 그 과정에서 피해자에게 오로지 참고 견디는 선택만을 남겨 놓고 있는 것은 아닌지 일본 사회는 이번 헤이트 스피치 판결을 통해 다시 한 번 성찰해볼 필요가 있을 것으로 보인다.

1966년 12월 16일, 유엔총회에 의해 채택된 '시민적 및 정치적 권리에 관한 국제조약(International Covenant on Civil and Political Rights, ICCPR, 이하 국제인권조약)'은 자유권을 중심으로 하는 인권의 국제적인 보장에 관한 다국간 조약으로, 본 규약 19조와 20조의 가치적 상충 문제는 UN의 오랜 고민으로 자리하고 있었다. 즉 규약 19조는 타인의 권리를 존중하고 국가안보 또는 공공질서를 보호하는 범위 하에서 모든 사람은 표현의 자유를 가진다고 선언하는 한편, 20조에서는 차별, 적의 또는 폭력을 선동하는 민족적, 인종적, 종교적 증오의 고취를 금지함으로써, 한편에서는 표현의 자유를 인정하고 한편에서는 그에 대한 제약을 둠으

37) Warman(2013), p. 201.

로써 이 두 조약의 가치적 상충 즉 '표현의 자유'와 '차별, 적의 또는 폭력의 조장 금지' 사이의 균형을 어떻게 유지할 것인가가 오래도록 고민되어 온 것이다. 국제인권조약의 이 해묵은 고민을 해결하기 위해 UN은 국제전문가에 의한 2년에 걸친 워크숍을 개최했으며, 이를 통해 '차별, 적대 혹은 폭력을 유발하는 민족적, 종교적, 정치적 증오의 옹호를 금지하는 라바트행동계획'(Rabat Plan of Action, 2013.2.21)이라는 권고지침(guidance)을 제시했다.

라바트행동계획은 우선 입법과 관련하여 표현의 자유의 제한은 법에 의거해야 하며, 각 국가가 차별의 유발 즉 혐오표현을 좁게 정의할 것을 권장하고 있다. 이는 혐오표현을 넓게 정의하면 자의적으로 적용될 여지가 생기기 때문이다. 다음으로 사법부에 대한 권고에서는 어떤 표현이 혐오를 조장하여 불법으로서 처벌되어야 하는지를 평가할 때에는 ①맥락(사회적, 정치적, 역사적, 법적), ②화자의 위치(지위, 권위 등), ③의도, ④내용 또는 형식, ⑤발화의 범위, ⑥증오를 유발할 가능성과 급박함이라는 6가지 요인을 고려해야 한다는 구체적인 지침을 제시하고 있다. 또한 각국 정부에 대해서는 ①범죄가 되는 표현, ②범죄는 아니지만 민사/행정적 제재로 처벌 가능한 표현, ③관용, 정중함 그리고 타인에 대한 존중 측면에서 우려되는 표현을 구분해야 하며, 포괄적이며 반차별적인 법안을 보장해야 한다고 권고하고 있다. 국가는 정책적으로 다양한 포럼에서 '이문화간 대화'가 이루어질 수 있도록 장려하고, 다원주의를 진작시켜서 소수집단 또는 토착민족이 국가적 문제에 의미 있는 기여를 할 수 있는 기회와 그들이 사회와 함께 불관용과 차별에 맞서 싸울 수 있는 수단을 가질 수 있도록 해야 하며, 사회 전반에 인권에 관한 공공교육을 진작시키고, 경찰이나 사법부의 구성원 등이 '증오 유발의 금지와 관련된 문제'에 관해 민감해질 수 있도록 사회적 의식을 육성해야 한다고 권고하고 있다.

즉 라바트행동계획의 기본적 입장은 차별을 금지하기 위한 법제화의 중요성을 인정하지만 그 역시 한계가 있으므로, 차별, 증오, 폭력의 유발을 방지하기 위한 다층적 접근을 권하고 있는 것이다. 라바트행동계획은 또한 국가, UN, 정치 및 종교 지도자, 시민사회와 미디어를 대상으로 '자유'와 '평등'을 조화시키기 위한 실질적인 권고사항을 제시하며, 특히 인식적 측면에서 교육과 미디어의 역할이 중요하다는 점을 강조하고 있다.[38)]

이러한 라바트행동계획을 통해 표현의 자유와 차별의 규제를 조화시키기 위한 고민이 이미 국제적인 차원에서 매우 구체적으로 이루어지고 있다는 것을 확인할 수 있다. 문제는 이러한 국제적 권고사항을 숙고하여 각 국가가 어떻게 수용하고 반영할 것인가 이며, 일본 사회 역시 표현의 '자유'라는 관점뿐만 아니라 인간의 '평등'이라는 관점에서 현재의 헤이트 스피치 문제를 바라보는 관점의 전환이 필요한 시기가 아닐까 한다. 혐오표현이 미치는 실제적인 해악을 고려하여 '자유'와 '평등'을 조화롭게 만드는 제도에 대해 보다 구체적인 고민과가 활성화될 필요가 있을 것으로 보인다.

38) Sejal Parmar(2013), 「국제인권법에 의거한 "혐오표현"과제들에 대한 대응: 문화간 이해를 도모하기 위한 미디어의 역할과 책임」, 『인권의날 기념 국제심포지움 미디어와 인권』 발제문, 법무부, pp. 234-239.

참고문헌

심경수(2007).「증오언론과 십자가 소각에 관한 판례경향」,『미국헌법연구』Vol.18. No.1. 미국헌법학회. 39-80.

이재진(2000).「가상공간에서의 혐오언론의 문제:미국의 경우를 중심으로」,『사이버 커뮤니케이션 학보』통권 제6호(2000-2) 사이버커뮤니케이션학회. 104-146.

이준일(2013).「혐오표현과 차별적 표현에 대한 규제의 필요성과 방식」인권의 날 기념 국제심포지움 "미디어와 인권" 발표문, 법무부. pp. 176-185.

이향선(2014).「미국에서의 혐오표현 규제: '무슬림의 무지' 동영상 사태로 촉발된 논란과 그 함의를 중심으로」,『방송통신 심의동향』제2014-1호. 방송통신심의위원회. 30-43.

최은희(2014).「독일의 인터넷 혐오표현에 대한 논쟁과 법적 규제」,『방송통신 심의동향』제2014-1호. 방송통신심의위원회. 44-56.

Richard Warman(2013).「혐오표현에 대한 캐나다의 법적 규제」인권의 날 기념 국제심포지움 "미디어와 인권" 발표문, 법무부. pp. 199-213.

Sejal Parmar(2013).「국제인권법에 의거한 "혐오표현"과제들에 대한 대응: 문화간 이해를 도모하기 위한 미디어의 역할과 책임」인권의 날 기념 국제심포지움 "미디어와 인권" 발표문, 법무부. pp. 230-239.

IWJ Independent Web Journal(2013年 7月 9日). 鈴木邦男氏「日の丸が泣いている」~日本外国特派員協会主催 鈴木邦男 一水会最高顧問&有田芳生 参議院議員 記者会見. Retrieved from http://iwj.co.jp/wj/open/archives/89615

岡久慶(2008). "英国の移民統合政策: 共有されるべき価値観とアイデンティティの模索"『人口減少社会の外国人問題: 総合調査報告書』(調査資料: 2007-1). 国立国会図書館調査及び立法考査局. Retrieved from http://www.ndl.go.jp/jp/data/publication/document/2008/20080116.pdf

小谷順子(2013). "憎悪表現(ヘイト・スピーチ)の規制の合憲性をめぐる議論"『SYNODOS』, Retrieved from (http://synodos.jp/society/4013

厚生労働省大臣官房国際課(2010). "諸外国における外国人労働者対策"『厚生労働

省 海外情報報告』. Retrieved from http://www.mhlw.go.jp/wp/hakusyo/kaigai/10/pdf/tokusyu/to060~068.pdf

在日特権を許さない市民の会 http://www.zaitokukai.info/

日本外務省 http://www.mofa.go.jp/mofaj/gaiko/jinshu/menu.html

師岡康子(2013). "ヘイト・スピーチとは何か" 東京: 岩波書店.

Coliver, S.(1992). "Striking a balance:Hate speech, freedom of express, and non-discrimination," Constitutional Law Review 9, 3-37.

Lawrence, C.(1993). "If He Hollers Let Him Go: Regulating Racist Speech on Campus, in Words That Wound: Critical Race Theory, Assaultive Speech, and The First Amendment 64".

OHCHR(2012). "Rabat Plan of Action on the prohibition of advocacy of national, racial or religious hatred that constitutes incitement to discrimination, hostility or violence" Retrieved from http://www.ohchr.org/Documents/Issues/Opinion/SeminarRabat/Rabat_draft_outcome.pdf

4장
냉전기 한미일 안보협력과 한일관계

이기태

I. 들어가며

1945년 광복 이후 한국은 6 · 25 전쟁을 겪으면서 미국과 안보 동맹을 맺음으로써 북한을 비롯한 공산주의 세력을 견제하였다. 일본 역시 전후(戰後) 미국이 주도하는 동아시아 질서에 적극 참여함으로써 냉전 기간 동안 공산주의 세력 확대를 저지하려는 미국의 봉쇄정책에 협력하였다. 이와 같이 한국과 일본은 36년간의 식민지 통치 기간으로 역사적인 갈등 관계를 갖고 있었음에도 불구하고, 공산주의 세력의 확대 저지라는 냉전기 미국의 동아시아 정책에 따라 안보적 · 경제적 협력 관계를 유지해 나가게 된다. 이러한 한일관계를 빅터 차(Victor D. Cha)는 의사동맹(quasi-alliance) 모델을 가지고 설명한다. 냉전기 한국과 일본은 '반목'(antagonism)이라는 기본 구조를 가지고 있었지만, 동아시아에 대한 미국의 안보 의지가 약해졌다고 쌍방이 인식하는 경우에 한국과 일본은 '포기(abandonment)'의 두려움을 갖게 되고, 그 결과 협력 관계가 생성된다는 것이다.[1)]

1) Victor D. Cha(1999), *Alignment despite Antagonism: the United States-Korea-Japan Security Triangle* (Stanford, Calif.: Stanford University Press).

이처럼 냉전기 한국과 일본은 각각 미국과의 안보 동맹을 통해 공산주의 세력을 견제했다. 하지만 한국은 안보적 측면에서 일본에 대해 일종의 딜레마를 갖고 있었다. 즉, 한국은 안보정책에 소극적인 일본이 미국을 도와 더욱 적극적으로 동아시아 지역의 안보적 역할을 담당할 것을 기대하였다. 한편으로 한국은 일본의 군사력 증강에 따른 군국주의 회귀에 대한 두려움도 갖고 있었다.

한국이 위와 같은 안보적 딜레마를 갖고 있으면서도 1965년 한일 국교정상화 이후 한일 양국은 정치적인 면에서 대립 시기도 있었지만, 경제적인 면에서는 지속적인 협력 관계를 유지해왔다. 또한 안보적 측면에서도 "한국의 안전은 일본 자신의 안전에 긴요하다"라는 이른바 '한국조항(韓國條項)'의 기본적 인식 속에 한일 양국은 전반적으로 협력적인 관계를 공유했다. 하지만 동아시아에서 미국을 중심으로 한국과 일본이 참여하는 '한미일 삼각안보동맹'을 구축하는 문제는 주로 한국과 일본의 국내적인 요인에 의해 실시하기 어려운 상황에 있었다.

한편 냉전이 붕괴된지 25년 이상이 지난 현재 시점에서도 동아시아 질서의 변동, 즉 북한 핵실험 및 미사일 발사 실험에 따른 지역의 긴장 고조, 급속한 중국의 부상에 따라 미국과 각각의 동맹국인 한국, 일본이 안보적 측면에서 협력하는 한미일 안보협력의 필요성이 대두되고 있다. 본 글에서는 최근 한미일 안보협력 논의의 원형이라고 할 수 있는 냉전기 한미일 삼각안보협력 논의를 살펴보고자 한다. 물론 이념 대결에 따른 냉전기와 현재 상황은 다를 수 있지만, 냉전기 한미일 삼각안보협력에 대한 한국과 일본의 인식에 대해 알아보는 것은 나름대로 의미가 있을 것이다.

II. 전후 한미일 안보협력의 형성(1945-1968년)

1. 6 · 25 전쟁과 일본의 재군비

제2차 세계대전 패전 이후 일본은 전쟁으로 피폐해진 경제 재건이 가장 시급한 과제였다. 이 때 요시다 시게루(吉田茂) 총리는 안보는 미국에 의존하면서 방위 예산을 절약하고, 그 대신 경제 발전에 전념한다는 '요시다 노선'을 주장했다. 이후 요시다 노선은 일본이 미국의 안보정책에 대해 경제적 지원에 한정하는 등 일본의 소극적 안보 역할을 대표하는 형태로 유지되어 갔다.

하지만 1948년 이후 소련의 원자폭탄 개발, 중국의 공산화에 따라 미국은 일본의 재무장 등 보다 적극적인 안보 정책을 요구하면서 '요시다 노선'에 따라 재군비를 거부하는 요시다 총리와 충돌하였다. 이러한 가운데 1950년 6 · 25 전쟁 발발을 계기로 자위대의 전신인 경찰예비대가 만들어지면서 일본의 재군비가 시작되었고, 6 · 25 전쟁은 전후 일본의 안보 체제가 형성되는 계기가 되었다. 6 · 25 전쟁은 일본의 안보 체제 형성에 다음 3가지 측면에서 커다란 영향을 주었다.

첫째, 일본은 6 · 25 전쟁 '특수'를 통해 막대한 이익을 얻었다. 6 · 25 전쟁이 발발하면서 미군의 병참보급기지가 된 일본은 1951년에 이미 경제 수준을 전전(1934-36년) 수준으로 회복시켰다.

둘째, 6 · 25 전쟁을 기점으로 일본의 재군비가 이루어졌다. 자위대의 전신인 경찰예비대는 전쟁이 시작된 2주 후인 1950년 7월 9일 맥아더(Douglas MacArthur) 사령관의 지시에 따라 7만 5천명으로 발족했다. 경찰예비대는 주일미군이 한반도로 파견되면서 힘의 공백이 발생하자 일본 내 공산 세력에 의한 국내 혼란을 저지하기 위해 발족되었다.

셋째, 6 · 25 전쟁은 일본인이 직접 참여하였고 전사자까지 발생하였다. 한국 해역 및 부두에서 특수항만 하역자, 특수선원, 특수수송업무 등에 종사했던 일본인 중에 사망자가 발생하였고, 초대 해상보안청 장관이었던 오쿠보 다케오(大久保武雄)는 해상보안청 소해정이 원산, 군산, 선천, 진남포 등에서 소해 작전에 참여하여 그 중 2척이 침몰되어 19명의 사상자가 발생했다고 밝히고 있다.

이와 같이 6 · 25 전쟁과 함께 일본의 재군비가 시작되었으며, 이는 미국의 동아시아 전략에 따른 것이었다. 이러한 사실은 트루먼(Harry S. Truman) 대통령이 1952년에 일본과 샌프란시스코 강화조약을 체결하면서 "일본과 강화를 체결하는 이유는 일본의 이웃에서 일어나고 있는 사태에 대처하기 위한 것이다"라고 발언한 것에서도 잘 나타난다.

1952년에 일본과 미일안보조약을, 1954년에 한국과 한미상호방위조약을 체결한 미국은 냉전기 공산세력에 맞서기 위해 동아시아에서 '한미일 삼각안보체제'를 구상했다.[2] 하지만 한국과 일본은 상호 불신과 대립 속에 국교정상화 교섭에 수차례나 결렬로 끝난 상태였다. 그렇지만 1960년 박정희 육군소장의 군사 쿠데타에 이은 군사정권의 등장은 미국과 일본에게 있어 새로운 전환점이 되었다. 특히 베트남 전쟁에 본격적인 개입을 준비하고 있던 미국은 한국과 일본의 국교정상화를 실현시키기 위해 영향력을 행사하였고, 1965년에 한일 양국은 국교정상화를 이루었다.

2. 미일안보조약 개정과 미쓰야(三矢) 연구

일본의 기시 노부스케(岸信介) 총리는 요시다 노선을 '대미 추수주의(追

2) 박선원은 냉전기 한미일 관계가 2개의 공식적인 안보조약과 1개의 암묵적 또는 비공식 방위협력조약으로 이루어진 삼각동맹안보체제(Triangular Alliance Security System, TASS)라는 분석틀을 제시한다. 박선원(2001), "냉전기 한미일관계에 대한 체계이론적 분석,"『한국정치외교사논총』 제23집 1호, pp. 317-320.

隨主義)'라고 비판하였는데 기시는 특히 일본의 전쟁 부정 등을 포함하는 평화헌법 9조 개정에 부정적인 요시다와는 정치적 라이벌이었다. 또한 기시는 '미일 관계의 대등화'를 주장하면서 무엇보다 1952년에 미국과 맺은 안보조약이 불평등하기 때문에 개정해야 한다고 생각했다.

미일안보조약의 미일 간 개정 교섭 과정에서 미국은 미국의 동아시아 정책, 특히 극동 유사시 오키나와를 비롯한 일본 국내에 있는 기지 사용을 자유롭게 보장받고 싶었다. 하지만 일본은 미일 관계의 대등화를 대표적으로 나타내는 '사전협의' 조항, 즉 극동 유사 상황에서 미군이 일본 내 기지에서 출격할 때에 일본 정부와 사전에 협의할 것을 주장했다.

결국 사전협의 조항은 조약의 대등성을 요구한 일본의 국내적 요구에 대응해야 하는 일본 정부의 제안에 의해 실현되었다. 실제로 1960년에 현행 미일안보조약이 개정되었을 때, 미일 양국은 부속문서 '조약 제6조의 실시에 관한 교환공문'을 삽입했는데 그 결과 극동 유사시 사전에 미일 간의 협의를 통해 일본 국내에 있는 기지를 사용할 수 있는 미군의 자유재량은 좁아졌다. 하지만 실제로는 미일간의 밀약에 의해 한반도 유사시에 주한유엔군의 지휘 하에 주일미군부대를 전투에 참가시키는 것이 허용되어 있었다. 즉 한반도 유사시 이 밀약에 의해 미군의 직접 출격은 인정되고 있는 것이다.[3)]

한편 1965년 한일 국교정상화를 전후로 해서 일본 내에서는 한반도 유사시 일본의 역할에 대한 논의가 활발히 전개되었다. 그 중에서도 대표적인 것으로 '미쓰야 연구(三矢硏究)'를 들 수 있다. '미쓰야 연구'는 1963년에 한국의 유사시 상황을 미일공동작전과 관련지어 연구한 '극비' 문서였다. 이 연구 계획은 1965년 2월 10일 일본 중의원 예산위원회에서 사

3) 我部政明(2007), 『戦後日米関係と安全保障』(東京: 吉川弘文館), p. 296.

회당의 오카다 하루오(岡田春夫) 의원에 의해 폭로되었다. '미쓰야 연구'의 정칙 명칭은 '쇼와38년도 통합방위도상연구'로 1963년 2월 1일부터 6월 30일까지 5개월 동안을 대상으로 하고 있다. 미쓰야 연구가 가정하고 있는 '유사시'는 "한국군 내의 일부 반란 발생과 관련하여 미군 일부가 진압을 위해 출동함으로써, 북한 방면의 동정이 활발해지고 아울러 이들이 일본의 치안 정세 악화에 미치는 상황을 가리킨다"라고 상정하고 있다. 또한 한국 비상사태가 일본에 어떠한 직접적 · 간접적 파급을 가져오는가 하는 등의 문제가 연구되었다. 즉, 자위대의 통합막료회의사무국이 중심이 되어 작성한 '미쓰야 연구'는 유사시의 군사작전을 위한 극비의 기초연구로 비상시 미군 지휘 하에 자위대도 자동적으로 참전하여 한반도에 출병할 뿐만 아니라 일본측이 작전구역을 북한으로 확대하는 것을 제안하는 내용도 포함되어 있었다. 즉 단순한 '연구'가 아닌 '실천계획'에 도움이 되는 한미일 공동작전비밀계획이라는 평가도 있다.[4)]

하지만 미쓰야 연구는 일본 내 안보 문제에 대한 거부감, 즉 일본 국민의 '안보 알레르기' 상황에서 커다란 논란을 가져왔고, 당시 한국에서도 일본의 안보 문제에 관한 사항은 역사적 감정과 맞물리면서 미국이 중심이 되는 한일 안보협력에 대한 불신으로 이어졌다. 즉, 한국과 일본은 1965년에 체결된 한일기본조약을 통해 국교를 정상화했다. 하지만 한국 내에서는 여전히 일본에 의한 식민지 지배를 잊지 않고 일본에 대한 감정적인 불신이 충만해 있었다. 그럼에도 불구하고 박정희 대통령을 비롯한 양국의 보수적인 정치인들 사이에서는 안보면에서 양국이 긴밀한 협력 관계를 유지해야 한다는 인식이 공유되고 있었다.

지난 2005년 12월 5일에 공개된 한국의 외교문서에 따르면 박정희 대

4) 韓桂玉(1989), 『韓国軍 · 駐韓米軍』(東京: かや書房), pp. 356-357.

통령은 이미 1968년에 악화된 베트남 전쟁의 전황 속에서 아시아 지역에서 공산 세력의 확산을 저지하기 위해 한국, 일본, 대만 등을 포함하는 '아시아 지역 방위기구' 결성을 검토할 것을 관련 부서에 지시를 내린 적이 있다. 그러나 이 구상은 대만과 일본을 회원국으로 참여시키는 문제점 등 실효성의 문제 때문에 중도에 포기되었다. 무엇보다 박정희 대통령의 입장에서 일본의 참여가 현실적으로 불가능하다는 것을 인식하고 있었다.

III. 데탕트 시기의 한미일 안보협력 논의(1969-1979년)

1. 오키나와 미군기지와 한국조항

1968년 1월 23일 미군 정보수집함 푸에블로(Pueblo)호가 동해 공해상에서 북한의 경비정에 나포되었다. 미국은 푸에블로호 나포에 항공모함을 파견하는 등 즉각적인 군사 행동을 개시하였고, 이러한 조치는 일본과도 무관하지 않았다. 1월 24일 한국군이 육해공 및 해병대에 비상출동 체제를 취하도록 지시하자 주일미군기지도 분주한 움직임을 보였다. 1월 25일 주일미군기지에서 F-4, F-105 20기 이상이 한국의 오산 및 군산 기지에 파견되었다. 무엇보다 중요한 것은 푸에블로호가 일본 요코스카(横須賀)를 기지로 삼고 있었으며, 1월 9일에 사세보(佐世保)에 입항한 후 11일에 출항했다는 사실이다.

1969년 4월 14일에는 미군 정찰기 EC-121이 북한에 의해 격추되는 사건이 발생했다. 이번에도 미국의 대응 과정에서 일본 열도가 미군의 출격 기지가 되었고, 무엇보다 격추된 EC-121이 아쓰키(厚木) 기지에서 이륙했는데 이것 역시 주일미군기지가 한반도 정찰 활동의 거점이 되었음을 보여주는 것이었다.

이처럼 푸에블로호 나포 사건과 EC-121 격추 사건은 한반도의 비상사태시에 미군이 어떻게 움직이며, 일본은 어떠한 역할을 수행하는가를 여실히 보여준 사건이었다. 특히 당시 오키나와의 일본 반환과 관련해서 미국은 오키나와 미군 기지와 한국의 안보, 그리고 일본의 역할에 대해 논의가 진행되었다. 푸에블로호 사건과 EC-121 사건을 조사한 미하원 군사위원회 특별소위원회가 1969년 7월 28일에 발표한 보고서에서는 오키나와의 시정권을 일본 정부에 반환하려는 행정부문에서 나타나는 움직임에 대해 우려를 표명하고, 오키나와 미군기지를 유효하게 사용할 수 있도록 요구하고 있으며 주일미군기지 강화를 호소하고 있다.

한편 미국의 베트남 전쟁은 갈수록 해결이 보이지 않는 길로 들어선 가운데 1969년 베트남 전쟁으로부터 '명예로운 철수'를 내세운 닉슨(Richard M. Nixon)이 미국 대통령으로 당선되었다. 닉슨은 1969년 7월에 '괌 독트린'(Guam Doctrine, 후에 '닉슨 독트린'으로 명명)을 발표하고, 아시아로부터 미국의 점진적 철수를 공언했다. 그리고 닉슨 독트린의 연장선상에서 주한미군 2만명의 철수를 발표하였고, 1971년 2월에 주한미군 7사단 2만명이 철수했다.[5]

이와 같은 아시아로부터 미국의 철수와 동시에 닉슨 독트린은 아시아에서 일본의 경제적, 군사적 역할 증대를 기대했다. 그리고 일본의 역할 증대 형태로 나타난 것이 '한국조항'이었다. 1969년 11월에 열린 닉슨-사토 에이사쿠(佐藤榮作) 정상회담의 공동성명에서 미국은 전후 미국의 점령상태에 있던 오키나와를 일본에 반환하는 한편, '한국의 안전은 일본

5) 닉슨의 주한미군감축정책에 관한 한미교섭에 대해서는 다음을 참조. 李奇泰(2008). "ニクソン政権の在韓米軍削減をめぐる韓米交渉: 朴正熙政権の政策転換を中心に," 『法学政治学論究』 第76号.

자신의 안전에 긴요하다'라는 '한국조항'을 삽입했다.[6] 이것은 한국에 대한 일본의 안보적 지원 태세의 강화를 의미했다.

하지만 1970년대 이후 다나카 가쿠에이(田中角榮) 정권이 들어서면서 한국조항의 의미는 '한국'이라는 표현이 '한반도'로 변화하는 등 안보적 의미가 약화되었다. 당시 대한반도 정책에서 일본의 최대 외교 목표는 '한반도 안정'을 추구하면서 한반도 문제에 '평화적'으로 대응하는 것이었다. 이를 위해서는 기존 대한 안보정책을 유지하는 것이 필수였다. 구체적으로는 당시 미국 정부 내에서 논의되었던 주한미군 추가감축에 반대 입장을 표명하고, 한국에 대한 경제적 협력을 유지함과 동시에 '한국조항'을 계속적으로 받아들이는 것이었다.

한편 다나카 정권의 기무라 도시오(木村俊夫) 외상은 국회에서 '북한에 의한 위협 부재' 및 '한국조항'의 의미를 '애매화'하는 발언으로 한국 정부의 반감을 샀다.[7] 한국 정부는 일본 정부가 남북한에 대한 '등거리외교'로 외교방침을 전환하고, 북한과 협력관계를 모색하는 것에 대해 우려를 표명했다. 하지만 일본은 경제지원을 비롯한 한국에 대한 안보협력을 유지하고 있었고, 이러한 일본이 '한반도 안정화'를 위해 취해야 할 선택지로는 북한과의 관계개선을 통한 외교적 지평 확대에 전념하는 것 이외에는 없었다. 그리고 외교적 지평 확대를 위해 일본이 시도한 하나의 사례가 한국조항 의미를 '애매화'하는 것이었다.

한편 닉슨 대통령의 주한미군 철수(감축) 정책 추진에 따라 1970년 7월 6일 포터(William J. Porter) 주한미국대사가 주한미군 철수를 공식 통보한 후, 한국 정부 내에서는 미국의 안보 약속이 적용되는 일본과의

---

6) 고려대 아세아문제연구소 일본연구실편(1997), 『한일관계자료집 제2집』(서울: 선인문화사), p. 643.

7) "기무라 외상의 참의원외무위에서 답변," 1972년 8월 30일 『일본 및 미국의 대한국 안보정책(1973-74)』MF, 롤번호 G-0035, 파일번호 01, p. 69.

협력을 모색하는 움직임이 있었다. 미국의 일방적인 통보 이후 국내에 혼란이 계속되고 있던 7월 10일 박정희 대통령은 야당인 신민당이 제출한 안보 · 외교 문제에 관한 질문에 대해 "한미일 삼국 공동방위체제의 실현성을 검토할 필요가 있다"라고 답했다. 그리고 일본과의 협력에 대한 이유로 "일본은 성장한 국력으로 자유 아시아의 번영에 기여해야 한다. 현재 상황에서 한미일 삼국의 공동방위체제 수립이 가능한지를 검토해봐야 한다. 한국 방위체제의 기본은 한미상호방위조약에 두고 있다. 일본의 방위력 증강은 동북아의 공산 침략에 대한 억지력 강화를 의미하지만, 당분간 현재의 극동 안보 체제에 중대한 영향을 미치는 일은 없을 것"이라고 말했다.

이렇게 데탕트기에 박정희는 여전히 동북아 정세를 냉전적 관점에서 바라보고 있었다. 공산 세력과 자유 세력의 대립 구도에서 일본의 방위력에 의한 공산세력에 대한 억제에만 관심이 있고, 일본의 방위력 증강에 의해 발생하는 한반도를 둘러싼 안보 체제 변화에는 관심이 없었다. 이것은 데탕트에 따른 미중 접근 속에서 한반도 긴장 완화에 의한 현상 유지라는 미국의 기본 방침과는 거리가 먼 인식이었다. 이처럼 박정희는 일본의 방위력 증강에 대해 미국이나 중국과 다른 인식을 가지고 있었다. 다시 말하면 박정희는 공산주의 세력에 대한 억지력 측면에서 일본의 방위력 증강이 한반도의 안정에 도움이 된다고 생각했지만, 미국과 중국은 한반도의 긴장 완화에 의한 현상 유지라는 기본 방침에서 일본의 방위력 증강은 한반도의 안정 유지에 도움이 되지 않는다고 생각했다.

결국 한국 정부는 앞서 언급한 '한미일 삼국 공동방위체제'에 의한 일본의 군사 협력이 현실적으로 어렵다는 것을 인식하고 있었다. 또한 실제로도 박정희 정권은 일본이 한반도 문제에 관여하는 것에 대한 국내적 비난에 매우 민감했고 결국에는 한국의 안보에 일본이 보다 적극적인 역할을 담당하는 것을 원하지 않았다. 대신에 한국 정부가 일본에 원한 것은 일본 내 미군기지, 특히 오키나와에서 주일미군이 자유롭게 기지를 사용하도록 일본이 허용하는 것이며, 주한미군 철수에 따른 경제적 영향을 상쇄하기 위한 일본의 지원이었다. 여기에는 일본의 계속적인 '한국조항' 유지가 기본 전제였다. 무엇보다 현실적으로 일본에 기대한 것은 한국군 현대화를 위한 방위 산업 육성에 필요한 일본의 엔 차관이었다.

2. 베트남 공산화와 한일 안보협력의 급진전

1970년대 중반에 들어서면서 베트남의 공산화, 카터(James Earl Carter, Jr.) 정부의 주한미지상군철수정책, 그리고 소련의 극동군사력 강화에 의해 동아시아 안보환경이 변화함에 따라 한미일 간에 새로운 움직임이 나타났다. 즉 포드(Gerald Ford) 정부의 대아시아 및 대한방위공약의 재확인을 통해 한국과 일본에 대한 안보상의 결속을 다졌고, 한국과 일본은 1975년 미야자와 기이치(宮沢喜一) 외상의 한국 방문을 통해 다시 관계 개선의 길로 돌아섰다. 그렇지만 '미일방위협력을 위한 지침'(일명 '미일 가이드라인') 합의와 같은 미일 간의 동맹 강화 및 제도화와 달리 한미 관계는 여전히 인권문제를 둘러싸고 갈등이 계속되었다. 게다가 인권 외교를 내세운 카터 정부가 들어서면서 주한미군철수정책 시행과 맞물려 한미 관계는 더욱 갈등의 길로 들어섰다.

한편 일본에서는 대외환경 변화에 따라 국민의 안보의식 강화 및 국내정치제도의 변화에 따라 여당인 자민당에 소속된 '족의원', 그 중에서도 안보분야 방위족 의원들의 영향력이 강화되었다. 이들은 이전과는 달리 일본의 방위문제에 적극적으로 관여하였으며, 한미 관계의 불안정에 따른 안보상의 문제를 우려하면서 자신들이 주체가 되어 한미간, 특히 의회간의 중재를 담당하는 역할을 맡았다. 즉 한일 안보협력에서 국내적 요인에 의한 한계를 인식하고, 우선 의회 차원에서 한일 안보협력과 미일 의회간 안보협력을 추진하면서 궁극적으로는 한미일 3국간의 의회안보협력을 이루고자 노력했다.[8)]

처음으로 한일의원간의 안보협의회에 대한 논의가 제기된 것은 문형태 의원(공화당)이 일본을 방문했을 때였다. 1977년 9월에 일본을 방문한 문형태는 방위족의 대표적 인물인 미하라 아사오(三原朝雄, 前방위청장관)를 만난 자리에서 한일의원들로 구성된 안보협의회 설립에 관한 제안을 받았다. 귀국 후, 문형태는 박정희에게 한미일 3국간의 안보협력 추진에 관한 방안을 건의하는 편지를 보냈다. 이에 대해 10월 21일, 청와대에서 열린 안보대책회의에서 박정희는 외무부에 문형태의 건의에 대한 검토를 지시하였고, 외무부는 12월 2일에 '한미일안보협의체 구상'이란 제목의 4단계 추진방안의 보고서를 박정희에게 제출했다. 외무부 보고를 받은 박정희는 승인과 함께 국회 내에 여야당으로 구성된 '안보문제연구회(가칭)'와 같은 단체를 설립하여 일본의 국방의원연맹과 정기회합 형식으로 협력을 증진시킬 것을 지시했다. 한편 한일의원안보협의회를 추진하는 세력은 舊일본군 출신의 한일 인사가 중심이 되었다. 한국측은 舊일본군 장교였던 박정희의 지원 속에 舊일본군 출신들이 전면에 나섰고, 일본측은 보수본류(保守本流)의 방위족 의원들이었다.[9)]

1979년 2월 1일, 한국의 안보문제연구회 대표단이 자민당본부를 방문

---

8) 한일의원안보협의회에 대한 서술은 다음의 논문을 바탕으로 작성하였음. 이기태(2009), "데탕트 말기 한일안보협력의 모색: 한일의원 안전보장협의회의 설립을 중심으로," 『동서연구』 제21권 제2호.

9) 권병현(2002), "카터정권 설득 도운 도고 주미일본대사와의 인연," 『신동아』(3월), pp. 454-455.

하여 한일의원안보협의회의 발기총회가 개최되었고, 매년 봄, 가을에 한국(4, 5월)과 일본(10, 11월)에서 총회를 개최하기로 합의했다. 결국 4월 30일부터 이틀간, 서울에서 한일의원안보협의회 제1차 총회가 개최되었다. 제1차 총회는 한일 안보문제에 관한 협의를 최초로 공식화했다는 점에서 의의가 있었다.

한일의원안보협의회 제1차 총회가 성공리에 개최된 후, 한반도를 둘러싼 주변정세는 급격히 변하기 시작했다. 먼저, 카터는 일본과 한국을 방문한 후인 1979년 7월 20일, 브레진스키(Zbigniew Brzezinski) 국가안보담당대통령보좌관을 통해 주한미군철수계획을 차기대통령선거까지 연기할 것을 발표했다. 사실상의 주한미군철수계획의 중지였다. 또한 10월 26일에는 박정희가 측근인 김재규 중앙정보부장에 의해 암살되었다. 박정희 암살사건은 특히 한국의 국내정치에 커다란 영향을 끼쳤다. 국가적인 비상사태를 맞이하여 계엄령이 선포되었고, 국회 해산과 함께 국내 정세는 불안정했기 때문에 한일의원외교도 위기상황을 맞이하게 되었다. 이러한 국내적인 혼란 속에 새로운 정치세력이 등장하였다. 즉 12.12 쿠데타를 통해 전두환 보안사령관을 중심으로 하는 이른바 신군부 세력이 정권을 장악했다.

이러한 가운데 12월 10일부터 이틀간 한일의원안보협의회 제2차 총회가, 그리고 다음해 4월 28일에는 제3차 총회가 개최되었다. 두 총회에서는 공통적으로 소련, 북한의 군사력 증강을 경고하는 내용의 성명서가 채택되었다.[10] 하지만 주한미군철수문제에 가장 큰 관심을 가지고 있는 한국과, 무엇보다 소련의 군사적 위협에 가장 관심이 큰 일본 사이에는

---

10) "한일의원안보협 亞洲 완전 환경조성 공동노력 각서 채택," 『동아일보』 1979년 12월 11일; "안보협력 등 논의, 한일의원안보협 3차총회," 『매일경제신문』 1980년 4월 28일.

안보적 관심사에 대한 차이가 존재했다.[11] 그리하여 이미 카터에 의해 주한미군철수정책의 중지가 결정된 상황에서 한일 양국간 공통의 이슈가 사라지는 결과를 낳게 되었다.

일본의 자민당, 특히 방위족 의원들은 일본국내의 안보의식 강화와 방위족 자신들의 세력확대에 따른 자신감 속에 그 동안 국내적 제약으로 불가능했던 안보면에서 한일협력을 의회차원에서 확립시키기 위해 노력했다. 이에 대해 한국은 한일의원안보협의회를 통한 일본의 협력 속에 미의회와의 관계개선을 추구했다. 또한 양국은 국내적 제약으로 인해 정부차원에서 한미일 안보협력의 실현이 어려운 상황에서 한일의원안보협의회를 한미일 안보동맹의 기반으로 삼으려는 목적을 가지고 있었다. 하지만 결국, 한일의원안보협의회는 좌절하고 말았다. 그 이유에 대해서 다음의 세 가지를 들 수 있다.

첫째, 한일의원외교가 국가차원이 아닌 의원개인의 친교나 정치적 이해관계에 좌우된 점이다. 즉, 극히 적은 소수의 의원이 상대국의 전체를 상대하는 '에이전트 외교' 속에서 다른 소속의원에게 소외감을 주었다. 또한 특정정당의 특정파벌로 제한된 접촉범위도 문제였다.

둘째, 한일 양국정부의 관료조직, 특히 외교관계부서의 소극적인 태도를 들 수 있다. 먼저, 일본의 외무성은 '미중일 삼각관계'가 아시아 및 한반도의 평화와 안전의 촉진에 기여한다고 인식하고,[12] 한일의 보수적 의원들에 의한 안보상의 교류 확대가 이러한 기본적 구도에 영향을 끼칠 것이라고 걱정했다. 또한 한국 외무부는 한미상호방위조약과 미일안보

11) 소련을 공통의 위협으로 간주하는 서유럽과 달리, 동아시아 국가들에게는 공통의 적이 존재하지 않았다. 즉 한국에게 있어서는 북한이, 일본에게 있어서는 소련과 중국이 눈앞의 적이었다. 伊藤剛(2002), 『同盟の認識と現実』(東京: 有信堂高文社), p. 7; Go Ito(2003), *Alliance in Anxiety: Détente and the Sino-American-Japanese Triangle* (New York: Routledge), p. 4.

12) 吉昇欽(1979), "在韓米軍撤退と日本の反響," 『アジア公論』 8巻 7号(8月), p. 83.

조약과 같은 정부차원의 안보조약이 존재하는 가운데 안보상의 교류가 자칫 불필요하게 상대국 정부를 자극할 것을 염려했다.

마지막으로, 국내정치적 요인을 들 수 있다. 일본에서는 높아지는 안보의식에도 불구하고, 한일의원안보협의회에 야당의 참여가 저조했고, 여당의 참여도 일부 방위족 의원에 머물렀다. 즉 일본정계에서 한일의원안보협의회 참가에 관한 컨센서스 형성의 실패는 일원화된 정치단체의 형성을 곤란하게 만들었다. 그리고 한국에서는 박정희가 암살된 후 신군부가 등장하는 가운데 정치활동규제법에 의해 기존 정치인의 정치활동이 금지되었다. 독재정권하에서 박정희의 죽음은 한일의원안보협의회의 최대 지원자를 잃는 결과를 낳았고, 협의회를 주도했던 舊일본군 출신 정치인의 정치활동이 금지된 것은 바로 한일의원교류의 단절을 의미했다.

분명히 한일의원간의 안보협의회와 이에 기반한 한미일 3국의회에 의한 안보협의회 구상은 실패로 끝났다. 그렇지만 한일의원안보협의회는 일본의 평화헌법체제로 인해 한일간의 실질적 군사협력이 곤란한 상황하에서 안보면에서의 연대에 따른 양국의 의식 고양을 시도했던 상징적 의미를 가지는 의원기구였다.

3. 한일 군사 교류의 본격화

한일 간의 군사협력은 1965년 한일조약이 체결되기 이전부터 군의 교류에서 출발했다. 이미 1960년부터 방위청에 한일 양국군의 접근 및 협력과 같은 문제에 대한 한국 대표의 타진이 있었고, 1961년 3월에는 스기타 이치지(杉田一次) 육상막료장이 송요찬 국방장관과 도쿄에서 극비리에 회담한 후 향후 서로 협력할 것을 약속했다. 1965년에는 일본 舊군인 출신들이 방한하여 군사경계선과 군사시설을 둘러보았고, 1966년에는 주일 한국대사관에 한국군 무관이 상주하게 되었고, 1967년에는 일본도 방위주재관을 서울에 파견했다.

1968년에는 무타 히로쿠니(牟田弘國) 항공막료장 등이 '국군의 날' 식전 참가로 방한했고, 이후에도 대장급과 막료장급이 '국군의 날'에 친선교류 명목으로 참가했다. 이러한 것은 '군사협의'라고는 할 수 없지만, 한일 군사교류의 밑거름을 형성했다. 또한 일본의 방위연수소생과 한국 국방대학원생 간 교류도 1971년 6월부터 1973년 7월에 걸쳐서 총 5회 133명이 방한했지만, 1973년 8월에 발생한 김대중 납치사건의 영향으로 일시 중단되었다.

이러한 친선 교류 차원의 한일 군사협력이 본격화된 것은 1979년 7월에 있었던 야마시타 간리(山下元利) 방위청장관이 현직으로는 처음 한국을 방문하면서부터이다. 야마시타는 방한 중에 한일 국방장관회담뿐만 아니라 박정희 대통령과도 회담했다. 그리고 한일 군사교류의 긴밀화, 자위대 간부의 한국 육군대학 유학, 한일 연습함대의 상호방문, 육군사관생도의 일본 방위대학 파견 등에 합의했다.

야마시타 방한 직후인 1979년 12월에는 다케다 고로(竹田五郎) 통막의장이 방한해 군사연습의 상호 참관과 양국 함대의 상호방문 및 기항 등에 관해 거듭 협의했다. 이후 다케다는 1980년 10월 6일에 방일한 위컴(John A. Wickham) 주한미군사령관과 회담한 후 위컴의 '자위대와 한국군의 교류 활발화' 제안을 받아들였다. 또한 다케다는 주한 방위주재관의 '팀스피리트 81' 시찰을 제안했고 팀스피리트 참관은 예정대로 실현되었다.

Ⅳ. 한미일 안보협력의 완성(1980-1984년)

1. 레이건-나카소네-전두환 협력

1980년대 초반 미국은 소련과 전면 핵전쟁, 소련과 대규모 재래식 전쟁, 지역 분쟁으로 나눈 3가지 안보 위협 시나리오를 갖고 있었고, 이것들 모두 소련이 직간접으로 개입하고 있었다. 한편 미국은 아시아 국가들 자체의 집단안보체제 구축에는 반대하면서 기존에 미국이 맺은 쌍무적 군사조약의 유지를 선호했다. 그리고 소련 팽창에 대한 억제 및 베트남 공산화의 재현을 억지한다는 측면에서 한국에 대한 전략적 가치를 인정하고 있었다.

이러한 미국의 동북아 안보 정책을 기반으로 1980년대 초반 한미일 3국안보협력관계는 한미, 미일, 한일 정상의 잇따른 상호방문으로 골격이 갖추어졌다. 1981년 1-2월 전두환 대통령의 미국 방문, 1983년 1월 나카소네 야스히로(中曾根康弘) 총리의 한국 및 미국 방문, 11월 레이건(Ronald Reagan) 대통령의 일본 및 한국 방문, 1984년 9월 전두환 대통령의 일본 방문 등 일련의 정상회담은 한미일 삼각안보체제를 진전시키는 계기가 되었다.

한미 정상회담에서는 한미 협력 강화를 확인하는 내용을 공동성명에 포함시켰고, 카터 정부에서 추진되었던 주한미지상군의 단계적 철수 계획의 중지가 표명되었다. 이에 전두환 대통령은 "한국은 태평양에 있어서 미국과 일본 방위의 보루이다. 함께 협력하여 소련의 위협에 대항하고 싶다"는 '한국 보루론'을 내세웠다.

1983년 1월에 나카소네 총리는 한일 정상회담을 갖고 "한반도의 평화와 안정의 유지가 일본을 포함한 동아시아의 평화와 안정에 긴요하다"라고 한국의 방위 노력을 평가하고 '한일 운명공동체'를 확인했다. 이어 열린 미일 정상회담에서 나카소네는 '미일은 태평양을 사이에 둔 운명공동체'라는 미일 동맹 관계를 재확인하고, '4개 해협 봉쇄', '일본열도 불침항모화'를 주장하였다.

또한 11월에 열린 미일 정상회담에서도 주요 의제 중 하나는 한미일 삼각안보협력이었다. 이어 한국을 방문한 레이건은 휴전선을 방문하여 한국 방위의 결의를 보여주었다. 한일 양국 방문을 마친 레이건은 한일 양국이 안보 영역에서 평화를 지키는 미국의 의도를 이해하여 중요한 분담을 약속했다고 단언했다.

이와 같이 일련의 한미일 3국 간의 정상회담 개최는 한미, 미일, 한일 운명공동체를 확인함으로써 한미일 안보체제 구축 및 구체적인 분담까지 논의되었다. 이러한 신냉전 시기 한미일 3국안보체제는 다음 3가지를 의미한다. 첫째, 전두환 신정부에 대한 전면적 지원의 보강이다. 둘째, 대한국 경제협력과 원조를 통한 한국 경제의 안정이다. 셋째, 평시 및 유사시를 통한 한미일 3국의 긴밀한 군사적 협력태세의 확립이다.

이러한 사실을 분명하게 보여주는 것이 일본의 한국에 대한 40억 달러의 군사원조문제였다. 전두환 정부는 1981년 8월의 한일 외무장관회담에서 일본측에 100억 달러(정부차관 60억 달러, 민간차관 40억 달러)에 달하는 막대한 대한 경제협력을 요구했다. 그 근거는 소련과 북한의 위협에 대항하여 한국의 군사력을 증강시키기 위해 일본의 협력이 필요하고, 공산화의 방파제 역할을 수행하는 한국의 존재를 생각할 때 일본의 안보 분담은 당연하다는 것이었다.

결국 한일 간 교섭에 따라 나카소네 방한시에 엔차관 18.5억 달러, 수출입은행 융자 21.5억 달러, 합계 40억 달러를 1982년부터 7년 동안 제공하기로 합의했다. 일본 외무성은 대한 경제협력이 '민생안정을 위해'라고 강조하였지만, 실질적으로는 전두환 정부에 대한 정권 안정 및 군사

안보적 성격의 원조였다.

2. 한일 정계의 안보협의

한일 안보협력은 정계 차원에서도 1970년대에 이어 군사 및 안보 관계 협의가 지속적으로 이루어졌다. 특히 정계 차원의 안보 협의는 1979년 4월 30일에 설립된 한일의원안보협의회를 주무대로 전개되었다. 비록 1979년 10월 26일 박정희 대통령 암살 사건이 발생했지만, 이후에도 한일 정계의 안보협의는 중단되지 않았다. 1979년 12월 10일-11일에는 한일의원 안보협의회 제2차 총회가 열렸고, 한국측은 이종찬 전 국방장관 등 15명이 일본을 방문했다. 또한 1980년 1월 17일에는 한미일 국회의원이 참가하는 '아시아 · 태평양 안보정세협의회'가 워싱턴에서 설립되어 일본에서는 가네마루 신(金丸新) 전 방위청장관 등 6명이, 한국에서는 이병희 한일의원연맹 회장 등 5명이 참가했다. 4월 28일에는 서울에서 한일 안보협의회 제3차 총회가 열렸고, 일본측에서는 사카타 미치타(坂田道太) 전 방위청장관 등 10명이 방한했다.

1980년 5월 전두환 세력이 군사쿠데타로 권력을 장악한 후에도 한일 정계의 안보협의는 중단되지 않았다. 8월 12일-14일에 가네마루 등이 방한하여 전두환 및 정일권 한일의원연맹 회장 등과 회담하고 '반공의 입장에서 한일 양국의 결속에 노력'할 것을 표명했다. 또한 9월 25일에 방한한 후쿠다 다케오(福田赳夫) 전 총리와의 회담에서 전두환 대통령은 '아시아판 나토(NATO)'를 만들자고 제안했다. '아시아판 나토'의 구체적 내용은 첫째, 한일 부대 간 무기, 부품, 탄약 등의 호환성 실현, 둘째, 인적 교류를 활발히 추진하고 정기적인 합동연습 실시, 셋째, 유사시 상호 지원부대 파견을 약정, 넷째, 향후 아세안 국가들을 포함하는 공동군 창설이었다.

1981년에 들어서면서 김대중의 사형판결 직후 무기징역으로 감형되면서 급속히 한일관계를 회복시키려는 움직임이 나타났다. 이런 가운데 7월 21일–24일에 야마시타 등이 방한하여 전두환 대통령과 회담했다. 이 회담에서 전두환 대통령은 '안보적 관점에서의 대한 협력'을 요청했고, 이것이 바로 앞서 언급한 100억 달러라는 거액의 차관요구였다. 이러한 움직임이 있는 가운데 9월 2일–4일에 시즈오카(静岡)현 시모다(下田)에서 열린 제5차 미일관계 민간회의(시모다 회의)에서 스즈키 젠코(鈴木善幸) 총리는 "한국의 방위 노력과 주한미군 주둔이 한반도의 세력균형에 기여하고 있음을 일본은 높이 평가하고 있다"라고 말했다. 또한 11월 3–4일에는 서울에서 한미일 국회의원이 모여 '아시아 · 태평양지역 정세토론회'를 열고 아시아판 나토 구축을 지향하자는데 합의했다.

이후에도 한국측은 계속해서 한일 안보 협력을 제기했다. 특히 1982년 12월 도쿄에서 열린 한일의원연맹 합동총회에서 한국측의 김정호 의원은 한일군사협력에 대한 공동연구를 제안했다. 여기에는 한미일 공동방위체제를 기초로 한 한일 간의 상호보완적 안보협력 추진, 한반도 유사시 일본의 구체적 역할 및 대한해협 봉쇄문제, 방위기술 협력 등이 포함되었다.

중요한 것은 이러한 한일 안보 협력 제안이 한국뿐만 아니라 일본으로부터도 제기되었다는 점이다. 특히 1984년 한일의원연맹 합동총회에서는 "한미, 미일 간의 안보 관계 범위 안에서 장래(한일 간)의 방위협력 체제를 모색할 필요가 있다"라는 한국측의 제기를 받아들여, 일본측도 "일반적으로 할 수 있는 것부터 의원 차원에서 검토하고 싶다"라는 입장을 표명했다.

하지만 일본은 일부 의원 차원에서 한일 간 안보 협력을 추진하려는 움직임이 있었지만, 정부 차원에서는 여전히 신중한 입장을 드러냈다. 1983년 10월 27일에 윤성민 국방장관이 "한미일 군사협력을 단계적으로 추진하며 미일합동훈련에 한국군의 참가를 검토하고 있다"라고 처음으로 공식적인 발언을 했다. 이에 대해 일본 정부는 "한국과의 공동훈련에 대해서는 현재 생각하고 있지 않으며, 공동훈련이 군사협력에 해당하는가 여부는 간단히 말할 수 없다"는 입장을 표명했다.

3. 군사적 협력의 전개

한일 군사 교류는 앞서 언급한 야마시타 방위청장관 방한 이후에 활발히 진행되었다. 전두환 대통령의 일본 방문시에 이기백 합참의장이 일본에 가서 와타베 케이타로(渡部敬太郎) 통합막료회의 의장과 회담했다. 그리고 이에 대한 답방으로 와타베 의장은 10월 1일 '국군의 날' 퍼레이드 참관을 위해 한국을 방문해서 이기백 의장 등과 회담했다. 이러한 한일 군사 고위급 교류를 비롯해 일본 정부도 정부답변서를 통해 한일 간의 군사협력에 대하여 "일반적으로는 조약의 유무에 관계없이 방위 관계자의 상호방문과 방위문제에 관한 의견교환 등은 별 지장이 없다고 생각하고 있다"라고 답변했다.

또한 이 시기에 한미일 3국의 군사공동훈련이 실질적으로 시작되었다. 한미합동연습인 '팀스피리트 81'에 일본의 주한 방위주재관이 '견학'이라는 명목으로 참가했고, '팀스피리트 84'에는 한미 양군의 작전 행동과 함께 해상 · 항공자위대의 연습이 이루어졌다.

이러한 한미일 군사교류의 활성화로 나타난 한미일 안보협력은 미국의 세계 전략, 구체적으로는 핵 전략 구상 속에 추진되었다. 레이건 정부는 한미일 삼각안보체제를 미국의 핵 전력을 창으로 하고, 한일의 재래식 전력을 방패로 하는 대소 전략 체제로 인식했다. 1984년 국방보고서에서 "(미국은) 전진배치를 유지하고 있으며 이것은 동맹국 전력과 함께 서유럽, 일본, 한국의 통상전력에 의한 방위의 제1선을 이루고 있다"라고 한일을 아시아 · 태평양 지역에서 대소 전략의 '제1선'으로 삼는 체제를 주장했다.

또한 대소 최전선 구축으로서 한미일 삼각안보체제 움직임은 미국과 중국에 의한 '미중 준동맹'과도 연동되었다. 1984년 4월에 중국을 방문한 레이건은 중국군의 현대화를 위해 미국이 군사면에서 지원하기로 약속했으며, 와인버거(Caspar Willard Weinberger) 국방장관은 "미국을 주축으로 한 한국, 일본, 중국의 방위면에서의 긴밀화가 매우 중요하며 진척되어야만 한다"라는 인식을 밝히기도 했다.

이와 같이 '미중 준동맹' 관계에 한미일 삼국안보협력을 중첩시켜서 동북아시아에서 견고한 대소 포위망을 형성하려는 것이 미국의 전략 목표였다. 최종적으로는 중국이 '준' 가맹국이 되는 '아시아판 NATO' 구축이 한미일 삼각안보체제의 목표였을지도 모른다.

4. 한계 및 비판

신냉전기에 일본 정부는 주로 대소 억지라는 측면에서 미일안보체제 강화에 협력했고, 미국의 대소 전략과 한반도 정책의 관련성을 인식하면서 대한 안보협력을 모색한다. 또한 대소 억지라는 측면에서 중국도 미국의 대소 아시아 동맹이라는 '연합(United Front)' 전략에 가담했고, 미일안보협력 강화를 지지했다. 한국 정부도 일본의 군사적 역할 확대에 우려를 나타내면서도 미일안보협력 강화를 위한 일본의 노력이 한미일 3국 방위체제로 발전하는 것에 대한 기대를 가졌다.

하지만 미국이 구상하는 세계 전략 속에서 추진된 한미일 삼각안보협력은 다음과 같은 한계 및 비판을 받는다. 첫째, 동북아시아의 군사적 긴장과 군비경쟁의 입력이다. '아시아판 NATO' 구상은 남북한 합쳐서 100만 대군이 대치하는 세계 제1의 군사밀도를 지닌 한반도의 군사적 긴장을 더욱 강화시키면서 군비경쟁에 박차를 가하는 결과를 가져올 수 있었다. 특히 한반도의 핵전쟁 발발 위험성이 비약적으로 높아질 수 있었다. 소련은 시베리아에 배치된 SS-20 핵미사일이 한국, 일본에 배치된 미군기지를 공격목표로 하고 있다고 말하고, 미국이 유럽에 배치한 미사일로 소련을 공격할 경우에 소련이 유럽의 목표에만 보복공격을 하지는 않을 것이라고 표명하기도 했다.

둘째, 한미일 삼각안보협력은 분단된 한반도의 평화통일을 방해하는 것이었다. 한반도의 평화적 통일을 위한 남북대화의 전제에는 한반도 군사긴장 완화가 필수조건이었다. 하지만 한국을 '일본 방위의 보루'나 '대소 제1선'으로 삼으려는 행동 및 인식은 남북 간 군사적 긴장을 고조시켰다.

마지막으로 한미일 사이에는 위협 인식의 차이가 존재했다. 한반도라는 지역적 관점에서 북한을 주요 위협으로 상정하는 한국과 세계 전략의 관점에서 소련을 주요 위협으로 상정하는 미국, 그리고 미일 안보체제를 강화하려는 일본의 위협 인식은 각각 달랐다. 그리고 일본 입장에서는 미일 동맹으로 충분히 소련을 억지할 수 있고, 한반도 분쟁에 휘말리는 것에 대한 두려움과 함께 일본 국내 여론의 반발에도 주의를 기울여야 했다. 무엇보다 미국이 전통적인 유럽 중시 정책에서 아시아 중시 정책으로 변화하지 않는 상황에서 한미일 안보협력체제는 한계가 있었다.

V. 나가며

전후 한미일 3국 안보협력은 공산주의 세력의 견제라는 철저한 미국의 동아시아 전략의 관점에서 모색되었다. 미국은 1980년대에 이르러서는 한국은 북한에 대한 방위를 담당하고, 일본은 해상교통로 방위를 분담하는 한일 간 상호 보완적인 안보 관계를 모색했다. 이에 따라 한미일 사이에는 언제나 공식적이 아닌 비공식적 의견교환이 우선 실시되었고, 집단안보체제 구축이 아닌 제3국의 군사적 협력을 위한 구축이라는 소통 채널(Communication Channel) 구축이 우선적으로 추진되었다.

1990년대 냉전이 붕괴된 이후에도 한반도는 남북한 분단이라는 냉전체제가 여전히 남아 있는 지역이다. 최근에는 중국의 부상, 일본의 보수우경화, 북한의 핵실험 및 미사일 발사 등 한반도를 둘러싼 지역 정세가 급변하면서 주변국 간의 역학 관계가 자주 논의되고 있다.이에 따라 미국과 각각의 동맹국인 한국, 일본이 안보적 측면에서 협력하는 한미일 안보협력의 필요성이 대두되고 있다. 한편으로는 북한 제재를 둘러싸고 중국, 러시아가 소극적으로 나서면서 과거 냉전 시기처럼 한미일 vs 북중러 냉전 구도로 지역 질서가 회귀하는 것이 아닌가하는 의구심을 자아내고 있다.

냉전 시기 초기부터 미국의 동아시아 전략에 따라 한미일 3국 안보협력이 추진되었고, 계속해서 이러한 협력 구도는 비공식적인 차원에서 공식적인 차원으로 발전해왔다. 하지만 결국 '아시아판 나토'와 같은 안보협력기구 결성의 형태로 나아가지는 않았다. 여기에는 국내정치적 상황 제약과 함께 안보협력을 통한 억지 대상이 각각 달랐다는 현실적인 요인이 존재했다. 지금의 한미일 안보협력체제도 북한을 공통의 억지 대상으로 한다면 매우 효과적인 안보협력관계로 발전할 수 있겠지만, 중국을 억지 대상이 아닌 협력 대상으로 보는 한국의 입장에서는 중국을 위협에 대한 억지 대상으로 상정하는 한미일 안보협력관계는 피해야 할 것이다.

참고문헌

권병현(2002). 「카터정권 설득 도운 도고 주미일본대사와의 인연」, 『신동아』(3월).

고려대 아세아문제연구소 일본연구실편(1997). 『한일관계자료집 제2집』, 서울: 선인문화사.

박선원(2001). 「냉전기 한미일관계에 대한 체계이론적 분석」, 『한국정치외교사논총』 제23집 1호.

이기태(2009). 「데탕트 말기 한일안보협력의 모색: 한일의원 안전보장협의회의 설립을 중심으로」, 『동서연구』 제21권 제2호.

대한민국 외교사료관. 「기무라 외상의 참의원외무위에서 답변」 1972년 8월 30일 『일본 및 미국의 대한국 안보정책(1973-74)』 MF, 롤번호 G-0035, 파일번호 01.

「한일의원안보협 亞洲 완전 환경조성 공동노력 각서 채택」, 『동아일보』 1979년 12월 11일.

「안보협력 등 논의, 한일의원안보협 3차총회」, 『매일경제신문』 1980년 4월 28일.

李奇泰(2008). "ニクソン政権の在韓米軍削減をめぐる韓米交渉: 朴正熙政権の政策転換を中心に." 『法学政治学論究』 第76号.

伊藤剛(2002). 『同盟の認識と現実』, 東京: 有信堂高文社.

我部政明(2007). 『戦後日米関係と安全保障』, 東京: 吉川弘文館.

吉昇欽(1979). "在韓米軍撤退と日本の反響." 『アジア公論』 8巻 7号(8月).

韓桂玉(1989). 『韓国軍・駐韓米軍』, 東京: かや書房.

Go Ito(2003). *Alliance in Anxiety: Détente and the Sino-American-Japanese Triangle* (New York: Routledge).

Victor D. Cha(1999). *Alignment despite Antagonism: the United States-Korea-Japan Security Triangle* (Stanford, Calif.: Stanford University Press).

5장

지방정부의 교류를 통해서 본 한일협력

이진원

Ⅰ. 지방정부 교류의 의미

21세기 들어서며 나타난 세계적인 흐름의 하나가 세계화, 지방화이다. 주로 국가단위로 전개되던 정치 경제 및 모든 사회 활동은 과학기술의 발달로 인해 국가의 경계를 초월하여 서로 간에 영향을 미치게 되었다. 실시간으로 교환되는 정보는 물리적인 국가 간의 경계를 무의미하게 만들었고 이에 대응하기 위해 국가는 세계화를 앞 다투어 추진하여 시대적인 흐름에 뒤처지지 않으려 하였다. 이와 동시에 국가 단위로 진행되던 정치 경제 사회 활동은 실질적 활동 단위인 지방정부로 이동하였다. 무한하게 제공되는 정보와 소통 수단의 발달로 국가만이 정보를 독점할 수 있는 시대는 지나갔고 모든 시민들은 다양한 정보를 직접 접하게 되었다. 따라서 주민들은 국가라는 단위 보다는 자신들이 피부로 체감할 수 있고 쉽게 접근할 수 있는 지방정부의 정치 경제 사회 활동에 보다 많은 관심을 갖게 되었다. 지방정부도 이러한 주민들의 요구에 부응하고자 주민들의 생활과 직접 관련되는 정치 경제 사회 활동을 활발하게 진행하였으며 이를 위해 중앙정부인 국가가 독점하고 있던 권한을 이양할 것을 요구하였다. 중앙집권화 경향이 강하던 국가들의 지방분권화 현상은 이러한 시대적 흐름을 배경으로 하고 있다. 캐나다의 도시연구소의 연구결과에 따르면 세계의 3/4의 국가에서 분권화가 진행되고 있다고 할 정도로[1] 분권화는 세계적인 시대 흐름이다.

이러한 분권화의 기본 논리를 제시한 것이 유엔이 '세계 지방자치 헌장 초안'에서 언급하고 '유럽의 지방자치헌장'에서 조문화 한 '보완성의 원리' 이다. 보완성 원리란 '정책 결정은 그 영향을 받는 시민, 공동체에 보다 가까운 곳에서 이루어져야 한다는 원칙.'으로 문제가 발생했을 경우 개인과 주변에서 해결을 모색하고 어쩔 수 없이 정부가 개입해야 하는 문제의 경우 시민에 가장 가까운 기초자치체, 광역자치체(지방정부) 순으로 이를 도와줘야 하며 제일 나중에 개입할 수 있는 것이 중앙정부라는 것이다. 즉 현대는 개인의 문제를 가장 잘 이해 해 주고 해결해 주어야 하는 것이 국가가 아닌 지방정부라는 것이다.[2]

결국 세계화의 흐름에 따라 세계적인 환경의 변화는 개인의 삶에 직접적으로 커다란 영향을 미치고 있으며 이러한 상황 하에서 개인의 삶을 향상시키기 위해서는 중앙정부 보다는 지방정부가 더 커다란 역할을 하게 되는 지방화 현상이 진행된다.

지방정부의 국제교류는 이러한 시대적 상황을 배경으로 증가하였다. 중앙정부는 국가를 초월하여 생성되는 세계시민의 이익이 매우 다양화하고 이는 시민들의 삶과 직접 관련되는 지역 이익과 밀접한 관련이 있다는 것을 인식하였다. 따라서 지방정부를 국제교류의 주요한 주체로 파악하여 지방정부의 국제교류를 활성화하는 정책을 실시하였다. 일본의 경우 1989년 당시 자치성(自治省)은 「地域國際交流推進大

---

1) 졸고, 「일본지방자치단체의 국제화에 있어서의 한국과 중국」, 일본학보 제62집 한국일본학회 재인용.

2) 졸고, 「일본 지방분권화와 '市町村'」, 일본학보 제76집 한국일본학회 재인용.

綱의 책정에 대한 指針」과 1995년의 「自治體國際協力推進大綱에 관한 指針」을 통해 지역아이덴티티의 확립, 지역의 활성화, 지역주민의 의식개혁, 상호이해의 심화를 지방자치단체의 국제교류 목적으로 설정하고 국제협력을 통하여 세계평화에의 공헌, 인도적 배려, 지역활성화를 달성하고 지역특성을 활용한 다양한 협력을 실현하고 대등한 파트너십에 기초한 주민참가형 국제협력 활동을 추진하는 것을 원칙으로 정하였다.[3]

우리나라와 일본의 지방정부 국제교류도 세계화와 지방화의 흐름 속에서 활성화되었다. 우리나라와 일본의 경우 역사적으로 뒤틀린 경험을 갖고 있기 때문에 정치적 상황에 따라 국가 간의 교류에는 적지 않은 부침이 존재한다. 그렇지만 지리적 또는 국제정치적으로는 서로 간에 경쟁과 협력을 의식하지 않으면 안 되는 관계이기에 중앙정부와 지방정부의 적절한 보완 교류 체제가 필요하기도 하다. 우리나라와 일본의 지방정부의 교류를 보면 세계화와 지방화의 흐름을 배경으로 1980년대부터 본격적으로 시작한 지방정부간의 교류가 1990년대와 2000년대 2010년대(2010년~2014년)[4]를 거치면서 다양한 분야로 확대되었고 내용적인 측면에서도 매우 구체성을 띠게 되었다.

본 고는 우리나라와 일본의 지방정부의 교류 현황을 살펴보고 그 내용을 분석한 후 앞으로의 전망에 대해 살펴보고자 한다. 분석의 관점은 우리나라 지방정부의 입장에서의 일본 지방정부와의 교류이다. 이를 위해 2012년 행정안전부에서 발간한 『지방자치단체 국제교류현황(지자체별)』과 전국시도지사협의회에서 제공하는 한국 지방정부별 국제교류 현

3) 졸고, 「일본지방자치단체의 국제화에 있어서의 한국과 중국」, 일본학보 제62집 한국일본학회 재인용.

4) 2010년대는 2010년부터 2014년의 통계임. 따라서 절대적인 수치를 단순비교할 경우 무리가 있지만, 흐름을 파악하기 위해 통계를 제시함. 이하 2010년대 통계는 동일함.

황을 분석의 자료로 사용하였다.[5] 이 자료(특히 전국시도지사 협의회자료)는 지방자치단체로부터의 보고 사항을 단순히 수집하였기 때문에 분류의 명확성이 담보되지 않고 중복되는 내용이 적지 않지만 커다란 흐름을 파악하기에는 무리가 없다고 생각한다.

Ⅱ. 지방정부의 글로벌화와 한일 교류

먼저 우리나라 지방정부의 국제교류관계로 보는 글로벌화 현황을 보면 광역자치체의 경우 우리나라 16개 광역자치체가 총 59개 국가의 365개 광역자치체와 교류관계[6]를 맺고 있으며 기초자치체의 경우 216개 기초자치체가 총 60개국 1,029개의 기초자치체와 교류관계를 맺고 있다. 이중 외국과 가장 많은 교류관계를 맺고 있는 지역은 광역자치체의 경우 서울특별시로 32개국가의 45개 단체와 교류관계를 맺고 있으며 기초자치체의 경우 경기도는 35개국 205개 단체와 교류관계를 맺고 있다. 즉 수도권지역이 국제교류 등 글로벌화에 가장 적극적으로 반응을 하는 현상을 보이고 있다. 반면 전라북도의 경우 광역자치체의 자매결연 3개국 8개도시로 가장 적고 광주광역시의 기초자치체는 2개국 11개 단체와 교류관계를 맺고 있어 가장 적은 것으로 나타났다. 단순한 숫자의 비교이기는 하지만 수도권과 지방의 경우 많은 차이를 보이고 있는 것을 알 수 있다.

5) 지방자치단체 국제교류현황 행정자치부
http://www.mogaha.go.kr/frt/bbs/type010/commonSelectBoardArticle.do?bbsId=BBSMSTR_000000000008&nttId=29228(검색일 2015년 04월 20일)
전국시도지사협의회 http://exchange.gaok.or.kr/exchange/list.action(검색일 2015년 04월 20일)

6) 교류관계는 자매결연 우호관계를 포함.

시기별로 보면 광역자치체 기초자치체 모두 1990년대에 급격한 증가세를 보이고 있으며 2000년대에 최고치를 기록하고 있다. 세계적인 세계화의 흐름과 함께 우리나라 정부의 세계화 정책에 따라 나타나는 현상으로 볼 수 있다.

〈도표 1〉 지방정부별 국제교류 관계 체결현황

지역	자치체수 (광역)	외국국가 (광역)	외국도시 (광역)	자치체수 (기초)	외국국가 (기초)	외국도시 (기초)
합계	16	59	365	216	60	1029
서울특별시	1	32	45	25	24	126
부산광역시	1	23	30	16	8	44
대구광역시	1	9	14	7	7	20
인천광역시	1	17	30	10	10	47
광주광역시	1	11	18	5	2	11
대전광역시	1	19	25	5	3	10
울산광역시	1	10	15	5	6	16
경기도	1	21	33	30	35	205
강원도	1	16	26	18	15	96
충청북도	1	12	19	12	9	42
충청남도	1	13	26	15	15	72
전라북도	1	3	8	13	10	53
전라남도	1	13	32	20	22	90
경상북도	1	11	14	15	20	93
경상남도	1	12	18	18	14	84
제주특별자치도	1	9	12	2	5	20

〈자료〉 전국시도지사협의회(2015년 4월 22일).

〈도표 2〉 시기별 국제교류 관계 체결 현황

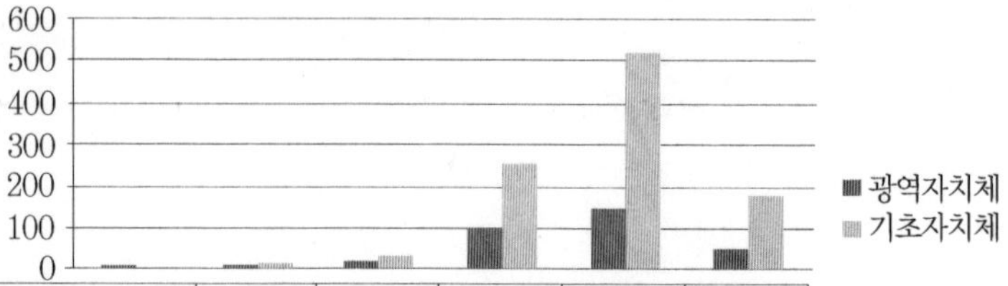

	1960년대	1970년대	1980년대	1990년대	2000년대	2010년대
광역자치체	6	6	23	105	160	64
기초자치체	4	12	38	260	523	183

〈자료〉 전국시도지사협의회(2015년 4월 22일).

한편 우리나라 지방정부가 맺은 교류관계 중 일본이 차지는 하는 비중을 보면 광역자치체의 경우 전체365개 단체 중 35개로 9.6%를 차지하고 있으며 기초자치체의 경우 1,029개 단체 중 160개 단체로 15.5%를 차지하고 있다. 이는 우리나라 자치단체가 맺고 있는 교류 국가 중 가장 많은 비율이다. 같은 아시아권에서 일본보다 많은 자치단체가 있는 중국과 비교해서도 작지 않은 비율이다. 중국의 경우 광역자치체는 39개 단체, 기초자치체의 경우 524개 단체와 교류관계를 맺고 있어 광역자치체의 경우 조금 많은 수이지만 기초자치체의 경우는 일본이 많다.[7] 자치체별로 일본이 차지하는 비율이 가장 큰 지역은 광역자치체의 경우 전라북도가 가장 많은 25.0%를 차지하고 있으며 기초자치체의 경우 강원도가 28.1%로 가장 많다. 즉 외국와의 교류관계를 비교적 활발하게 맺지 않은 지역이지만 일본과의 교류관계는 많은 비율을 보이고 있다.

7) 전국시도지사협의회 http://exchange.gaok.or.kr/exchange/list.action(검색일 2015년 4월 22일)

〈도표 3〉 지방정부 국제교류 체결 중 일본이 차지하는 비율

	교류 광역자치체 (전체)	교류광역 일본자치체	비율	교류 기초자치체 (전체)	교류기초 일본자치체	비율
합계	365	35	9.6%	1029	160	15.5%
서울특별시	45	2	4.4%	126	10	7.9%
부산광역시	30	2	6.7%	44	6	13.6%
대구광역시	14	2	14.3%	20	0	0.0%
인천광역시	30	3	10.0%	47	3	6.4%
광주광역시	18	1	5.6%	11	0	0.0%
대전광역시	25	3	12.0%	10	0	0.0%
울산광역시	15	3	20.0%	16	1	6.3%
경기도	33	1	3.0%	205	27	13.2%
강원도	26	2	7.7%	96	27	28.1%
충청북도	19	1	5.3%	42	8	19.0%
충청남도	26	3	11.5%	72	15	20.8%
전라북도	8	2	25.0%	53	7	13.2%
전라남도	32	5	15.6%	90	12	13.3%
경상북도	14	0	0.0%	93	18	19.4%
경상남도	18	4	22.2%	84	19	22.6%
제주특별자치도	12	1	8.3%	20	7	35.0%

〈자료〉 전국시도지사협의회(2015년 4월 22일).

우리나라 지방정부의 교류관계 중 일본이 자치하는 비율을 시기별로 보면 광역자치체의 경우 1980년대가 26.1%로 가장 많은 비율을 차지하

고 있으며 기초자치체의 경우 1970년대에 가장 많은 75.0%를 차지하고 있다. 또한 1970년대 이후 광역자치체의 교류관계 체결보다는 기초자치체의 교류관계가 활발하게 진행되었던 것으로 나타나고 있다. 전체적인 흐름과 비교해 볼 때 일본 지방정부와 우리나라 지방정부와의 교류관계는 세계화의 본격적인 흐름에 앞선 상황 하에서도 가장 많은 비율을 차지하고 있었다.

〈도표 4〉 시기별 국제교류 관계 체결 중 일본이 차지하는 비율 (단위:%)

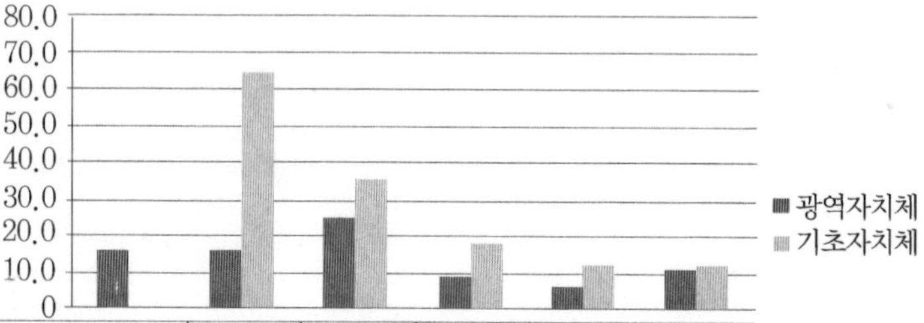

	1960년대	1970년대	1980년대	1990년대	2000년대	2010년대
광역자치체	16.7	16.7	26.1	9.5	6.9	10.9
기초자치체	0.0	75.0	36.8	19.2	12.0	12.0

〈자료〉 전국시도지사협의회(2015년 4월 22일).

이상에서 보는 바와 같이 우리나라 지방정부의 국제 교류에서 일본이 차지하는 비중은 작지 않다. 전체적인 비중은 물론이고 세계화의 흐름 속에서도 선도적으로 일본과의 교류는 진행되고 있었다. 이웃나라라는 지정학적 관계와 더불어 중국과는 달리 일본은 우리나라와 정치와 경제 체제를 공유하고 있다는 점에서 국제교류를 보다 용이하게 할 수 있었다고 볼 수 있다.

〈도표 5〉 시기별 지방정부 한일 국제교류관계 체결

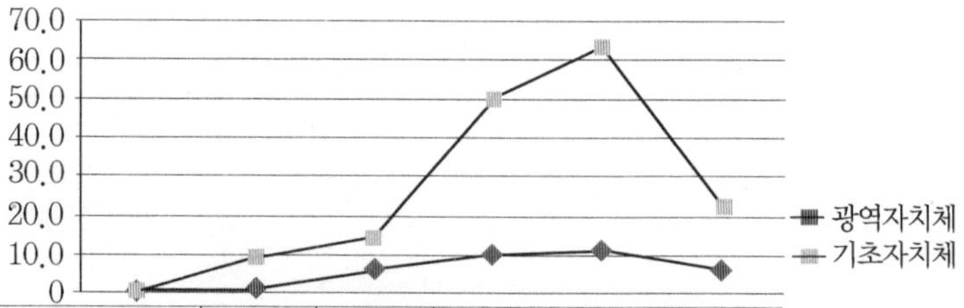

	1960년대	1970년대	1980년대	1990년대	2000년대	2010년대
광역자치체	1	1	6	10	11	7
기초자치체	0	9	14	50	63	22

〈자료〉 전국시도지사협의회(2015년 4월 22일).

Ⅲ. 지방정부 한일교류의 현황

우리나라 지방정부의 일본과의 교류 현황을 시기별로 보면 광역자치체, 기초자치체 모두 2000년대에 새로 체결한 국제교류 건수가 가장 많은 것으로 보아 세계화의 흐름과 무관하지 않은 것으로 볼 수 있다. 1970년대 1건에 불과하던 광역자치체의 국제교류관계 체결이 1980년대에 들어서면서 6건, 1990년대 10건 2000년대 11건으로 증가하였으며 기초자치체의 국제교류관계 체결은 1980년대 14건에서 1990년대 50건으로 급격히 증가하는 경향을 보이고 있다. 〈도표 5〉 이를 누계로 보면 광역자치체의 경우 2000년대에 29건, 2010년대에 36건이 되었고 기초자치체의 경우 2000년대에 136건, 2010년대 158건이 되었다.

〈도표 6〉 한일 지방정부 국제교류 체결 현황(누계)

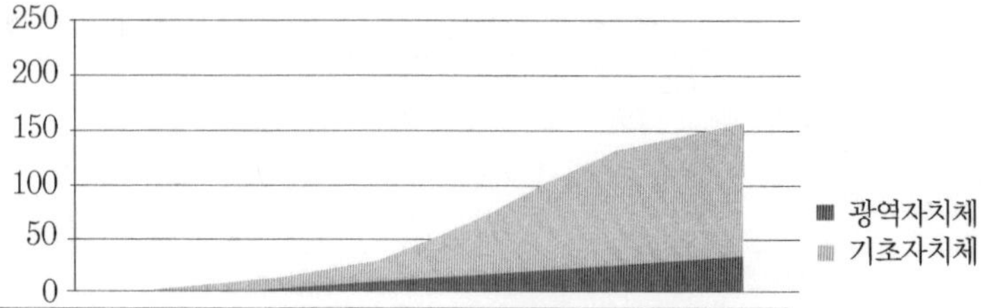

	1960년대	1970년대	1980년대	1990년대	2000년대	2010년대
광역자치체	0	9	23	73	136	158
기초자치체	1	2	8	18	29	36

〈자료〉 전국시도지사협의회(2015년 4월 22일).

한편 한일 지방정부간 교류 횟수를 보면 광역자치체의 전체교류 횟수는 1970년대 1회가 1980년대 30회로 증가하였으며 1990년대에는 105건, 2000년대에는 226건으로 급격한 증가세를 보이고 있다. 기초자치체의 경우도 마찬가지로 1970년대 24회에 비해 1980년대에는 106회, 1990년대에는 457회, 2000년대에는 1,789회로 급격한 증가세를 보이고 있다. 또한 2010년대는 2010년부터 2014년까지 4년간의 통계임에도 불구하고 광역자치체의 경우 226회, 기초자치체의 경우 1,190회를 기록하고 있다.

〈도표 7〉 한일 지방정부간 교류 횟수

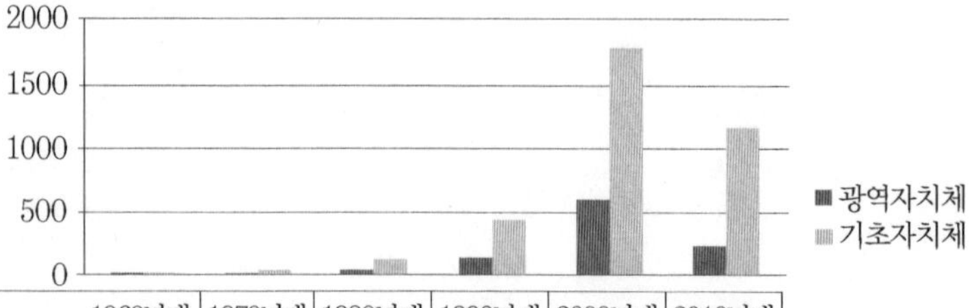

	1960년대	1970년대	1980년대	1990년대	2000년대	2010년대
광역자치체	3	1	30	105	589	226
기초자치체	3	24	106	457	1789	1190

〈자료〉 전국시도지사협의회(2015년 4월 22일).

우리나라 지방정부가 맺은 국제교류 체결 건당 실질적인 교류를 한 횟수를 보면 광역과 기초를 불문하고 1980년대 이후 점차적인 증가세를 보여 2000년대에 들어서면서 급격하게 증가하였다. 이는 세계화 지방화 흐름에 맞추어 단순한 국제교류 체결을 넘어서는 2000년대에 들어서면서 실질적인 교류가 증가하고 있다는 것을 보여 주는 것이라고 할 수 있다.

〈도표 8〉 한일 지방정부 간 교류체결건별 평균 교류사업

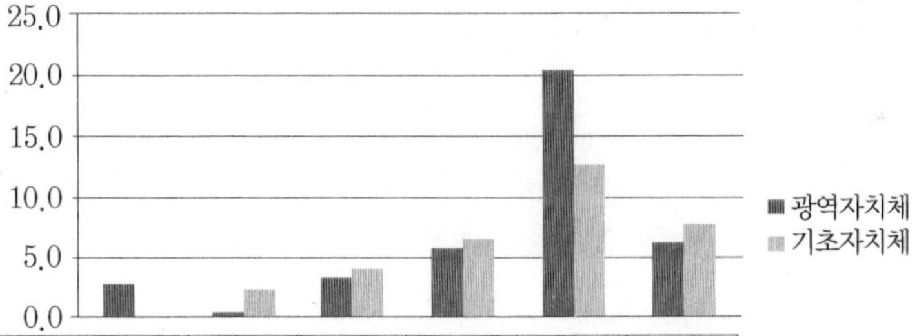

	1960년대	1970년대	1980년대	1990년대	2000년대	2010년대
광역자치체	3.0	0.5	3.8	5.8	20.3	6.3
기초자치체	0	2.7	4.6	6.3	13.2	7.5

〈자료〉 전국시도지사협의회(2015년 4월 22일).

즉 한일간의 지방정부의 교류는 교류체결 건수뿐만 아니라 전체적인 교류 횟수도 증가하고 있으며 이에 따라 교류를 맺은 지방정부간의 실질적인 교류실적의 횟수도 증가하고 있어 양국 지방정부간의 교류는 활발하게 진행되고 있다고 할 수 있다.

Ⅳ. 한일간 지방정부 교류의 내용

한일 지방정부 간에는 어떠한 교류가 진행되고 있는 것일까? 전국 도지사협의회에서는 지방자치단체에서 진행한 국제교류의 내용을 〈도표 9〉와 같이 분류하여 그 내용을 정리하였다. 전국 도지사협의회에서 정리한 내용을 보면 한 가지 사업을 여러 분야로 중복해 구분해 놓은 경우도 있어 전체적인 숫자에서는 다소 차이를 보이고 있지만 전체적인 경향을 파악하는 데는 중요한 통계라고 생각하여 이를 토대로 그 내용을 살펴보고자 한다.

먼저 전체적인 흐름을 자치단체별로 살펴보면 광역자치체의 경우 국제교류 초기라고 할 수 있는 1960년대와 1970년대는 국제교류의 대부분을 행정교류가 차지하고 있으며 행정교류는 1980년대 이후 급격하게 감소하고 있지만 2000년대 이후까지 가장 많은 비율을 차지하고 있다. 〈도표 10〉 행정교류 이외의 분야의 경우는 반대로 1960년대와 1970년대에는 거의 존재하고 있지 않았으며 1980년대부터 교류 실적을 보이고 있다. 이 중 청소년교류 분야의 경우에는 1980년대 3.3%에서 1990년대 5.7%, 2000년대 9.0%, 2010년대 10.6%를 차지하고 있으며 기술학술교류는 1980년대까지 전무하였지만 1990년대 14.3%, 2000년대 10.9%, 2010년대 7.9%를 차지하고 있다. 민간단체 교류도 1980년대 3.3%에서 1990년대 8.6%, 2000년대 12.9% 2010년대 6.6%를 차지하고 있다. 1980년대 이후 지방정부 차원의 공식적인 교류에서 다양한 분야의 교류로 확대 발전하고 있는 양상을 보이고 있다.

〈도표 9〉 국제교류 분야 해당 항목 예시[8)]

행정교류	대표단 상호방문, 행정정보교류, 교류10주년기념식 등
인적교류	공무원(상호)파견, 공무원연수, 청소년 상호방문, 홈스테이, 대학생교류 등
문화예술교류	축제 참가, 예술단 공연, 바둑 및 서예교류전, 미술전시회, 한복패션쇼 행사 등
관광교류	관광물산전, 수학여행, 의료관광유치 등
청소년교류	홈스테이, 수학여행, 청소년 스포츠 교류, 어학연수, 국제인턴십
스포츠교류	친선축구대회, 친선야구대회, 국제육상대회 등
기술 · 학술교류	행정정보관련 세미나, 국제심포지엄 개최, 농업기술연수, 산업관련 연수 등
경제교류	경제교류협정체결, 시장개척단 파견, 경제상담회 개최, 국제인턴십, 상공회의소간 교류, 투자설명회, 직항로 개설, 기술이전협의 등
민간단체교류	상공회의소간 교류, 예술협회 · 의사회 등 민간단체간 교류, 대학생 교류사업 등
상징사업	공원조성, 거리 명명식, 자매도시 전시관 개관, 명예시민증 수여 등
기타	의료봉사, 성금전달, 원조, 동물기증 등

8) 〈자료〉 전국시도지사협의회 http://exchange.gaok.or.kr/exchange/list.action(검색일 2015년 4월 22일)

〈도표 10〉 광역자치체 행정교류

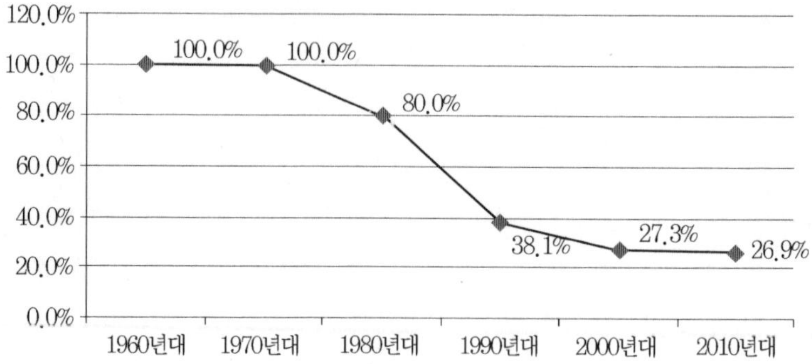

〈자료〉 전국시도지사협의회(2015년 4월 22일).

〈도표 11〉 광역자치체 청소년, 기술학술, 민간단체 교류

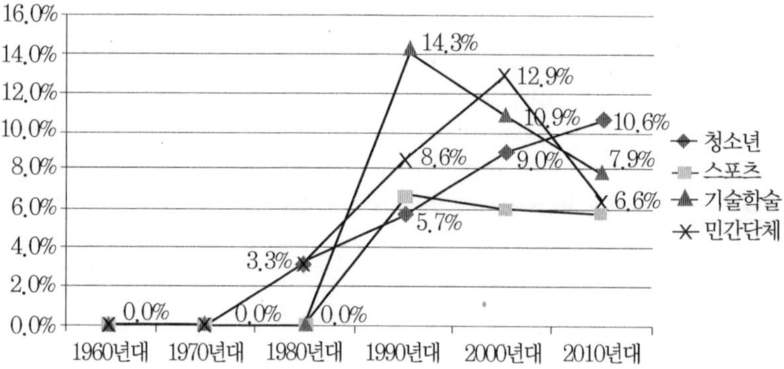

〈자료〉 전국시도지사협의회(2015년 4월 22일).

기초자치체의 경우는 광역자치체와는 다소 다른 경향을 보이고 있다. 우선 행정교류가 차지하는 비율이 1960년대 33.3%에서 1970년대 79.2%, 1980년대 47.2%, 1990년대 43.8%, 2000년대 27.4%, 2010년대 31.2%이며 인적교류가 1990년대 10.9%, 2000년대 11.0%, 2010년대 10.1%이며 문화예술교류는 1980년대 이후 증가하여 1970년대

4.2%에서 1980년대 12.3%, 1990년대 16.2%, 2000년대 21.2%, 2010년대 18.6%를 차지하고 있다. 청소년 교류도 많은 비율을 차지하고 있어 1980년대 4.7%에서 1990년대 10.3%, 2000년대 13.9%, 2010년대 15.9%가 되었다. 기초자치체의 경우 교류의 초기에는 민간단체교류가 많은 부분을 차지하고 있었던 것으로 나타났다. 1960년대 66.7%에서 1970년대 12.5%, 1980년대 15.1%를 차지하였다.

〈도표 12〉 기초자치체 분야별 교류(단위: %)

	행정	인적	문화예술	관광	청소년	스포츠	기술학술	경제	민간단체	상징사업	기타
1960년대	33.3	0.0	0.0	0.0	0.0	0.0	0.0	0.0	66.7	0.0	0.0
1970년대	79.2	0.0	4.2	0.0	0.0	4.2	0.0	0.0	12.5	0.0	0.0
1980년대	47.2	3.8	12.3	2.8	4.7	2.8	5.7	3.8	15.1	0.9	0.0
1990년대	43.8	10.9	16.2	1.8	10.3	3.9	3.9	1.8	5.9	1.3	0.2
2000년대	27.4	11.0	21.2	1.1	13.9	9.0	3.9	2.5	8.3	1.3	0.4
2010년대	31.2	10.1	18.6	1.9	15.9	9.7	2.7	0.2	7.2	1.3	1.3
기타 및 불명	35.6	11.1	6.7	0.0	20.0	15.6	2.2	2.2	6.7	0.0	0.0
계	31.7	10.4	19.1	1.5	13.8	8.4	3.5	1.6	7.9	1.2	0.7

〈자료〉 전국시도지사협의회(2015년 4월 22일).

즉 광역자치체에 비해 기초자치체의 경우 다양한 분야의 교류를 하는 경향을 보이고 있으며 이는 기초자치체의 경우 명목적이고 공식적인 교류보다는 실질적인 교류에 힘을 기울이고 있는 것으로 해석할 수 있다. 또한 광역자치체와 기초자치체는 실질적인 교류를 위해 자신들의 규모에 맞는 교류에 상대적으로 힘을 기울이는 방향으로 가고 있는 것으로 나타났다. 예를 들어 어느 정도 규모가 되었을 경우 효과를 볼 수 있는 기술학술 교류와 경제 교류의 경우 기초자치체보다는 광역자치체에서 힘을 기울이는 것으로 나타났으며 청소년교류와 스포츠교류의 경우 기초자치체가 상대적으로 힘을 기울이는 것으로 나타났다.

〈도표 13〉 자치체별 기술학술 교류 비율

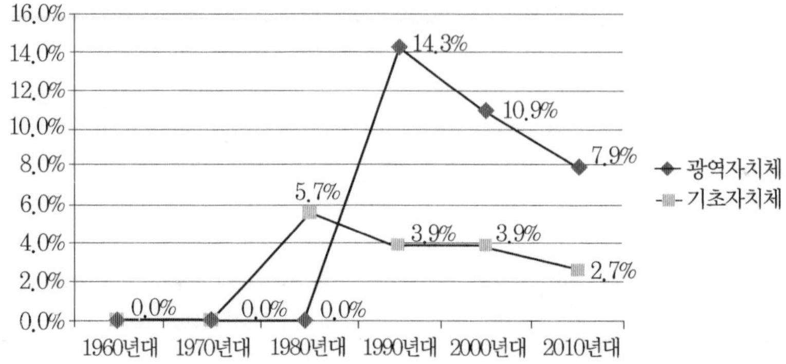

〈자료〉 전국시도지사협의회(2015년 4월 22일).

〈도표 14〉 자치체별 경제교류비율

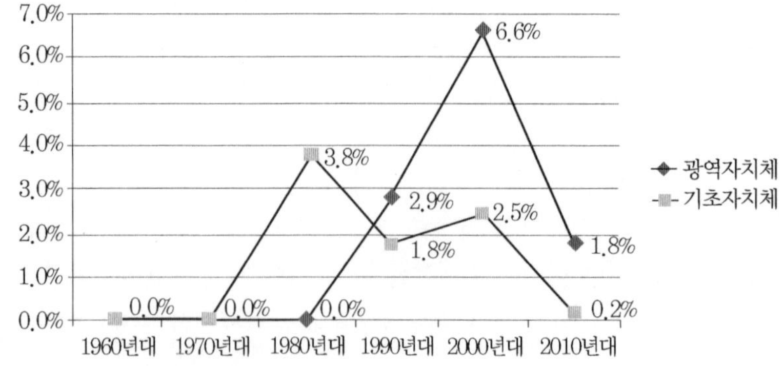

〈자료〉 전국시도지사협의회(2015년 4월 22일).

〈도표 15〉 자치체별 청소년 교류비율

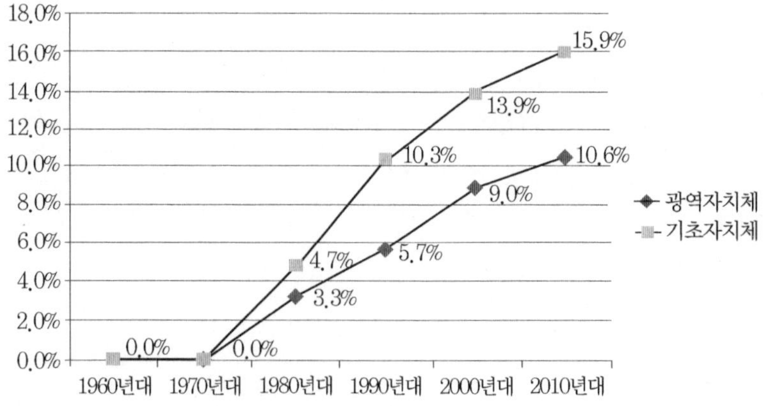

〈자료〉 전국시도지사협의회(2015년 4월 22일).

〈도표 16〉 자치체별 스포츠교류비율

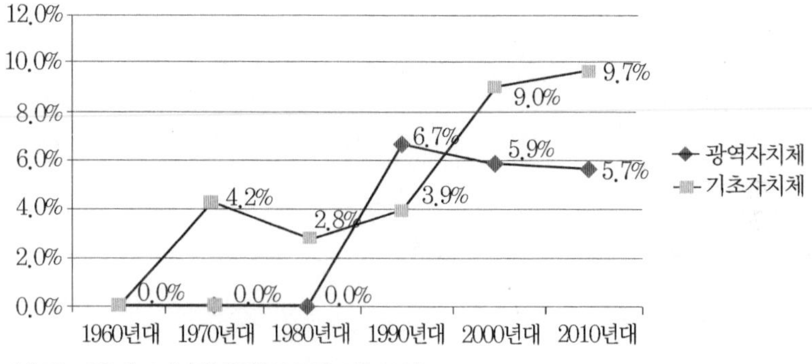

〈자료〉 전국시도지사협의회(2015년 4월 22일).

교류체결 건당 교류 회수를 보아도 이러한 현상은 보이고 있다. 광역자치체는 기술학술교류와 경제교류에서 많은 회수를 보이고 있으며 청소년 스포츠 교류에서는 기초자치체가 많은 회수를 보이고 있다. 기술학술교류의 경우 1990년대 광역자치체가 교류체결건당 0.8회수, 기초자치체가 0.2회의 교류를 하고 있으며 2000년대에는 광역자치체가 2.2

회, 기초자치체가 0.5회, 2010년대는 광역자치체가 0.5회 기초자치체가 0.2회의 교류를 하고 있는 것으로 나타났다.〈도표 17〉 경제교류도 기초자치체보다는 광역자치체가 실질적으로 교류회수가 많은 것으로 나타났다. 1990년대에는 광역자치체 0.2회 기초자치체 0.1회로 근소한 차이였으나 1990년대에는 광역자치체 1.3회, 기초자치체 0.3회로 나타났다.

〈도표 17〉 자치체별 기술학술 교류 회수(교류건당)

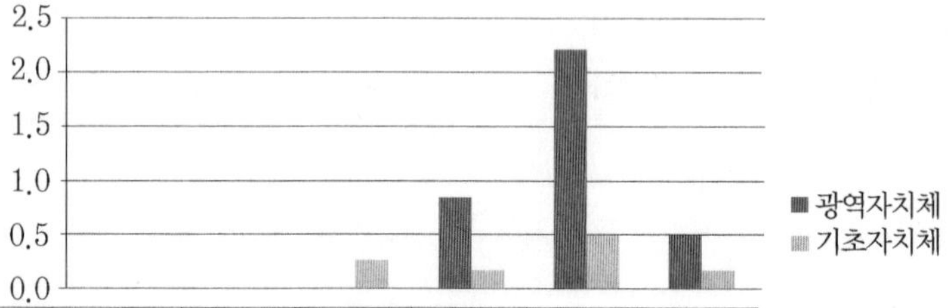

	1960년대	1970년대	1980년대	1990년대	2000년대	2010년대
광역자치체	0.0	0.0	0.0	0.8	2.2	0.5
기초자치체	0	0.0	0.3	0.2	0.5	0.2

〈자료〉 전국시도지사협의회(2015년 4월 22일).

〈도표 18〉 자치체별 경제 교류 회수(교류건당)

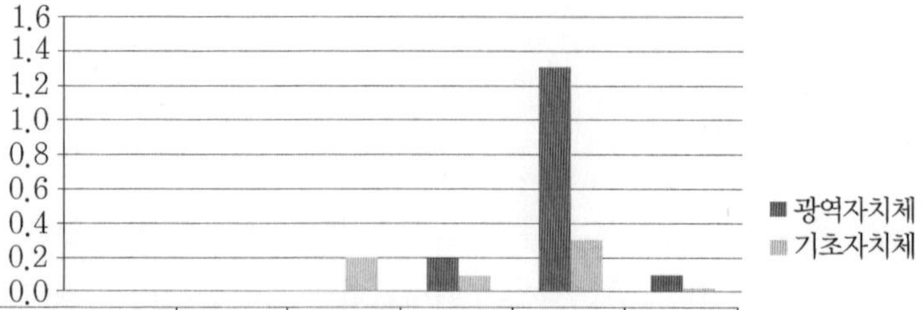

	1960년대	1970년대	1980년대	1990년대	2000년대	2010년대
광역자치체	0.0	0.0	0.0	0.2	1.3	0.1
기초자치체	0	0.0	0.2	0.1	0.3	0.0

〈자료〉 전국시도지사협의회(2015년 4월 22일).

반면에 청소년교류와 스포츠 의 경우에는 기초자치체가 광역자치체보다 교류체결건당 교류회수가 다소 많은 것으로 나타났다. 청소년 교류의 경우 1990년대 광역자치체의 교류회수가 교류건당 0.3회에 비해 기초자치체는 0.6회였으며 2000년대는 광역자치체, 기초자치체 모두 1.8이었지만 2010년대에는 광역자치체가 0.7회에 비해 기초자치체는 1.2회를 나타내고 있다. 〈도표 19〉 스포츠교류의 경우에도 광역자치체에 비해 기초자치체가 점차 증가하는 경향을 보이고 있다. 1990년대 광역자치체가 0.4회, 기초자치체가 0.2회의 교류를 보이고 있다가 2000년대에는 광역자치체, 기초자치체 모두 1.2회로 동일하였고 2010년대에 들어서면서 광역자치체가 0.4회인 것에 비해 기초자치체는 0.7회로 다소 많은 것으로 나타났다.

〈도표 19〉 자치체별 청소년 교류 회수(교류건당)

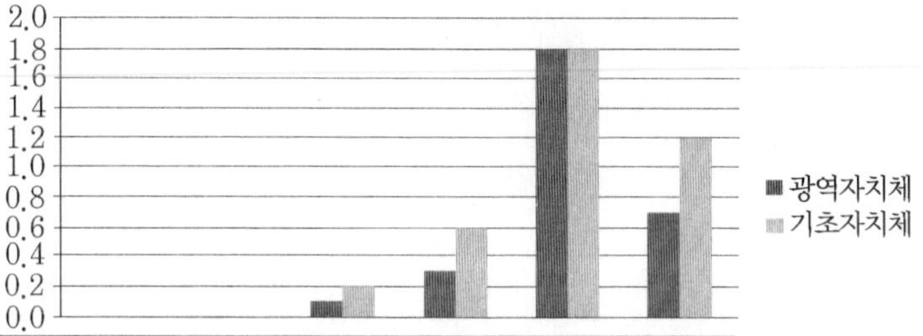

	1960년대	1970년대	1980년대	1990년대	2000년대	2010년대
광역자치체	0.0	0.0	0.1	0.3	1.8	0.7
기초자치체	0	0.0	0.2	0.6	1.8	1.2

〈자료〉 전국시도지사협의회(2015년 4월 22일).

〈도표 20〉 자치체별 스포츠 교류 회수(교류건당)

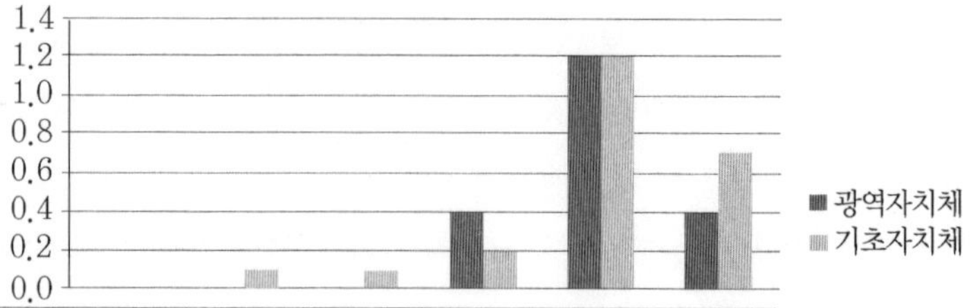

	1960년대	1970년대	1980년대	1990년대	2000년대	2010년대
광역자치체	0.0	0.0	0.0	0.4	1.2	0.4
기초자치체	0	0.1	0.1	0.2	1.2	0.7

〈자료〉 전국시도지사협의회(2015년 4월 22일).

한편 숫자상으로 나타난 교류의 내용 이외에 실제로 진행된 분야별 교류 내용을 분석해 보면 행정교류의 경우 광역자치체는 1980년대 중반까지 단순한 방문이나 교류체결을 위한 방문이 교류의 내용이었으며 1990년대부터는 상호 행사 참석을 위한 교류가 진행되었고 2000년대 들어서면서 실무적인 수준에서의 교류가 보이기 시작한다. 2000년 경상남도와 야마구치현이 실무회의를 시작하였으며 2005년에는 돗토리현 교류사업단이 강원도를 방문한 예가 대표적이라고 할 수 있다. 2010년대에는 이러한 현상이 더욱 두드러져 2010년 경상남도는 홋카이도와의 실무회의에 참석하였고 2012년에는 충청남도와 나라현의 실무협의단이 상호 방문하기도 하였다. 기초자치체의 경우에는 1990년대 중반부 이후 실무적인 교류가 확대되기 시작하였다. 1995년 경상남도 김해시는 후쿠오카현 쿠나카타시 행정실무를 위한 방문을 하였으며 1996년에는 부산광역시 영도구와 나가사키현 쓰시마시가 행정교류 세미나를 개최하였다. 2000년대 이후에는 교류체결 등을 위한 사업내용은 거의 보이지 않고 상호 행사 참관 및 실무 협조가 눈에 띄게 증가하였다. 2000년에는 강원도 고성군과 돗토리현 요나고시 직원이 상호 교환 근무를 실시하기 시작하였으며 2004년에는 전라북도 전주시와 이시키와현의 가나자와시의 직원 교류가 시작되었다. 행정교류 분야의 경우 광역자치체보다는 기초자치체가 실무적인 교류에 적극적인 모습을 보이고 있는 것으로 나타났다.

인적교류 분야의 교류내용을 보면 초기에는 주로 공무원 상호 방문 등이었으나 2000년대 이후 청소년 유학생 상호 교류로 발전되었다. 행정교류와 인적 교류 이외의 분야가 본격적으로 진행된 것은 1980년대 이후이다. 문화예술교류도 1980년대 말부터 본격적이 교류가 시작되어 교류의 성격상 단순한 축제관람을 위한 방문 이외에 상호 공연단 파견이 교류 초기부터 진행되었으며 축제 등을 위한 교류인 관계로 기초자치체의 교류 횟수가 광역자치체에 비해 압도적으로 많은 것이 특징이다.

청소년 교류의 경우 1980년대 이후부터 본격화하기 시작하였으며 초기에는 단순한 방문에서 점차 구체적인 테마를 매개로 한 교류로 발전하였다. 2001년 경기도와 가나가와현 한일 청소년 문화교류 친선축구대회와 2004년 일본 돗토리현에서 한일 어린이 환경회의 참가를 위해 강원도를 방문하고 돗토리시 소년 소녀합창단의 초청공연이 이루어진 것이 대표적인 사례이다.

기술학술교류의 경우 지역의 특성에 맞는 다양한 교류가 특징이다. 대표적인 농수산업 지역인 강원도와 돗토리현은 1993년 농림수산업 교류각서 체결 후 교류를 시작하였으며 2004년 인천광역시와 후쿠오카현 기타큐슈시는 중소기업 기술교류 상담회를 개최하였다. 또한 대도시인 서울특별시와 도쿄도는 도시 문제를 해결하기 위한 교류로 교통 도시 분야 교류를 하였다. 기초자치체의 경우도 마찬가지이다. 2014년 강원도 횡성군은 돗토리현 야즈쵸는 과수재배기술을 배우기 위해 일본을 방문하였다. 지역적 특성을 고려한 교류는 경제교류에서도 보인다. 1983년 전라북도 김제시와 구마모토현 기쿠치시는 지역특성을 비교한 자매결연을 타진하였다.

〈도표 21〉 자치체별 문화예술 교류 횟수

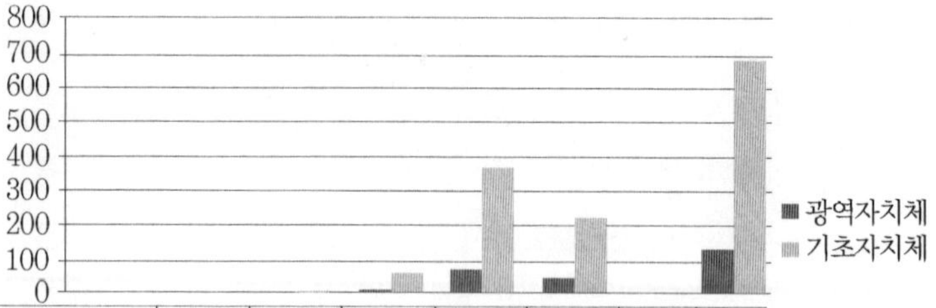

	1960년대	1970년대	1980년대	1990년대	2000년대	2010년대	기타 및 불명	계
광역자치체	0	0	1	9	78	43	0	131
기초자치체	0	1	13	74	379	221	3	691

〈자료〉 전국시도지사협의회(2015년 4월 22일).

한편 민간단체교류는 매우 다양한 분야에서 진행되었다. 광역자치체의 경우 1992년 후쿠오카현 기타큐슈시의 한일 친선 어머니 배구단이 인천광역시를 방문하였고 인천광역시에서는 친선바둑교류대회를 위해 후쿠오카현 기타큐슈시를 방문하였다. 2006년에는 광주광역시 광주 전남 꽃 예술 작가협회가 미야기현 센다이시를 방문하였으며 센다이시 시민교류단은 김치축제에 참관하기도 하였다. 기초자치체의 경우를 보면 1996년 충청남도 서산시 사진작가협회 회원들은 나라현 텐리시를 방문하였으며 2004년에는 돗토리현 지즈정 한국어 교실회원이 강원도 양구군을 방문하였다. 또한 돗토리현 구라요시시의 한국 나주의 역사와 문화를 연구하는 모임에서 전라남도 나주를 방문하였다. 전라남도 나주시와 돗토리현 구라요시시는 2013년 구라요시시 NPO법인 '사카즈키넨' 민간단체와 교류사업을 진행하기도 하였다.

이렇듯 분야별 교류 내용을 보면 시간이 갈수록 교류 사업이 명목적이고 공식적인 교류에서 실질적이고 실무적인 프로그램을 포함한 교류사업으로 발전하고 있으며 그 내용도 매우 구체적이고 다양화되는 것을 볼 수 있다. 또한 광역자치체와 기초자치체는 규모에 맞고 실정에 적합한 교류를 추진하고 있는 것을 알 수 있다.

Ⅴ. 한일간 지방정부 교류 전망과 과제

이상에서 본 바와 같이 한국과 일본 간의 지방정부간의 교류는 지리적으로 이웃나라이며 정치경제체제를 공유하고 있다는 점에서 세계의 다른 어느 나라보다고 활발한 교류관계를 맺고 있으며 세계화의 흐름에 발맞추어 실질적인 교류도 증가하고 있다. 중앙정부 차원에서는 역사적 경험이 원인이 되어 교류에 부침을 보이고 있지만 지방정부의 교류는 꾸준히 진행되고 있으며 증가하고 있는 경향을 보이고 있다. 특히 1990년대 이후 한국과 일본의 교류 건 뿐만 아니라 교류 횟수도 급격하게 증가하였다. 교류 사업의 내용도 시간이 지남에 따라 매우 다양화하였다. 단순한 행정교류에서 청소년, 스포츠, 기술 · 학술, 경제, 민간단체로 분야가 확대되었다. 또한 광역자치체와 기초자치체는 그 규모에 맞게 실질적인 효과를 거둘 수 있는 분야의 교류가 증가하였다. 기술 · 학술, 경제분야의 교류는 광역자치체, 청소년, 스포츠분야 교류는 기초자치체에서 상대적으로 활발하게 진행되었다. 전체적인 경향을 보면 초기에는 명목적이고 공식적인 교류가 많은 비중을 차지하고 있었지만 점차 실질적인 교류가 증가하고 있는 것이 내용을 분석한 결과 나타났다. 즉 한국과 일본의 지방정부의 교류는 증가하는 경향과 더불어 다양하고 실질적인 교류로 확대 발전하고 있는 것으로 보인다.

다만 교류 사업 실적의 증가가 몇 몇 지방정부에 한정되어 있는 것을 볼 수 있다. 교류의 필요성과 실질적인 효과를 거둔 지방정부간의 교류는 매우 활발하여 빈번한 교류 사업을 벌이고 있는 반면에 국제교류 관계를 맺고 나서 거의 교류 활동이 이루어지지 않는 곳도 있다. 대표적인 예를 들면 경상남도 통영시와 사이타마현 사야마시는 한 해에도 여러 번의 교류를 하고 있으며 이러한 교류가 매년 정기적으로 이루어지고 있다. 강원도와 돗토리현의 경우에도 다양한 분야에서 지속적으로 여러 번의 교류를 하고 있다. 이에 비해 국제교류관계를 맺은 실적은 있지만 그 이후의 교류 실적이 보이지 않는 사례도 보인다. 따라서 앞으로는 실질적인 교류 실적의 효과를 보다 널리 홍보하여 보다 많은 지방정부간의 교류가 이루어질 수 있도록 해야 하는 과제가 남아 있다.

참고 문헌

이진원.「일본지방자치단체의 국제화에 있어서의 한국과 중국」, 일본학보 제62집 한국일본학회.

이진원.「일본 지방분권화와 '市町村'」, 일본학보 제76집 한국일본학회.

이진원.「일본지방자치단체의 국제화에 있어서의 한국과 중국」, 일본학보 제62집 한국일본학회.

지방자치단체 국제교류현황 행정자치부. http://www.mogaha.go.kr

전국시도지사협의회. http://exchange.gaok.or.kr

6장
지역발전: 일본의 경험과 한국에의 제안*

김종걸 · 전영수

Ⅰ. 들어가며

1. 왜 지역발전인가?

한국사회가 총체적인 위기상황에 직면한 듯하다. 불행확산과 갈등증폭의 원인으로는 인구변화, 감속성장, 격차확대, 재정위기, 경직행정, 신뢰붕괴 등 다양하게 거론된다. 다만 거시경제적인 키워드로 엮어내면 저성장 · 재정난 · 인구병 등 3대 상황변화로 압축된다. 이는 과거에는 없었던 생경한 경제현상으로 복잡 · 다난한 양상 속에 악순환을 심화시킨다. 이 결과 기업부문은 물론 가계 · 정부 모두에 발본적인 사고전환과 체제개편의 목소리가 높다. 시장방치에서 비롯되는 불행자초적인 각자도생이 아닌 선제 · 미시적인 구조개혁으로 폐색터널의 활로를 찾아내자는 시대요구다.

그럼에도 지속가능한 한국사회의 청사진을 위한 각론과 방법론은 제각각이다. 새로운 시대에 걸맞은 구조개혁 · 체제전환에는 동의하지만

* 본고는 다음 용역보고서의 제4장 제5절 및 제6절의 일부를 연구취지에 맞게 대폭 재정리한 것임. 김종걸 · 전영수 외(2015), 「인구구조 변화와 지속가능한 행정기능 발전방안」, 행정자치부 연구용역, pp. 181-201.

접근전략과 우선순위 등은 아전인수적인 해석과 권력유착적인 탐욕이 지배한다. 국민행복과 동떨어진 정치권의 합종연횡과 경제계의 이기추구는 충분히 피곤하고 한심스럽다. 그만큼 기능부전에 빠진 한국사회의 작동논리를 재편할 구조개혁의 필요는 강조될 수밖에 없다.

본고는 이런 문제제기를 토대로 한국사회의 지속가능성을 담보할 유력한 실천수단으로 지역발전을 제안한다. 지역발전이야말로 얽히고설킨 한국사회의 불행루트를 원천적으로 차단·전환시킬 수 있는 구조개혁의 핵심뼈대일 수 있기 때문이다. 상황논리와 연결맥락은 비교적 간단하다. 현재 한국사회에 엄습 중인, 전대미문의 시대변화를 추동하는 저성장·재정난·인구병의 3대 복합악재는 이미 지역사회에서는 현재진행형의 생존이슈로 확인된다. 즉 사회전체로는 다가올 미래악재에 가깝지만 도농격차의 패배그룹인 지역사회에서는 광범위한 불행전선이 일상적이다.

이대로라면 지역단위 국민생활은 지속가능성을 확보할 수 없을 정도로 성장은 멈췄고, 재정은 말랐으며, 사람은 줄어든다. 지역에서의 직주(職住)파탄은 생활품질의 악화는 물론 지역이탈의 유력한 신호·동기로 작용, 자연스런 지역소멸의 봉착시점을 앞당기는 인위적인 촉발기제로도 작용한다. 이런 지역피폐가 조만간 사회전체로 확산되지 않을 것이라 장담하기는 힘들다. 결국 지역부활을 위한 구조개혁이야말로 중장기적으로는 한국사회 전체생존을 확보하는 유력한 첫 걸음이 아닐 수 없다.

본고의 구성체계는 다음과 같다. 1장에서는 지역발전의 필요와 근거를 문제제기 속에 녹여내는 가운데 설명한다. 즉 저성장·재정난·인구병의 새로운 시대난제를 살펴보고, 특히 지역발전이 시급하게 필요할 수밖에 없는 배경으로 인구이동에 포커스를 맞춰 분석한다. 2장에서는 선행사례로서 일본의 지역발전 실행전략 중 새로운 공공과 로컬 아베노믹스에 한정해 그 경험과 한계를 확인한다. 이를 토대로 3장에서는 한국의 지역발전이 성공하기 위한 조건과 전략을 제안한다.

경로의존성과 비교제도적인 분석한계를 인정해도 유사상황에서 실행된 일본의 선행경험은 적어도 한국사회의 지역발전을 위한 담론구성과 전략배치 등에 유의미한 기초자료로 활용될 수 있다. 다만 본고는 지역발전의 성공에 필수불가결한 실행주체 · 제도개편 · 자원배분 등을 아우르는 지방자치까지 논리를 확산시키지 않음을 밝힌다. 구조개혁을 통해 지역발전이 성공하자면 지방자치가 나머지 한축을 담당하지 않을 수 없지만, 이는 차후의 분석과제로 남겨둘 예정이다.

2. 시대악재와 지역발전

저성장 · 재정난 · 인구병 등 3대 시대악재는 국민생활의 품질하락에 직결한다. '성장감소→소득감소→소비감소→실적하락→고용악화'의 악순환이 대표적이다. 빈약한 공공복지 가운데 길어진 노후생활이 시작된 한국사회에는 특히 그렇다. 디플레 늪에서 탈출하려는 노력이 목격되지만 효과는 미지수다.

그럼에도 복지안전망이 존재하면 생활불안은 줄어든다. 한국의 재정안정성은 버틸만한데, GDP대비 국가채무는 33.9%(정부채무, 2014년)로 110%에 육박하는 OECD평균보다 낮다. 다만 여기엔 숨은 빚이 빠졌으며, 정부가 변제부담을 떠안을 지방부채 · 공공부채 · 연금부족액까지 넣으면 GDP의 150%를 넘긴다. 더 큰 문제는 부채의 증가속도다. 인기영합적인 정부지출이 늘면서 부채규모는 급증세다. 복지지출이 국가예산의 1/3을 넘겨도 적재적소에 잘만 쓰이면 생활안전은 보장된다. 역으로 중앙단위에서 아래로 흘러가는 복잡한 전달체계의 누수 · 중첩혐의가 짙다. 또 불황은 인구와도 일맥상통한다. 저성장과 '인구병(人口病)'과의 상호연계로 '인구감소→세수축소→재원핍박→행정파탄→생활저하→인구유출→성장감소'의 우려확대가 본격적이다.

이 결과 한국사회의 불행지표는 악화추세다. '정규직→비정규직'처럼 중산층마저 빈곤층으로 전락시키는 함정이 위기징후와 맞물려 곳곳에 숨겨진다. 특히 금융위기 이후 구조적인 격차심화로 발생하는 고용불안 · 가족해체 등이 구체적이다. 신자유주의의 시장실패와 케인스주의의 정부실패를 전제로 이것과 맞물린 시대환경적인 성장둔화, 재정악화, 인구변화 등은 한국적 불행지표가 보다 악화될 수 있음을 예고한다.

즉 고도성장기 때 기획된 중앙독점의 자원배분과 성장일변도의 체제 고집이 지속되는 한 불행지표의 급증은 피하기 어렵다. 극단적인 양극화의 발생과 심화는 한국사회 전반의 상대적 박탈감을 넘어 집단적인 폐색(閉塞)과 열화(劣化)로 연결되며 현재적 불행확산과 미래적 불확실성을 점증시킨다. 변변한 사회안전망이 없고 복지시스템의 상당부분이 비효율적으로 운영된다는 점도 위기감의 고조원인[1]이다. 아쉽게도 이를 해결할 마땅한 대안은 제안, 채택되지 못하고 있다. 그만큼 광범위한 문제해결을 위한 총체적 재검토와 재조합이 요구될 수밖에 없으며, 이를 위한 강력하고 지속적인 정책의지와 조정능력이 요구된다.

이런 시대변화의 후폭풍은 지역사회에서 함축적으로 확인된다. 지방현실은 국민불행을 둘러싼 미래경고문이 아닌 현존하는 현장스케치에 가깝다. 지속가능성이 심각하게 훼손된 채 지방거주의 상대적 박탈감은 심각한 지경이다. 불행지표를 주도하며 인간다운 삶을 위협당한 채 시장경쟁에서 탈락하고, 국가자원의 배분과정에서도 차별받는다. 그 불행충격을 흡수해야 할 지방행정은 권한과 재원 모두에서 역할부재에 빠졌

1) 김종걸 · 전영수 외(2012), 「MB정부 친서민정책 추진성과 및 개선방안」, 청와대 연구용역, pp. 137-138.

다. 지방자치는 명목상 존재하고 지역발전은 실질상 도태된 상태로 전락했다.

특히 3대 시대악재 중 근본적이며 파급력이 큰 인구문제의 경우 사실상 지역단위의 충격도가 가장 클 수밖에 없다. 인구병(病)은 저출산 · 고령화의 다양한 사회 · 경제적인 문젯거리를 총칭해 일본에서 명명한 말로 인구변화에 따른 불편 · 불안 · 축소 · 폐색이 치유난제의 질병이라는 의미다.

더 심각한 건 당면문제인데다 발생빈도와 질환범위가 파괴적인 위험질병이지만 이렇다 할 치료제가 없다는 현실한계다. 특히 인구감소가 구체화된 지방 · 농촌지역의 통증양상이 위험수위를 넘겼다. 절대적 인구감소와 상대적 인구유출이 맞물린 과소지역답게 '인구감소→세수하락→지출부족→행정마비→인구유출'의 악순환이 반복된다. 여론은 청년인구의 출산연기 · 포기에 따른 인구감소에 함몰될 뿐 인구이동에 관해서는 관심이 낮지만, 이는 판단착오에 가깝다. '지방→도시'의 인구이동이 한층 인구감소를 부추겨서다. 출산의 90%를 맡는 20~39세 여성이 학업 · 취업을 위해 도시블랙홀에 흡수되면 출산율은 더 낮아질 수밖에 없다. 2013년 한국출산율은 1.19명이지만, 전남(1.51명)은 서울(0.96명)보다 높다. 지방에서는 낳을 아이를 출산 · 양육환경이 열악한 서울에서는 포기한 결과다.

때문에 인구병을 치유하는 유력관문은 지역에서의 직주환경을 조성하는 작업이 될 수밖에 없다. 지역경쟁력의 확보를 통해 인구유출을 막고 지역거주에 확신을 부여하면 인구감소는 물론 상호연계적인 성장한계와 재정파탄까지 저지할 수 있다는 의미다. 이게 본고가 주목한 지역발전이 갖는, 시대악재를 극복하는 구조개혁이 갖는 대안적 해법모색의 기대효과다.

선행사례로서 일본은 이미 지역발전을 위한 정책실현의 첫발을 뗐다. 지속가능한 열도미래를 위해 과거에는 중앙설계적인 지역배려에 방점을 찍었다면 저성장 · 재정난 · 인구병이 심화된 2000년대 이후 '중앙→지방'으로 무게중심을 전환하는 정책을 펴고 있다. 살인적인 거주비용에도 불구하고 인구이동이 반복되며 수도권 과밀현상이 심화, 그 결과 지방소멸의 위기감이 고조됐기 때문이다. 구체적인 정책방향은 한정자원의 균형배분에 있으며, 경제 · 인구자원을 과소지역에 정주시키도록 다양한 지역부활 및 공동체재건 작업을 수행 중이다. 출산장려의 직접적인 자원배분과 함께 '저출산(지방)→인구이동→초저출산(도시)'의 연결고리 단절 노력이 길게 봐 더 효과적일 것으로 기대한다.

Ⅱ. 일본의 지역발전 전략과 한계

본고에서는 일본의 지역발전 전략과 한계를 추출할 분석대상으로 새로운 공공(新しい公共)과 로컬 아베노믹스 두 사례를 선정했다. 이를 통해 일본의 지역발전을 위한 개혁과제가 어떤 성과를 냈고 어떤 한계에 직면했는지 분석, 한국에의 교훈과 개혁추진을 위한 성공조건을 알아본다. 주지하듯 효율적인 지방자치를 위한 행정개편적인 하드웨어의 구축노력과 함께 일본은 소프트웨어로서 지속적인 지역발전을 위한 전략수립에도 관심이 많다. 이는 현대화 · 도시화 · 공업화의 소외지역인 지방 · 농촌사회를 어떻게 재건할지에 대한 재생(再生)이슈로 요약된다.

일본에서는 민간차원의 지방재생 · 지역부활이 버블붕괴 이후 본격화됐고, 중앙정부의 종합적인 지역발전 전략도 적잖았다. 그럼에도 일본의 지역발전은 높은 점수를 주기는 힘들다. 신뢰자본 등 지역자원의 유기적 결합 · 활용, 지속가능한 지방사업의 활성화 여부, 수평적인 민관 파트너십의 설정부재, 지역맞춤형의 서비스공급 네트워크 등의 측면에서 만족할만한 평가를 내리기 어렵기 때문이다. 이를 토대로 일본사례는 한국사회의 지역발전을 위한 성공조건과 세부방법론 등의 도출기회를 제공할 수 있다.

1. 새로운 공공의 경험과 한계[2)]

지역발전을 위한 일본의 실험 중 공론화가 많은 게 '새로운 공공(新しい公共)'이다. 중앙독점의 자원배분에서 발생하는 부작용을 줄이기 위해 새로운 공공서비스의 공급주체로 지역착근의 주민조직에 주목한 정책이다. 즉 공공정책의 새로운 역할주체로 제3섹터에 주목, 행정서비스가 갖는 다양한 한계극복을 위한 대안모델답게 공공행정의 설계 · 실행을 새롭게 규정한 개념이다. 정부(官)와 시장(民)의 이분법적인 실패여지를 줄이고 그 접합지점에 존재 · 기능하는 새로운 공급주체를 발굴해 성장(효율성)과 분배(형평성)를 동시에 달성하겠다는 발상이다.

그 실천적인 개념어가 '관민협치(官民協治)'다. 이는 외생모델은 아니며, 장기간 일본내부에서 기능한 NPO(비영리민간법인) 등 자체적인 민간조직의 역할을 확대시킨다는 점에서 설득적이다. 정책의제(Agenda)로 채택돼 민간운동에 머물렀다면 지지부진할 현실한계를 극복, 비록 초기단계나마 추진동력을 확보했다는 점도 특징적이다. 2009년 집권한 민주당은 이 과정에서 새로운 공공의 의제제기로 자민당의 공공과 구분되는 관민협치(官民協治)의 통치모델을 '새로운'이란 수식어를 붙여 내놓

2) 이 내용은 전영수(2015)의 논문을 발췌, 재정리한 것임. 전영수(2015b), 「새로운 공공(新しい公共)의 경로탐색과 교훈: 일본의 관민협치 실험과 한계」, 『일본학보』 제103집, pp. 207-223.

았다.

새로운 공공처럼 자발적이고 전통적인 지역기반 NPO 등 제3섹터를 활용하려는 노력은 반복적이다. 이게 중앙정부의 핵심의제로 발탁된 것은 전통기반과 과거경험을 토대로 급증하는 사회갈등을 해결할 주체로 민간자원의 역할확대가 바람직하다는 공감대가 형성됐기 때문이다. 재정압박에 시달리는 정부로서는 비효율적이면서 비대해진 공공서비스를 유지하기 힘들다는 현실동기도 있다. 이를 뒷받침하듯 제3섹터가 행정대행의 유력주체로 설정된 것은 1990년대 후반부터다.

실제 공공사업의 유효성을 높일 대안모델로 행정의 아웃소싱(관민협치)이 2000년대부터 다면적인 지역부활 아이디어로 나왔다. 고이즈미 정권 때는 공공서비스개혁법에 '관민경쟁입찰제도'를 명문화해 시장과의 경쟁촉진을 중심으로 한 행정개혁도 진행됐다. 재원부족 · 전달체계의 행정틈새를 극복하는 차원에서 외부자원을 활용하자는 협치실험은 일본만의 상황은 아니다.[3]

그럼에도 새로운 공공은 실패모델로 기록될 확률이 높다. 무엇보다 2012년 자민당으로의 정권교체 이후 정책추진의 연결성과 추진력에 심각한 훼손이 발생했다. 총괄타워였던 내각부의 새로운 공공 전담 홈페이지에는 2012년 11월30일자 제3섹터의 활동상황 정리보고서 이후 신착정보가 없으며, 연구보고서나 학계논문도 정권교체 이후 급감했다.[4] 새로운 공공의 실패이유와 시사점은 몇 가지로 정리된다.

3) 的場信敬(2008), 「政府 · 地方自治体と市民社会の戦略的連携;英国コンパクトにみる先駆性」, 『地域ガバナンスシステム』 シリーズ No. 7, 公人の友社, pp. 6-39.

4) 정책내용이 완전히 사라진 것은 아니다. 2009년 개시된 '사회적 책임에 관한 원탁회의'는 아직 건재한데 2013년 모두 3회의 자료보고가 확인된다. 특히 새로운 공공은 자민당 정권에서 협동전략이라는 새로운 의제로 변경된 것으로 보인다. '함께 사는 사회(ともに生きる社会)를 위한 협동전략'을 비롯해 '협동전략'이란 단어가 자주 발견되는데, 그 내용은 새로운 공공의 기본맥락과 유사하다.

먼저 관의 역할분담 및 비중감소에 동의하고 새로운 역할주체를 응원하는 강력한 의지와 리더십의 필요다. 새로운 역할주체의 등장은 필연적으로 기존조직과 기득세력의 역할양보를 뜻하는데, 특히 부처·이기주의에 익숙한 관료사회에서는 반발이 클 수밖에 없다. 그럴수록 강력한 정치력을 보유한 상위조직의 조율·통제가 필요한데 이 점이 아쉽다. 영국(Compact)모델처럼 '공공→민간'으로 무게이동이 발생할 때는 혼선·갈등을 막을 강력한 추진의지와 명확한 방향제시가 필수다.

실천주체를 둘러싼 확실한 역할정리와 민간자원이 장기·지속적으로 제공되는 육성체계를 갖추지 못했다는 것도 새로운 공공이 갖는 지역발전의 기대효과를 낮춘 한계다. 즉 가시적인 성과도출이 미비한 것은 제3섹터를 둘러싼 명확한 정의·범주·역할 등 제반규정에 모호함이 있었기 때문이다. 제3섹터 등 포괄적인 단어사용에 따른 불분명한 역할주체의 규정으로 기타 이해관계자가 배제되거나 반대로 일부조직이 자원을 독점하기까지 했다. 따라서 한국으로서는 공익성·활동성·연대성·자발성·대안성 등을 갖춘 저비용·고효율의 중간지원조직을 포함한 이들 민간조직을 어떻게 규정하고 또 발굴·육성·지원해 건전성과 지속성을 갖출지 고려하는 게 권유된다. 이를 토대로 의지·역량을 갖춘 인적자원의 체계적인 육성방안으로 연결되면 지역발전의 기본생태계를 확대하는 데 효과적이다.

효율적인 자원배분과 전달체계의 재구축도 요구된다. 새로운 공공이 민주당 정권의 체제성격을 잘 드러내 기대를 받았지만, 결국 지리멸렬했던 것은 적잖은 예산투입에 부응하는 효율적인 배분·전달체계의 재구축을 등한시했기 때문이다. 기존 행정체계를 그대로 이용하며 정부의 아웃소싱을 시도한 그저 그런 또 하나의 하위정책으로 전락할 수밖에 없었다. 파트너십의 대등관계 대신 관이 주도하는 선심성 정책의 수혜자로 민간자원의 역할 · 의미를 축소시킨 혐의다.

따라서 기존체계에서 탈피해 행정개혁까지 염두에 둔 폭넓은 관계설정이 전제되고, 실천주체인 민간자원의 역량발휘를 유도하는 제도기반이 필수다. 행정 · 관료개혁을 통해 효율적인 자원배분과 전달체계를 갖춤으로써 기존의 분절 · 누락 · 중첩을 없애는 게 바람직하다. 통합된 정책조율 · 실천도구이자 상위의 포괄적인 법률근거가 마련된다면 그 기대효과를 한층 더 높일 수 있다.

〈표 1〉 새로운 공공의 구체적인 내용과 사례

비영리섹터의 활성화와 사회자본의 육성	새로운 공공 창조기금과 기부추진기구 구축, 시민사회 창조펀드 설정 및 Social Venture partners도쿄, 1%클럽, FIT Charity Run 등 비영리섹터 활성화 지원 및 사회자본 육성 등(법률)
새로운 공공을 담당할 사회 · 공공적 인재육성	NPO러닝장학금제도(NPO, 행정, 기업이 함께 기르는 사회적 인재), PTA의 활성화 통한 커뮤니티 스쿨, 종합지역스포츠클럽을 거점으로 한 지역주민의 주체조직 설정 및 지원 등
공공서비스의 혁신	공공서비스와 시민섹터와의 관계구축 등
새로운 발상을 통한 지역력의 창출유도	특이한 성공사례로서 지역재생 모델공유, 커뮤니티조직체와의 연대 통한 지역재생, 시민형 공공사업 프로젝트의 발굴 및 확산유도 등
공감과 기여의 경제활동에 의한 사회연결 형성	농촌, 장애 등 한계대상의 자립을 위한 사회자본의 연결모델 구축 지원 등
민간에 의한 조직적인 공공적 지원활동	민간주도의 대규모재해 대응플랫폼 지원구축, 시민활동추진 위한 신뢰규범의 법률제정 등

자료: 『新しい公共』宣言(www5.cao.go.jp/npc/pdf/declaration-nihongo.pdf) 함축정리.

2. 로컬 아베노믹스의 경험과 한계

새로운 공공의 바통을 이어받은 자민당의 지역발전 종합전략은 사실상 '로컬 아베노믹스'[5]로 요약된다. 인구이동을 감안한 통계분석 결과 한계취락 등 행정서비스의 제공이 불가능, 사실상 사라질 지자체를 발표한 2014년의 '소멸리스트' 발표이후 제안됐다. 행정서비스의 말단공급망인 기초지자체의 유지불능이 발표되자 존속위기감이 증폭됐으며 도쿄집중의 극점사회[6]를 막으려는 후발조치가 속속 발표됐다.

이를 종합한 게 로컬 아베노믹스라는 부제가 달린 종합적인 지역발전 정책세트다. 디플레 대책으로 공공사업의 적극적인 노선견지 이외에 분권개혁을 포함해 지방중시가 부족했다는 것을 중앙정부가 인정함으로써 우호적인 선거지형을 확보하려는 노림수도 반영됐다. 지방전략에 공을 들이는 것은 2020년 도쿄올림픽으로 수도집중이 가속화되고 3번째 화살인 성장전략 중 국가전략특구만 해도 도시모델로 편향적인데다 효과마저 적다는 반성도 한몫했다. 특히 지금까지의 지역발전 실천전략의 효과가 낮았다는 점이 '중앙→지방'의 무게중심 전환결정에 주효했다.

---

5) 2014년 12월27일 각의결정을 통해 발표됐다. 여기에 앞서 2014년 7월25일 관방장관 내 설립준비실을 발족했는데, 이때가 소멸리스트를 둘러싼 대응마련 등 지방여론이 거세게 항의했을 시점이다. 이후 2014년 9월 담당장관을 설치했는데, 총리를 본부장으로 두는 '지역창생본부'가 설립됐다. 중앙은 50년 후 1억 인구의 안정적인 인구구조 유지에 총력을 기울이며, 이를 위해 2015년부터 5년에 걸쳐 구체적인 시책이미지를 제시할 종합전략을 내놓기로 했다. 동시에 지방은 이를 토대로 광역지자체를 중심으로 한 각각의 비전정리를 2015년까지 제안하기로 했다. 특히 2014년 가을 아베 총리는 임시국회에서 지방창생관련법안의 제1차안을 제출하도록 지시, 탄력을 받도록 조치했다. 이 법안에는 지자체의 지역재생계획 정부인정 및 일본정책투자은행의 저리융자 등 지원확충 등을 담은 '지역재생법', 관공수주에 의한 지방벤처기업우대확대를 위한 '관공수요에 대한 중소기업자 수주확보에 관한 법률', 그리고 지역특산품의 판로개척 등 정부지원을 강화한 '중소기업에 의한 지역자원활용촉진법' 등이 포함됐다.

6) 전영수(2014), 「심화되는 극점사회, 인구블랙홀의 힘」, 헤럴드포럼.

이를 토대로 일본정부는 2014년 12월 '동네 · 사람 · 고용창생 장기비전'[7]을 내놨다. 이 정책의 별칭이 '로컬 아베노믹스'다. 아베정권의 3번째 부양화살인 성장전략의 주요뼈대로 장기 · 안정적인 지속사회를 위한 구조개혁 중 지역부활이 급선무라는 이유에서다. 과거에 발표된 지역부활 관련 제반정책을 전체적으로 정리하고 실현여지를 높이는 차원에서 기획됐다.[8] 과거와는 적잖이 달라진 중앙정부의 지역부활 프로그램의 가동이다. 일본부활의 출발지로 지방을 지정, 정부자원을 과거와 뚜렷이 구분되게 환류 · 배치한다는 의지도 밝혔다.

2015년 예산정부안 중 지역창생 관련사업 예산은 1조3,991억엔으로 확인된다. 이중 7,225억엔은 창생종합전략의 정책패키지 재원이다. 지방에 일을 만들고 안심하고 일할 수 있어야 새로운 사람흐름을 만들어 젊은 세대의 결혼 · 출산 · 육아의 희망을 실현할 수 있어서다. 나머지 6,766억엔은 국가전략특구 · 사회보장제도 · 세제 · 지방재정 등 기타 재정지원에 활용된다. 다만 이미 쓰도록 확정된 예산을 급하게 끌어와 합계 · 배치하거나 부처별로 중복혐의가 있는 사업 등도 확인된다.

그럼에도 로컬 아베노믹스의 지역발전은 적잖은 논쟁상황에 직면했다. 2015년부터 본격화돼 아직 성과확인이 불가능, 정밀한 분석평가는

---

7) 閣議決定(2015), 「まち · ひと · しごと創生基本方針2015：ローカル · アベノミクスの実現に向けて」, pp. 7-42.

8) 시점은 3가지인데, △젊은 세대의 취업 · 결혼 · 양육희망을 실현하고, △도쿄의 일극집중에 브레이크를 걸며, △지역특성에 맞게 지역과제를 해결하는 것이다. 도시로의 인구 · 자원집중을 막고 지방권역의 직주환경을 구비해 지역기반의 일과 사람의 선순환을 실현하기 위함이다. 이로써 지방인구 규모유지를 위한 중앙지원이 본격화됐다. 지방공공단체를 향한 정보지원, 인적지원, 재정지원의 3가지다. 지역경제 분석시스템을 알려주고 인재를 파견함과 동시에 교부금, 상품권 등을 지급하게 된다. 이를 통해 희망출산율(1.8명)을 실현하고 필요경비는 고령화대책의 수정으로 염출한다. 동시에 지역자원을 활용한 산업창출과 고향에서의 가족형성 및 생애거주 환경조성 등에 나선다는 방침이다. 세부적인 추진과제(슬로건: 지역에서 시작하는 일본부활)는 4가지다. △고용창출(2020년 지방의 청년고용 30만 창출) △이동균형(지방유입의 새로운 길과 흐름 조성) △근로개혁(청년세대의 결혼 · 출산 · 육아 희망실현) △지역발전(지역특성별 거주실현과 지역연대) 등이다.

힘들지만, 이론적인 반론과 염려가 적잖은 상황이다. 가령 도쿄집적이 경제를 견인해왔는데 지방분산이 대안인지 등 의문제기는 다양하다. 구조개혁 없이 진행되면 과거의 공공사업처럼 또 다른 돈 뿌리기로 효율성이 떨어질 것이란 지적도 많다.[9]

즉 역대정권이 약방의 감초처럼 지역의 활성방안을 내놨듯 그다지 새로울 게 없다는 의견이 적잖다. 과거조직을 온존시킨 채 정책을 실행 중이라는 점이 대표적이다. '중앙정부→도도부현(都道府県)→시정촌(市町村)'의 피라미드식 상하구조를 그대로 두고 몇 가지 화제적인 정책을 내놔봐야 처음에는 주목을 받아도 갈수록 추동력이 떨어져 근본적인 지역발전을 담보하지는 못할 것이라는 지적이다.

물론 과거의 지역발전 전략과 뚜렷이 구분 지으려는 정책의지는 목격된다. 일례로 도시집적 · 농촌과소의 이중구조를 놔두면 행복실현이 힘들어질 것이란 위기경고에 힘입어 국토형성계획마저 7년 만에 개정했을 정도다.[10] 향후 10년에 걸친 국토개발의 방향을 규정하기에 상당한 후속 영향과 구속력을 갖는다. '인구감소사회에 정면으로 대응하는 최초계획'이라는 부제처럼 시대악재를 넘어설 야심찬 국토발전계획의 중심에 지역부활을 배치했다는 점은 그만큼 위기감과 필요성이 높다는 의지표현

---

9) 이밖에 △지방에서도 거점도시로 집중시킬 것인가 분산시킬 것인가 △거점도시의 형성이 미니도쿄가 되지 않을까 △도쿄의 인재부족을 어떻게 할 것인가 △각 중앙정부의 분리된 예산요구를 다룰 거점개념의 정합성을 어떻게 만들 것인가 △인구감소 요인은 지자체마다 달라 이들 요구에 맞춘 대책실현이 바람직하지 않은가 등의 다양한 반론 및 문제제기가 계속된다. 즉 창생비전은 기대감에도 불구, 세부내용이 과거와 특별히 다르지 않아 충분한 효과성은 의문스럽다. △중앙부처의 종적시행(행정서비스 이용단계의 복잡화와 분절화 및 상황별 각개대응) △일률적 톱다운 문제(지역특성이 미반영된 전국적인 일률기준으로 유사사업의 전국산재) △시책의 지역침투 한계(지역협의회의 실질활용 등 침투력 있는 정책패키지의 입안 및 추진 없이는 인재부족과 지역자원의 연계약화 등 우려) △단기적인 사고(정책성과에는 일정시간 필요한데 모델사업 등의 형태로 단년베이스로 실행하거나 변경 및 폐지의 우려) 등이 한계로 거론된다.

10) 전영수(2015a), 「지역 살리기 승부수 띄운 일본」, 한경비즈니스.

으로 해석된다. 즉 기본구상은 사람, 물건, 자금, 정보가 쌍방향으로 흐르는 '대류촉진국토'의 실현이다. '지방→도시'로의 유입저지를 넘어 '도시→지방'로의 유입촉진에 중점을 둔다.[11)]

다만 원안에서 생략됐던 '국토균형발전'이란 문구가 여당요청으로 추가되면서 '균형발전' 의미에 갑론을박도 많다.[12)] 균형발전이란 게 결국 인구분산 · 지역격차를 확대했다는 과거경험의 반복혐의다. 즉 지방배려적인 국토계획이란 미명하에 실제로는 전국토를 커버하는 대규모 건설사업이 될 것이란 우려다.[13)] 때문에 양적확대의 개발기조에서 성숙사회형 계획으로 전환된 상황에서 과거경험적인 국토균형발전이 추진된다면 대류촉진적인 국토형성은 실패로 끝날 공산이 커진다.

11) 日本農業新聞(2015), 「小さな拠点 推進, 国土形成計画 国交省が最終案」. 구체적으로는 의료 · 간병, 구매쇼핑, 교육 등의 기능이 모여진 소형거점을 정비하고, 그 거점사이를 공공교통망과 정보통신으로 엮자는 내용이 제안됐다. 재생가능 에너지 등 지역자원을 활용한 지역토착적인 고용 · 소득창출도 노린다. 농업경영의 법인화, 농림수산업의 수출지향, 농가주체의 6차 산업, 실질주체로의 농지집적 등도 명기됐다. 지방경제의 활성대책으로는 지자체와 지역기업 · 대학이 연대해 새로운 사업을 구상하는 중점마을을 조성하거나 외국인관광객을 유치하는 전략이 제시됐다. 소형거점보다 큰 개념이 도시기능의 집약모델인 콤팩트시티다. 중핵도시의 인구증가와 생활서비스의 집약화가 조성목표다.

12) SankeiBiz(2015), 「国土形成計画, 均衡ある発展 追加」.

13) 이번에 쓰인 '국토균형발전'이란 단어가 과거 국토형성계획의 전신이던 '국토종합개발계획'의 목표와 똑같다는 점이 염려된다. 국토종합개발계획은 1950년대 제정된 법률(국토종합개발법)에서 책정된 공공사업의 종합계획으로 1990년대 중반까지 모두 5차례 있었다. 1962년 최초계획에서 소득배증계획이 실행, 이후 신칸센 · 고속도로 등 대규모 프로젝트의 근거가 되며 2,000조엔대에 육박하는 거액재정이 투입됐다. 이게 저성장 · 인구병 등 상황변화로 방향을 틀며 2008년 '양적확대의 개발기조'에서 '성숙사회형 계획'으로 전환됐다. 이번엔 '콤팩트+네트워크'라는 단어가 부각되며 인구변화, 국제변수, 환경문제, 정보사회 등의 각종요인을 반영해 사람, 물건, 자금, 정보가 순환하는 '대류촉진형 국토형성'이란 형태로 제창됐다. 여기에 국토균형발전이란 문구가 들어간 게 위화감을 불러온다는 지적이다.

〈표 2〉 로컬 아베노믹스의 지역발전 정책요약

정책	내용
지방창생인재지원	2015년 4월부터 인구 5만 이하 자치체간부로 중앙공무원 · 전문학자 등을 파견. 25명 계획이었는데 121개 지자체 신청. 지자체 수장보좌와 별도로 상담직원 파견
지역이전협력대	도시주민 유입하고 지역활동 지원하는 조직체. 2015년 1월 채용박람회에 200개 이상 지자체, 총원 7,000여명 참가. 대원임기는 최장 3년. 농업지원, 이사기획, 도시교류 등이 주요임무. 2017년까지 3배인 3,000명까지 대원규모 확대방침
지방이주지원	지방이주 수요응대 위한 원스톱 상담체계. 이주 · 교류정보가든, 전국이주내비게이션 등 콘텐츠. 지역이전협력대와 연계추진
지역부흥프리미엄진흥권	중앙지원 상품권. 4월부터 판매개시. 1세트(1,000엔짜리 12매)를 1만엔에 구입. 지역한정 슈퍼, 소매점, 음식점 등에서 사용
일본판 CCRC 구상	Continuing Care Retirement Communities. 미국의 은퇴자커뮤니티를 모방해 지방이주 의향의 도시고령자의 원활한 지원체계 구축
고향납세(기부)	고향 · 지자체 기부로 주민 · 소득세 감면혜택. 카드결제까지 가능. 2014년 20만명 · 200억엔까지 확대. 지역경제 활로모색, 재정확충, 홍보기능 등 장점. 납세대상은 출신지역과 무관. 2008년 도입이후 2013년부터 확산. 답례품 아이디어 화제. 기부액만큼 특산물 등 답례선물
지역홍보 상징캐릭터	지역홍보를 위한 상징캐릭터 조성. 친근감과 지명도 높이려는 이벤트. 지자체마다 지역특색을 반영한 독특하고 귀여운 인형캐릭터 개발. 구마모토현 영업부장인 '구마몬'은 전국구 유명인사

자료: 관련자료 취합, 재구성.

Ⅲ. 한국의 지역발전을 위한 제안

1. 지역발전의 경로와 한계

1970년대까지 한국의 지역발전 정책은 선택적인 지역에 대한 거점개발 방식이었다. 이외의 다른 지역은 거점지역의 개발을 위한 자원을 동원하는 공간으로서의 의미만을 지녔었다. 1980년대에도 서울의 단극집중을 분산하는 정책이 채택된 수준으로 국토 전체지역을 정책대상으로 삼았다고 보기는 어려운 점이 있다. 시기별 변화를 거치면서 2004년은 지역발전 정책에 제도적인 분수령을 맞는다. 2004년 정부는 1972년부터 수립해온 국토종합개발계획을 2000년 제4차 국토종합개발계획(2000~2020년)을 끝으로 1세대 지역발전 정책을 종료, 국가균형발전특별법을 제정함으로써 2세대 지역발전정책을 추진했다. 2004년 이후 2세대 지역발전 정책은 2004년 제1차 국가균형발전 5개년계획, 2009년 제1차 지역발전 5개년계획, 2014년 지역발전 5개년계획으로 이어졌다. 각각의 재정제도는 2005년부터 2009년까지 국가균형발전특별회계, 2010년부터 2014년까지 광역 · 지역발전특별회계, 2014년부터 2018년까지 지역발전특별회계를 통해 운영됐다.

정책흐름 측면에서 평가한다면 점차 지역발전정책의 기본단위가 하향화되는 경향이 있다고 평가된다. 그러나 여전히 문제는 존재한다. 첫째, 기본인식이 여전히 국가적으로 결집된 자원을 지역에 재분배함으로써 지역발전을 이끈다는 자원의 재분배 개념에 머물고 있다. 즉 지역은 여전히 중앙정부의 자원 재분배에 의존하는 공간으로 남는다. 둘째, 정책의 세부 구성요소가 지역발전특별회계의 재원과 용도에 제한됨으로써 지역의 발전방향, 핵심역량의 범위자체가 사전에 정해진 방향으로 제약된다. 지역발전은 궁극적으로 지역 내에서 발전주체를 육성하고, 이들에 의해 내 · 외부자원을 유기적으로 결합하게 함으로써 각 지역논리에 따라 자체적인 발전경로를 만들어 나갈 수 있도록 하는 새로운 패러다임으로 진화 · 발전해야 하나 거기까지는 나아가지 못했다.

〈그림 1〉 국가균형발전 특별법 체제 하의 지역발전정책 변화추이

제1차 국가균형발전 5개년 계획('04)	제1차 지역발전 5개년 계획('09)	지역발전 5개년계획('14)
기능 분산형 균형발전	5+2 광역경제권	지역행복생활권
▪ 세종시 건설 ▪ 혁신도시, 기업도시 건설 ▪ 4+9 지역전략산업 육성 ⇒ 국가균형발전체계 정비	▪ 광역경제권 선도산업 육성 ▪ 광역경제권 인재양성 ▪ 30대 선도프로젝트 발굴, 추진 ⇒ 지역간 연계발전 필요성 제시	▪ 지역행복생활권 활성화 ▪ 지역일자리 창출, 교육여건개선 ▪ 지역문화융성, 사각 없는 복지 · 의료 ⇒ 생활권 과제와 특화발전 프로젝트

자료 : 산업통상자원부(2014), '지역발전 5개년계획', pp. 2-4.

2. 한국적 하방의 정책제안

지역발전은 무엇을 기준으로 평가돼야 하는가? 일본사례의 경험과 한계에서도 확인되듯 가장 중요한 것은 발전목표가 바로 주민의 행복이라는 점이다. 그러기 위해서는 일단 GDP의 세계를 떠나야 한다. 경제성장과 국민행복의 연결고리가 명확하지 않다는 이스털린의 역설(Easterlin Paradox)은 경제학의 뜨거운 이슈 중 하나다. 프랑스 대통령 니콜라 사르코지(Nicolas Sarkozy)가 2008년 국민행복을 규정하기 위해 특별위원회를 만든 것도 같은 맥락이다. 주민행복을 중심으로 놓고 사고한다면 당연히 성장방식도 기존의 양극화 성장이 아니라 평등 · 참여 중심의 성장으로의 전환돼야 한다. 아마르티아 센(A.K. Sen)은 그의 명저 『자유로서의 발전』에서 경제성장의 목적은 우리의 삶의 질을 증대시킬 능력

(capability)의 확대에 있다고 본다. 스스로 선택할 수 있어야 하며, 참여해야 하며, 그것이 인간으로서의 필요(need)를 충족시켜야 하는 것이다.[14)]

그렇다면 참여 · 평등 중심의 성장은 어떻게 가능한가? 본고는 이를 '내발적(內發的) 성장'이라고 치환해 설명하고자 한다. 그리고 그 개념도 그리 복잡하게 여길 필요는 없다. 한국사회에 존재하는 모든 생산요소가 참여하는 경제를 염두에 두기 때문이다. 경력단절여성, 고령자, 장애인, 청년백수까지 포함한 전인경제(全人經濟)를 실현하는 것이며 노인정, 복지센터, 마을공터까지 모두 유용하게 잘 활용되는 경제인 것이다.[15)]

멀리서 보면 한국경제는 대기업과 금융기관의 화려한 모자이크다. 그들의 활기찬 혁신과 성장이 한국경제의 미래로 인식된다. 하지만 가까이 갈수록 모습은 달라진다. 한산한 재래시장, 고단한 노점상, 활력 잃은 농어촌이 산재한다. 마을은 대도시의 한가운데, 변두리의 뒷골목, 산과 들에도 존재한다.

지금까지 한국의 정책적 주안점은 대체로 마을이란 단위 바깥에 존재했다. 가난극복의 새마을운동을 지나 경제의 고도화 과정은 마을과 지역의 경계를 뛰어넘는 산업시설의 집약과정이었다. 그러나 이제는 다시 시점을 전환할 때다. 허약해진 마을을 튼튼하게 하는 것, 이것이 지역발전의 뿌리이며 국가 균형발전의 근간이라는 인식이다. 즉 '밑'으로부터의 사고로 전환이다. 대기업의 성장에 중심을 둘 것이 아니라 개개인의 자

---

14) Michael P. Todaro & Stephen C. Smith(2011), *Economic Development*, 11th edition, pp. 11-22.

15) 이러한 것을 사고할 때 경제학의 원조 애덤 스미스의 논의는 유효하다. 그는 단순히 자유시장 경제만을 이야기한 것이 아니었다. '국부론' 제1편 제1장의 제목이 '분업'으로 되어 있는 것은 그것이 노동생산성 향상의 중요한 원인이며, 노동의 중요성을 강조하기 위함이었다. 제4편에서 전개되는 중상주의에 대한 집요한 비판도 국내 산업기반이 존재하지 않은 상태에서의 무역을 비판한 것이었다. 국부의 원천은 '황금'에 있는 것이 아니라 '노동'에 있으며, 일부 특권적인 상인자본의 축적에 있는 것이 아니라 전체 국민의 경제적 참여도 확대에 있는 것이다.

발성과 창의성 확대, 자영업자, 골목상권, 중소기업 활성화 등 한국경제 하부단위의 경쟁력 확대가 결국 대기업 경쟁력으로 발현된다는 인식전환이 필요하다.

이때 가장 필요한 것은 먼저 산재해 있지만 소외 받아왔던 마을자산을 발견하고 활용하는 것이다. 마을자산의 발견은 지역발전 모델로서 ABCD(asset based community development)라고 불리는 것이다. 자본은 은행의 뭉칫돈, 중장비와 첨단 시설만을 의미하지 않는다. 마을 자투리땅, 노인정 귀퉁이, 방과 후 텅 빈 교실 등도 제대로 활용된다면 훌륭한 자본이 될 수 있다.

이때 가장 필요한 것은 마을과 기초지자체 주민 스스로 미래를 결정하는 것이다. 산업, 교육, 복지, 의료, 문화 등 각종문제를 지역단위로 해결하도록 노력하는 것이다. 지금의 국가균형발전특별법에서는 광역단위의 발전계획을 세우고(제7조), 이것을 지역발전위원회가 심의(제22조)하도록 한다. 그러나 혁신공간으로서의 기초단위(군 · 구 · 읍 · 면 · 동)에 대한 계획은 부재하다. 주관부처인 산업통상자원부의 성격은 공단 설비조성 등과 같은 대형사업에 치중할 가능성을 키운다. 주민참여, 골목상권, 지역복지 등의 각종과제는 마을과 기초단위에서 제대로 계획되고 실행될 수 있다.

따라서 마을주민 스스로 마을경제와 복지의 발전계획을 세우는 것, 그리고 기초지자체가 각각의 계획을 종합하는 것이 지방발전의 선결과제다. 중앙정부는 지자체의 성과에 따라 지방교부세 및 보조금을 차등 · 배분하는 견제수단만 가지고 있으면 된다. 이 모든 것을 '지방발전법(가칭)'이라는 형태로 정리할 것을 제안한다.

두 번째는 시민참여의 공간을 확대하는 것이 중요하다. 국가차원에서 이런 정책을 대대적으로 실시하는 곳은 아마도 영국의 데이비드 캐머런

(David Cameron) 보수당 정부일 것이다. 2010년 5월 총선거에서 승리한 후 그는 다음과 같이 말한다. "우리는 정부, 그리고 민간의 시민사회조직들이 같은 목표를 가지고 있다고 믿는다. 바로 더 건강한 사회를 만드는 것이다. 큰 사회(Big Society) 정책은 이들이 더 큰 역할을 담당할 수 있게 하는 것이며, 정부의 엘리트들로부터 길거리의 일반인들에게 가장 크고 획기적인 권력의 이양을 목표로 하는 것이다."[16] 즉 전통적인 보수당 정책이었던 '시장'의 확대가 아니라 '사회(시민사회)'의 확대에 의한 정부 기능의 축소로 그 정책적 주안점이 변화했던 것이다.[17]

그러면 시민행동(자원봉사 및 기부 등)은 어떻게 활성화되는가? 가장 중요한 요소는 투명성이다. 현재의 시민사회단체 회계장부는 과연 믿을 만한지 반문하지 않을 수 없다. 정부의 비영리단체 및 자원봉사 활성화 지원금이 투명하게 운영되는지도 마찬가지다. 아쉽게도 이 모든 것을 판단할 정보는 너무나 부족하다. 모든 정보를 투명하게 공개하는 영국의 자선위원회(charity commission)와 같은 시민공익위원회 설치가 요구된다. 이와 함께 자원봉사확대(미국의 Americorp), 시민자조능력의 확대(사회적경제활성화정책) 등과 같은 정책체계도 정비될 필요가 있다.

---

16) 캐머런 총리의 2010년 5월 18일 연설문. Cabinet Office(2010), 「Supporting a Stronger Civil Society」, London. 정책내용에 대한 간단설명은 김종걸(2013), 「한국판 큰 사회론을 위하여」, 국민일보 경제시평 참조.

17) 1980년대의 대처리즘(제2의 길)과 기존의 사민주의의 평등지향성(제1의 길)을 극복하려는 토니 블레어의 제3의 길 정책은 정부와 시장의 역할을 융합시키려 했던 좌파의 우파적 전향이라고 한다면, 데이비드 캐머런의 '큰 사회(Big Society)'론은 이전의 보수당 정부의 정책이었던 규제완화, 감세를 중심으로 한 '큰 시장(Big Market)'론에 대한, 우파의 좌파적 전향이라고 볼 수도 있다. 약관 39세에 보수당 당수가 되고 45세에 자유민주당과의 연립정부의 수반이 된 데이비드 캐머런은 단순한 '작은 정부론'을 거부하고, 큰 사회로 권력과 책임과 정책결정을 넘겨야 한다고 주장한다.

Ⅳ. 나가며

한국사회는 위기다. 인구감소, 고령화, 성장정체, 양극화, 재정압박 등 사방에 우울한 시나리오 천지다. 각자도생 속에 공공성 인식은 약화되며 국가의 신뢰와 권위 또한 바닥이다. 구매력 평가로 계산한 1인당 국내총생산(GDP)은 3만11달러로 선진국에 가깝다. 그러나 경제협력개발기구(OECD) 회원국 중 노동시간 2위, 빈곤 갭 3위, 자살률 1위 등의 지표를 보건대 행복사회와는 거리가 멀다.

이를 감안하건대 앞으로의 과제는 명확하다. 보다 행복한 사회를 만드는 것이다. 그러나 지금까지의 재벌중심 성장모델로는 불가능하다. 이제는 '밑'으로부터의 새로운 혁신이 필요하다. 마을과 골목으로부터 다양한 혁신실험이 기획돼야 하며, 그 속에서 공동체적 참여와 배려가 작동돼야 한다. 그것이 풀뿌리 민주주의의 완성이며, 공동체의 복원이며, 신뢰사회의 구축이다.

시급하게는 중앙에서 지방으로의 과감한 권한이양이 필요하다. 가장 중요한 것은 경제 · 복지의 계획수립 권한을 지방으로 이양하는 것이다. 즉 지방발전법(가칭)의 제정이다. 지역 스스로 계획하고 실행하는 것, 그것이 지역발전의 전제조건이다. 다음으로는 관(官)에서 민(民)으로 권력의 과감한 이양이 필요하다. 시민참여의 공간을 확대하는 것이다. 우리는 노동하고 소비하는 단순한 호모에코노미쿠스가 아니다. 때로는 무상노동의 자원봉사자이며 좋은 일에 대한 기부자이기도 하다. 시민사회의 투명성을 확대하기 위한 법체계의 정비, 자원봉사확대, 시민자조능력의 확대 등과 같은 정책체계가 정비돼야 한다.

그러나 일본과 한국의 지역발전 정책은 이상과 같은 정책방향과 한참 동떨어져 있다. 양국 모두 현저하게 나타나는 것은 지역발전의 주체가 여전히 중앙정부 중심적 사고에서 벗어나지 못했다는 점이다. 일본의 '로컬 아베노믹스'이던 한국의 '국토균형발전'이던 지역을 발전시켜야 한다는 정책목표는 분명하다.

그것을 실행하는 주체는 과거의 '국가'라는 범위를 크게 벗어나지 않는다. 중앙과 지방과의 역할분담, 관과 시민과의 역할분담 등과 같은 다양한 과제가 실행돼야 하나 이 모든 것이 하나의 '패키지'로 정책화돼 있다고 보기는 어렵다. '새로운 공공'이라는 화두도 일본의 새로운 성장전략이자 복지전략, 지방발전전략으로까지 확대돼 있다고 보기는 어렵다. 적어도 영국 보수당 정부의 'big society' 정책은 단순한 시민사회 확대정책이 아니라 성장 · 복지 · 지역정책 등으로 확대되는 모든 정책의 '키워드'이다. 총칭해 권력의 하방(下放), 즉 중앙에서 지방으로, 관에서 민으로 이양되는 과감한 권력이양이 새로운 지역발전의 계기가 될 수 있도록 법과 제도의 정비를 힘써야 할 때다.

참고문헌

김종걸(2013). 「한국판 큰 사회론을 위하여」, 국민일보 경제시평.

김종걸 · 전영수 외(2015). 「인구구조 변화와 지속가능한 행정기능 발전방안」, 행정자치부 연구용역, pp. 181-201.

______(2012). 「MB정부 친서민정책 추진성과 및 개선방안」, 청와대 연구용역, pp. 137-138.

산업통상자원부(2014). 「지역발전 5개년계획」, pp. 2-4.

전영수(2015a). 「지역 살리기 승부수 띄운 일본」, 한경비즈니스.

______(2015b). 「새로운 공공(新しい公共)의 경로탐색과 교훈: 일본의 관민협치 실험과 한계」, 『일본학보』 제103집, pp. 207-223.

______(2014). 「심화되는 극점사회, 인구블랙홀의 힘」, 헤럴드포럼.

SankeiBiz(2015). 「国土形成計画, 均衡ある発展 追加」.

閣議決定(2015). 「まち · ひと · しごと創生基本方針2015:ローカル · アベノミクスの実現に向けて」, pp. 7-42.

的場信敬(2008). 「政府 · 地方自治体と市民社会の戦略的連携;英国コンパクトにみる先駆性」, 『地域ガバナンスシステム』 シリーズ No. 7, 公人の友社, pp. 6-39.

Cabinet Office(2010). 「Supporting a Stronger Civil Society」, London.

Michael P. Todaro & Stephen C. Smith(2011). *Economic Development*, 11th edition, pp. 11-22.

7장
복지정책 격차는 왜 발생하는가
시가현 및 나라현의 장애인 취업지원정책을 중심으로

임현정

Ⅰ. 들어가며

본고는 일본의 시가현(滋賀県)과 나라현(奈良県)의 사례를 중심으로 지역 간의 복지정책 전개 과정에 왜 차이점이 발생하는지에 대한 분석을 목적으로 한다.

일본 복지정책의 기본 틀은 중앙정부의 지방정부에 대한 강력한 통제력을 바탕으로 일률적인 제도운영을 원칙으로 하고 있다. 즉, 중앙집권적인 구조에 기반하여 정책이 수립되며 지방정부는 이를 집행하게 되는 것이다. 그러므로 지방정부의 기능은 자체적인 재량을 발휘하기보다는 중앙에서 수립된 정책의 대리집행에 국한된다. 이러한 중앙과 지방의 관계에서 지방정부가 독자적인 복지정책을 시행하려면 헌법과 법률에 저촉되지 않은 범위 안에서 중앙정부의 복지정책 틀을 모체로 지방 자체적인 특성에 부합된 사항을 덧붙이는 형태로 정책 을 시행할 수 있다. 이처럼 지방정부가 독자적인 복지정책을 시행할 수 없는 원인으로서 유동인구의 경제력을 지적할 수 있다. 지방정부에서는 행정구역간의 인구이동이 용이하여 부유층 유출 과 빈곤층 유입에 따른 재정난 발생이 예상되기 때문이다. 복지정책을 재정적인 관점에서 살펴보면 재분배 정책의 확대는 중앙정부의 역할이며, 지방정부는 공공재를 공급하는 역할을 담당한다.

특히, 장애인 복지정책은 공적책임의 원칙에 근거하여 국가차원에서 수립 및 시행됨에 따라 중앙정부 보조금 지원의 전제하에 일률적인 복지사업이 추진된다. 예를 들어 후생노동성이 수립한 '장애인 자립지원법(障害者自立支援法)'에 투입되는 예산을 살펴보면, 자립지원과 관련된 장애인의 의료비 지원 사업, 복지적 취업 및 일반적 취업 지원에 동원되는 예산에 이르기까지 그 모든 재원이 장애인 자립지원법과 관련된 예산구조로 편성되어 있다. 이처럼 장애인 복지정책은 일률적으로 시행되고 있으나 실질적으로 사회자원의 지역적 편차가 제기되고 있다. 예를 들면 미타니 · 마나베 · 후루야(三谷, 真鍋, 古屋, 2011)는 도쿄도(東京都)의 노인 및 장애인의 개별시책 예산액과 사업 양으로 지역 간의 차이점을 설명하고 있으며, 사이토 · 나카이(斎藤, 中井, 1991)는 도시의 인구비례와 노인 및 장애인 복지비용이 지방정부의 재정력 지수와 관계가 있음으로 지역 간의 복지서비스의 차이점을 언급하였다. 이러한 지방정부와 복지정책의 관계에 있어서 기존의 선행연구에서는 지방정부의 재정력에 기인하여 지역 간의 복지서비스의 격차가 조성됨을 확인할 수 있다.

그러나 본고의 분석대상인 시가현은 풍부한 재정력을 가지고 있지 않음에도 불구하고 장애인 복지정책을 적극적으로 추진하여 당해 영역에서 진보적인 도시로 평가받고 있다. 이러한 현상은 재정적인 관점에서 설명하기 보다는 어떠한 조건이 수반되어 지방정부의 복지정책이 효과적으로 시행되는지를 검토해야 할 필요가 있다. 또는 지방정부가 효과적인 복지정책 시행을 위해서 어떠한 정책적 수단을 보유하고 있는지에 대해 주목할 필요가 있다.

Ⅱ. 이론적 검토

1. 복지정책에 있어서의 지방정부의 기능

기존에 지방정부의 재원과 복지정책에 대한 연구는 대부분 경제학적 관점에 의한 연구에 집중되었는바, 이러한 연구는 지방정부가 복지정책을 독자적으로 실행 할 수 없다는 Paul Peterson의 저작 '지방정부의 한계(city limits)'에 기인한다. Paul Peterson의 주장에 따르면 장애인 정책과 같은 재분배정책은 지방정부가 소극적인 태도를 표출하는 영역으로 분류된다. 즉, 지방정부의 재원과 복지의 관계에 있어서 빈곤층의 유입 및 사회적 약자에 대한 공공지출이 증대되는 재분배정책(redistributive policies)에 대해서는 지방정부가 경계를 한다고 지적하고 있다. 이와 더불어 그는 지방정부가 추구하는 최고의 가치(unitary interest) 는 경제성장이라고 주장하고 있다. 지방정부의 경제가 발전하면 이를 토대로 지방정부의 세원이 확대되며, 서비스가 개선되고, 고용이 창출되며, 특히 부동산 등의 가치가 부수적으로 상승되기 때문에 지방정부의 경제적 역량을 확대 시키는 것이야 말로 지방정부 전체이익(city-wide interest)이 된다고 언급하고 있다. 따라서 지방정부가 중점적으로 추구할 목표는 경제적 이익이며 역점을 두는 정책은 고정 자산세를 지불하는 토지 소유자들의 부동산 세수의 확대를 유도시키는 정책으로써 지역 전체의 경제적 이익을 확대시키는 개발정책(developmental policies)이라고 한다. 결론적으로 지방정부는 내부적으로 선순환적 영향을 줄 수 있는 개발정책을 선호하며 적자재정을 초래할 수 있는 재분배정책은 선호하지 않는다(曽我, 2001).

만약 지방정부가 자체적으로 독창적인 정책 사업을 전개하여 매력적인 자치단체로 평가받는다면 주민들은 그 지역으로 이동하여 정책의 수혜자가 되기를 희망할 것이고 그 이동은 더욱 가속화됨으로써 맞벌이 부부, 장애아를 둔 부모 및 노인과 같은 사회적 취약계층들의 대량이주로 귀결될 수 있다. Paul Peterson은 이와 같이 사회적 약자들이 질 높은 복지혜택을 추구함에 따라 주민이 이동하는 형태를 '복지의 자석(Welfare Magnet)'이라고 부르고 있다.

또한, 하야시(林2006)는 인구를 포함하는 생산요소의 지역 간 이동이 지방정부에 의한 재분배정책에 폐해를 가져온다고 지적하면서 적어도 재원조달과 기준설정에 관한 재분배정책은 중앙정부가 담당해야 한다고 주장하고 있다. 즉, 노동 및 자본 등 생산요소의 이동에 의한 정책적 귀결에 대해서는 조세 경쟁론 이나 지출 경쟁론에 의해 전개되어 생산요소의 지역 간 이동은 세율이나 재분배 정책을 저하시켜 지방정부에서는 최적의 재분배정책을 달성할 수 없는 상황에 직면할 것으로 예상되는 바, 하야시는 Paul Peterson에 의한 '지방정부의 한계(city limits)' 이론을 지지하고 있다. 이와 같이 경제적인 관점에 있어 지방정부와 재분배정책의 관계는 중앙정부와 지방정부의 역할분담을 결정하기 위해서도 중요하다. 하지만, 여기서 주목해야 할 것은 실질적으로 지방정부는 생활과 관련되는 일련의 복지서비스를 집행하고 있으며, 지방정부 사업과 시책의 대부분이 재분배 정책인 것을 생각한다면 상기와 같은 경제적 관점의 분석은 재분배정책 중심의 일련의 현상들을 적절하게 설명할 수 없다는 것이다.

한편, 지방분권화의 표본이라고 할 수 있는 미국에서는 복지정책과 지방정부의 관계에 관한 연구가 활성화되어 있는 바, 지방정부의 정책 수립 및 시행에 대한 연구가 활발하다. 그러나 미국의 세금제도 및 지방제도의 차이점에 관한 Paul Peterson의 이론을 일본의 예에 전적으로 적용할 수는 없다(佐藤, 2000). 즉, 일본의 지방제도는 이른바 '텐카와의 융합형 모델(天川の融合型モデル)'로 칭할 수 있는데 이는 지방정부가 중앙정부에 대해 재정 의존도가 높으며 이를 위해 운영되는 제도로서 보조금과 지방교부세 제

도가 있다. '텐카와의 융합형'은 중앙정부가 지방정부의 행정에 관여하지 않는다는 원칙을 내세우고 있으므로 지방정부의 독자적인 시책뿐만 아니라 중앙정부 차원의 정책 대부분이 지방정부에 의해 시행된다. 융합형 모델을 취하고 있는 일본의 지방제도는 지방정부의 재정자립을 전제하지 않고 있으며 예산은 중앙정부로부터 확보하고 지방정부는 그 예산을 자체적으로 사용이 가능하다(佐藤, 2000). 이러한 융합형의 현실적 관계는 복지정책과 같은 국책사업을 추진함에 있어서 그 상호의존 관계를 목격할 수 있다. 융합형의 중앙–지방 관계에서의 재분배정책은 중앙정부의 경제적 지원 하에 지방정부에서 정책이 시행되지만 중앙으로부터 획득한 재원은 지방정부 자체에서 다른 용도로 유용될 가능성이 있다. 따라서 복지에 투입되어야 하는 재원은 특정 보조금의 형태로 확보할 필요가 있다.

이러한 선행연구로 알 수 있는 점은 복지정책에 있어서 정책안을 결정하는 주체는 중앙정부이기 때문에 일률적인 정책 도입, 형식 및 시기가 정해진다. 한편, 정책시행 단계에서는 지방정부가 지역적 특성에 맞게 변형 또는 조정하여 시행할 수 있고, 중앙–지방 관계를 규정하는 보조금, 지방교부세 등의 재정적 제도 접근에서 지역 간의 복지정책의 격차가 발생할 수도 있다. 그러나 1장에서 언급한 바와 같이 풍부한 재정력을 가지고 있지 않음에도 불구하고 복지정책의 혁신적인 지역이 있다. 본고에서는 지방정부와 복지정책 실시과정의 문제를 경제적 접근이 필요한 대상이기 보다는 어떠한 조건에 의해 지방정부에서 복지정책이 잘 실행되며, 어떠한 요소로 지역 간의 차이가 발생하는지에 대해 검토하는 것을 목적으로 두고 있다. 따라서 지방정부의 조건과 요소에는 중앙–지방정부 간의 상호작용으로 설명할 수 있는 '인적 시스템(출향관료)'[1]이 지

---

1) 일본의 출향관료 제도는 중앙정부 공무원을 지방정부로 전출시키는 제도로서 일본 행정의 역사와 그 맥을 같이 한다. 이 제도는 그동안 중앙정부 입장에서 지방정부에

방정부 차원에서 복지정책을 잘 시행할 수 있는 과정을 설명하는 요소로 보고 있다. 이는 즉, 복지정책에 있어서 지역 간의 상이 구조를 보다 입체적으로 파악할 수 있다고 상정한다.

2. 중앙-지방정부 간의 상호작용에 의한 출향관료의 역할

지방정부의 복지정책 시행과 관련하여 '인적 시스템'이 무엇이며, 그 역할은 무엇인지에 관해 검토가 필요하다. 즉, 중앙-지방정부 간의 상호작용으로 출향관료를 주목 할 수 있다.

기존에 인식되어온 관료의 역할에는 다음과 같은 견해가 존재한다. 카토(加藤, 1997)에 의하면 1970년대 이후에부가가치세의 도입과정에서 오쿠라관료(大蔵官僚)의 역할은 법제도와 재정 등을 포함한 정책의 전문가로서 부가가치세 정책 입안을 주도적으로 수행하였다고 지적하였다. 우치야마(内山, 1998)는 1970년대 석유위기 이후 일본 산업정책이 경쟁 제한형 개입에서 경쟁 촉진형 개입으로 변화된 사항에 있어서 통산관료(通産官僚)가 정책 입안에 주도적인 역할을 하였다고 지적하고 있다. 또한 아키요시(秋吉, 2007)는 1980년대 일본의 공항수송 산업정책에서 경쟁 제한형 정책패러다임(paradigm)으로부터 경쟁 촉진형 정책 패러다임(paradigm)으로 전환되는 과정에 운수관료(運輸官僚)가 비중있는 역할을 수행했음을 지적하고 있다. 키데라(木寺 2008)는 1990년대 일본의 지방제도 개혁에 있어서 지방분권추진 위원회의 전문가와 자치성(自治省)관료의 협력으로 인해 기관위임 사무제도 폐지를 실현하였다고 지적하고 있다. 이처럼 선행연구를 통해 알 수 있는 점은 정책결정 과정에 있

대한 행정 전반에 걸친 통제, 감독을 위한 것으로 지적되었으며, 지방정부 측에서는 중앙과의 연계를 강화하여 보조금과 예산을 위한 정책적 필요에 의하여 현재에도 활발히 운용되고 있다.

어서 각 중앙부처의 경력관리 체계에서 획득되는 실무적인 전문적 지식을 가지고 있는 관료의 능력과 역할이 중요하다는 점이다. 상기의 고위관료의 실무분야에서의 전문지식은 일본의 각 부처의 경력관리 체계인 OJT(on the job – training)를 통해 육성된다(田丸, 2000). 그러나 실질적으로 고위관료가 출향관료로서 OJT를 통해 전문적 지식을 어떻게 축적하였는지 명확히 규명할 수는 없지만 기존의 선행연구에서는 관료집단의 전문적 지식에 관해서 '직무에 대한 전문지식'과 '현장에서의 경험적 지식'으로 구분하였다(真渕, 2010). 직무에 대한 전문지식은 현장에서의 경험적 지식과는 달리 공무원 채용시험의 바탕이 되는 전문능력이다. 현장에서의 경험적 지식은 실무에서 관료의 권한과 역할을 통해 축적된다. 또한 축적된 능력은 후배들에게 계승된다. 다시 말하면, 현장에서의 경험적 지식은 지식의 결집체로서 각 행정기관의 재산으로 여겨지며 행정기관의 이해관계와 밀접하게 결합되어 있다(真渕 2010).

후지타(藤田2008)는 행정조직에서 전문성이 요구되는 지식과 능력을 다음의 3가지 사항으로 정리하고 있다. ① 첨단 과학적 · 전문적 지견(知見), ② 외부로부터 차용한 지견(知見)을 이해하는 능력, ③ 행정직원이 담당하는 능력이지만, 주로 행정실무 경험을 통해 수행하는 관리적 측면에서의 능력이다. 예를 들면, 법안 및 문서 작성, 진행관리, 조직관리, 자원조달, 관계부국이나 외부와의 조정 및 지지를 조달하는 등에 관련되는 능력을 말할 수 있다. 본 논문에서는 출향관료의 역할이 현장에서의 경험적 지식을 중심으로 분석하는 바, 그 역할 면에서 지방정부 실무에 부합된 상황에 따라 중앙으로부터 효과적인 자원조달 및 정책의 성공적 수행에 대해 분석한다.

중앙–지방정부간의 상호작용의 관점에서 출향관료가 지니고 있는 순기능을 언급하면 다음과 같다. 출향관료를 파견함에 있어 중앙정부의 이점으로 지방정부가 출향인사에 대해 급여를 지불함으로써 중앙정부의 재정에 기여할 수 있고 출향관료는 지방정부에서의 현장경험을 바탕으로 직무에 관련된 지식을 습득함으로써 향후에 정책입안을 위한 중요한 경험적 지식을 축적하는데 긴요하다. 출향관료를 수용하는 지방정부의 이점으로 지방정부의 부족한 인재를 보충하고 외부로부터 다른 경험이나 감각을 지닌 인재를 영입함으로써 조직의 활성화를 도모할 수 있다. 또한, 국가차원의 사업을 지방정부에서 실시하는 경우, 중앙정부의 인재를 활용함으로써 중앙정부의 정책배경과 의도에 대해 명확히 파악할 수 있게 되어 사업의 성취도를 향상시킬 수 있다(秋月, 2000). 그 외에도 중앙-지방정부 간의 관계의 연락망으로서 출향관료의 역할은 중요하다.

상기에서 열거된 선행연구가 시사하는 바와 같이 출향관료는 중앙-지방간의 관계에서 중요한 역할을 한다. 그러한 역할 수행을 위해서는 관료가 지녀야 할 능력이 있고 이는 OJT를 통해 획득된다. 즉, 관료의 전문성과 능력을 유지 · 향상시키기 위해서 중앙-지방정부 간의 상호작용에서 출향관료의 파견 및 활용이라는 인사 관행은 중요하다고 할 수 있다.

Ⅲ. 사례분석

1. 중앙정부의 정책특징과 지방정부

본고에서 다룰 정책은 장애인 취업지원 정책에 관한 것이다. 1999년 일본은 후생성과 노동성이 통합되면서 장애인취업지원정책을 내세워 장애인의 취업지원 및 생활지원 부문에 대해 동시에 접근하는 계획을 수립하였다(障害者就業総合センター, 2002). 구체적인 지원방안 대책은 '장애인취업생활종합지원(障害者就業生活総合支援)'이며, 이 사업의 집행부는 지방정부에서 전개된다. 장애인의 생활지원과 취업지원을 일괄적으로 실시하는 '장애인취업 · 생활지원의 거점 만들기(障害者就業 · 生活支援の拠点づくり)'를 위해서 후생노동성은 지방정부 10곳을 선정해, 시범적으로 정책을 추진하였다.[2] 이는 곧 후생노동성의 주도하에 2002년부터 본격적으로 전면 시행되어 '장애인취업 · 생활지원센터(障害者就業 · 生活支援センター)'가 설치되었다. 센터는 지방정부가 운영 · 관리 · 감독을 실시한다.

본격적으로 후생노동성이 장애인취업지원정책을 전국적으로 전개하기 시작한 것은 2002년이며, 상기 10개 지역의 장애인 복지에 관한 단독사업 현황은 다음과 같다(〈표 1참조〉). 또한 10개 지역에서 2002년 장애인의 고용 및 취업 지원에 사용된 단독사업의 예산은 다음과 같다(〈표 2 참조〉). 표를 통해 알 수 있는 것은 시가현이 다른 지역보다 장애인의 고용 · 취업 정책에 중점을 두고 있는 것을 확인 할 수 있다.

본고에서는 후생노동성이 시범사업으로 지정한 10개 지역 중에서 특히 정책이 잘 전개 되어 있는 시가현을 관찰 대상으로 한다. 한편, '장애인 취업 · 생활지원의 거점 만들기'에 있어 후생노동성의 지정이 없었던 지역 중에서 나라현을 비교의 대상으로 분석한다. 나라현은 시가현과 같이 킨키권(近畿圏)에 있으며 대도시가 아닌 비슷한 인구 규모를 지니는 공통점이 있다. 그러나 장애인 취업지원정책에 할애되는 사업수와 예산은 적다(〈표 3 참조〉). 전국 일률적으로 시행되고 있는 장애인 취업지원정책에 있어서 시가현과 나라현의 지역 간의 차이점은 무엇인지에 대해 분석하고자 한다.

이미 언급한 바와 같이 본고는 후생노동성 주도하의 장애인 취업지원 정책과 관련하여 지역 간의 정책시행의 수준 및 형태의 차이가 상존하는

2) 후생노동성이 지정한 10개의 지방정부는 ① 이와테현 미즈사와시, ② 야마가다현 히가시오키다마군, ③ 군마현 군마군, ④ 아이치현 토요하시, ⑤ 시가현 코가군, ⑥ 오사카후 오사카시, ⑦ 와카야마현 타나베시, ⑧ 도쿠시카현 이타노군, ⑨ 후쿠오카현 키타큐슈시, ⑩ 나가사키현 이사하야시 이다.

원인을 기존에 연구된 보조금 및 지방교부세 등의 경제적 제도로 접근하기 보다는 중앙-지방정부의 상호작용에 의한 출향인사에 초점을 맞추어 분석하는 것을 목적으로 한다.

〈표 1〉 2002년 후생노동성 모델사업에 지정된 지방정부의 단독사업 현황

광역자치단체	정보·커뮤니케이션	계몽·광고	보건·의료	고용·취업	교육·육성	생활환경	생활지원	그외	합계
이와테현	1	4	1	1	0	1	4	0	12
야마가타현	1	1	3	1	1	1	3	0	11
군마현	1	0	0	1	2	0	5	0	9
아이치현	0	3	3	1	5	2	5	0	19
시가현	0	5	15	9	3	7	12	3	51
오사카시	0	0	0	0	0	0	12	3	12
와카야마현	3	2	4	1	2	6	5	0	23
도쿠시마현	0	2	1	2	3	3	5	0	16
기타큐슈시	2	1	1	1	2	2	7	0	16
나가사키현	1	1	0	1	0	2	3	0	8

출처: 内閣府「2002年の障害者施策関係単独事業の実施状況－地方公共団体の取組み」를 참고로 필자가 작성.

〈표 2〉 2002년 후생노동성이 시범지역으로 지정한 지방정부의 장애인 고용 및 취업지원의 단독예산(단위: 千円)

10개의 지방정부	고용 · 취업
이와테현	38,131
야마가타현	984
군마현	45,000
아이치현	35,967
시가현	578,793
오사카시	0
와카야마현	120,583
도쿠시마현	76,825
기타큐슈시	223,490
나가사키현	1,895

출처: 内閣府「2002年の障害者施策関係単独事業の実施状況－地方公共団体の取組み」를 참고로 필자가 작성.

〈표 3〉 시가현과 나라현의 장애인 고용 및 취업에 관련된 예산비교

시가현 고용 · 취업사업	예산	나라현 고용 · 취업사업	예산
① 정신장애 극복자 취업촉진 사업보조금	4,337	① 나라현민의 풍족한 취업 생활지원 사업	462
② 장애인고용촉진협회 보조사업	684		
③ 장애인고용지원사업	3,388		
④ 직업재활지원사업	1,360		
⑤ 장애인취업 자립지원사업	957		
⑥ 장애인고용촉진 원조사업	1,088		
⑦ 지적장애인 기능 자격증 습득사업	5,116		
⑧ 장애인 공동작업소 이용사업	546,067		
⑨ 장애인 공동작업소 사업진흥 특별대상사업	3,500		
⑩ 장애인 취업장 실습 추진사업	4,740		
⑪ 사회취업 사업진흥센터 운영사업	10,308		
⑫ 일자리 상담사 지원사업	2,793		
예산합계(단위: 천엔)	584,338	예산합계(단위: 천엔)	462

출처: 内閣府「障害者施策関係単独事業の実施状況－地方公共団体の取組み」2003年.

2. 후생노동성 출향관료의 역할로 인한 시가현의 복지정책의 특징

1) 시가현의 장애인 취업지원 정책의 특징

시가현에서 장애인취업정책을 추진하게 된 배경에 대해 설명하면 다음과 같다. 2002년에 후생노동성의 주도로 설립된 '장애인취업 · 생활지원 센터'는 시가현에 있어서 후생노동성이 지정한 센터로 코가복지구역(甲賀圏域)에 처음 설치되었다. 시가현에 2번째 '장애인취업 · 생활지원 센터'가 탄생한 지역은 2004년에 설치된 고토복지구역(湖東圏域)이다. 한편, 시가현은 중앙정부의 정책을 뒷받침하여 2002년 10월부터 '노동

행정능력개발과'와 '장애인고용촉진과'가 작업소 등의 판로의 확대를 목적으로 현 내에 있는 7개의 복지구역에 '장애인고용추진설치사업'을 실시하였다(城, 2009). 이 사업은 중소기업 및 작업소에 있어서 장애인고용에 관련되는 정보 등의 상호협력을 중요시 하는 시책이다. 또한 이것은 장애인의 취업기회를 확대하는 역할과 생활지원 및 취업정착에 큰 비중을 두고 있는 시책이다.

2005년 상기의 장애인 취업문제와 관련하여 시가현에서는 여러 관계자들의 공통적인 인식하에 후생노동성의 정책사업이 아닌 현의 독자적인 시책으로 각 복지구역에 '일자리 · 생활응원센터(障害者働き · 暮らし応援センター)'를 설치하여, 장애인취업촉진 계획을 세웠다.[3] 이 계획의 수립 및 실시와 관련된 담당 부서는 '노동행정능력개발과'와 '장애인자립지원과'이다. 특히 장애인자립지원과에는 후생노동성의 출향관료(카와노 다카히로: 川野宇宏)가 부임되어 시가현의 장애인 취업지원 계획에 관련되는 직무를 수행하고 있었다.

이상에서는 시가현에서 장애인취업지원과 관련되는 센터의 설치과정을 살펴보았다. 다음으로는 센터 설치 과정에 있어서 예산획득에 관한 과정을 검토한다. 위에서 말 한 바와 같이 후생노동성은 2002년과 2004년에 시가현 내의 복지구역에 2개의 '장애인취업 · 생활지원센터'를 지정했다. 한편 시가현은 2곳 이외 5곳의 복지구역에 후생노동성과 일치하는 '일자리 · 생활응원센터' 정책 사업을 촉진 할 목표로 시가현

3) 2005년 2월 12일 시가현에서 개최된 '살기좋은 지역(amenity)포럼'은 장애인의 고용을 촉진시킬 계획이념으로 발전 시켜 당시 시가현의 쿠니마쓰 지사가 약 1,500명의 청중 앞에서 '장애인도 일 하고 싶다'라는 메시지를 전파시켜 '시가현 공동선언'을 발표하였다. 이 포럼은 장애가 있는 사람과 없는 사람 모두가 같은 직장 안에서 일을 할 수 있는 사회라는 인식하에 일을 하고 싶은 장애인과 기존에 일을 하고 있는 장애인을 적극적으로 응원하는 것으로 장애인 복지관계자들과 중소기업단체, 시가현이 공동으로 선언한 계획이다.

의 복지행정과와 노동행정과, 시정촌(市町村)이 공동으로 예산을 확보해 나가는 계획을 추진하였다.[4] 이에 따라 시가현과 시정촌이 함께 예산을 집행하게 되어 시가현의 전 복지구역에 장애인 취업지원을 실시할 수 있게 되었다. 시가현이 시정촌과 공동으로 사업을 추진할 수 있었던 배경에는 '장애인자립지원법의 제2조 2항'의 시정촌의 역할에서 찾을 수 있다. 이 규정은 '시정촌의 책무로서 공공 직업안정소(公共職業安定所) 그 외의 재활조치를 시행하는 기관 및 교육기관과 그 외의 관계 기관이 긴밀한 협력을 해야 한다'라고 규정되어 있다. 또한 시가현 전체가 장애인 취업촉진을 목표로 '일자리 · 생활응원센터'를 설치함으로써 장애인들이 작업소 및 복지시설에 취업하는 복지적 취업에서 일반 기업으로 취업할 수 있는 기회가 많이 주어지는 효과를 얻을 수 있다. 이러한 복지적 취업에서 일반 기업으로 취업이행이 진행되면 그 만큼 시설 설비에 포함되는 시가현의 복지 비용지출이 감소하는 이점이 있어 시가현과 시정촌이 공동으로 예산을 지출하여 장애인의 취업촉진을 추진할 수 있었다.

〈표 4〉는 시가현 내에서 후생노동성의 지정을 받은 장애인취업 · 생활지원센터 2곳이 2005년부터 시작한 시가현의 독자적인 시책인 '일자리 · 생활응원센터'로 인해 7개의 전 복지구역까지 확대된 것을 나타내 보이고 있다. 즉, 시가현의 독자적인 시책인 '일자리 · 생활응원센터'는 후생노동성이 마련한 '취업 · 생활지원센터' 설치를 촉진시키기 위한 제

4) 예산은 시가현의 복지국과 노동국이 협동하여 집행하였다. 게다가 현은 독자적으로 '일자리 · 생활응원센터'를 설치하는데 있어서 시정촌과 함께 대책을 마련하는 것이 필요하다고 생각하여 시정촌을 설득하였다(2012년 6월 17일 실시한 시가현의 사회취업사업진흥센터의 담당자와의 인터뷰 조사. 인터뷰 조사에 의하면 시정촌을 설득한 담당국은 주로 복지국이었다. 노동국은 시정촌과 예산을 집행하여 시행하는 사업이 없었기 때문에 복지국이 주도로 특히 출향관료를 중심으로 재정상의 이점을 설명하여 시정촌의 협력을 얻을 수 있었다고 한다.

도화된 센터로 만들어졌다고 할 수 있다.

이와 같이 시가현에서는 7개의 전 복지구역에 후생노동성이 지정한 '취업 · 생활지원센터'와 현의 독자적 사업으로 실시하게 된 '일자리 · 생활응원센터'가 있으며 이 센터의 기능은 장애인의 일반취업을 지원하는 것이다.

〈표 4〉 시가현의 장애인취업 · 생활지원센터(일자리 · 생활응원센터) 설치 현황

7개의 복지구역	후생노동성의 시책	시가현의 시책
	장애인취업 · 생활지원센터 (사업시작 년월)	일자리 · 생활응원센터 (사업시작 년월)
코가	2002. 4. 1	2005. 4. 1
코도	2004. 7. 1	2005. 4. 1
오츠	2006. 4. 1	2005. 4. 1
코니시	2007. 4. 1	2005. 4. 1
히가시오미	2008. 4. 1	2006. 4. 1
코호쿠	2009. 4. 1	2007. 10. 1
코난	2008. 4. 1	2008. 6. 1
배치원	고용지원 복지사 1명 생활지원 복지사 1명	직업개척원 취업서포터 JOB 코치

출처: 厚生労働書白書「地域によってさまざまな国民生活の姿と地域の取り組み」 2005年과 시가현의 사회 취업 사업 진흥센터 인터뷰를 통해서 필자가 작성.

2) 후생 노동성에서 시가현으로 출향한 관료

위에서 이미 설명한 바와 같이 시가현은 장애인 취업을 촉진시키기 위해서 후생노동성이 추진한 정책 사업을 발판으로 현의 독자적인 센터를

설치하고 그 후에는 후생노동성의 사업으로 전환시켰다. 그렇다면 후생노동성과 시가현의 관계는 어떠한 것일까? 시가현은 1960년대부터 지속적으로 후생(노동)성의 출향관료가 부임하면서 현 내의 장애인복지정책과 관련된 직무를 수행하였고 후생노동성과 긴밀한 관계를 지니고 있음을 알 수 있다〈표 5〉. 이와 같이 시가현에서 장애인취업지원정책을 원활히 추진할 수 있었던 요인으로 중앙-지방정부와의 친밀한 관계를 생각해 볼 수 있다. 특히 2003년 장애인자립지원과장으로 부임한 후생노동성의 출향관료(카와노 다카히로) 를 주목할 필요가 있다.

카와노 다카히로(시가현의 장애인자립지원 과장)의 주된 역할은 시가현에서 장애인 취업지원네트워크를 구축하면서 '장애인취업 · 생활지원센터' 기능을 강화하는 것이였다. 장애인취업지원네트워크 구축에 참가한 단체는 당시 시가현의 쿠니마쓰 현지사, 출향관료(카와노 다카히로), 6개의 복지 단체, 중소기업 동우회 대표 등이며 이들의 상호 협력으로 장애인 복지정책의 조직화를 이루었다. 시가현은 장애인 취업정책사업을 최초로 수립 및 주도한 후생노동성의 사업을 참고로 그 실무 책임자인 출향인사를 활용하여 정책을 시행했다. 이처럼 지방정부에서 외부 인사를 활용하는 것에 대해 다양한 논점을 지적할 수 있지만, 시가현의 사례를 보았을 때 지방정부가 정책을 추진하는데 있어 새로운 정책 과제를 수행할 경우 적절한 정책적 수단의 일환으로 후생노동성의 출향인사를 활용하여 정책추진을 도모했다고 볼 수 있다. 그 결과 시가현은 '장애인취업 · 생활지원센터'기능을 강화하여 2005년부터 독자적으로 '일자리 · 생활응원센터'를 설치할 수 있었으며 복지구역 7곳까지 당해 지원센터를 확대할 수 있었다.

이상의 내용을 정리하면 시가현은 장애인 취업지원정책에 있어서 '일자리 · 생활응원센터' 설치에 중점을 두고, 시가현의 독자적인 사업을 점진적으로 후생노동성의 '장애인취업 · 생활지원센터'로 전환시켰다. 시가현에서 독자적인 센터를 설치하여 장애인취업지원정책을 전개할 수 있었던 배경에는 후생노동성의 출향관료의 역할이 어느 정도 큰 영향을 미쳤다고 볼 수 있다. 시가현에 있어서 후생노동성이 주도한 장애인취업지원정책을 전개하려고 하였을 때 후생노동성의 정책의도에 관한 전문적 지식과 정보를 가지고 있는 출향관료의 협력이 중요한 의미를 지녔다고 지적할 수 있다.

〈표 5〉 후생노동성에서 시가현으로 출향한 관료

파견년도	후생노동성 관료	시가현에 부임된 직위	시가현에서 활동한 역할
1961.10~ 1965.3	야마자키	부인아동과장, 복지과장	현내 지적장애아동 시설의 보조 확보
1965.4~ 1967.3	후지타	부인아동과장, 복지과장	
1967.4~ 1970.3	키도	부인아동과장, 복지과장	
1970.4~ 1971.3	키시모토	복지과장	
1973.4~	사노	부인아동과장	· 현독자적 재정지출의 확대 · 자금재원의 특별융자확보 · 시설설치의 개선정비지원 · 직원모집활동의 지원
1975.4~	사사키	부인아동과장	· 장애인의 환경만들기, 장애인 마을만들기
1978.4~	이하라	장애복지담당과장	· 장애인대책과 지역복지의 추진

1980.4~ 1982	쯔지	사회복지과장	· 장애인복지를 위한 내부조정
1983.4~ 1984	요시무	복지고년과장	
1985~ 1986	도미자촤	사회고년과장	
1987~ 1989	우스이	사회고년과장	
1990.4~	니시야마	장애복지과장	· 코후쿠지역의 심신장애아동의 지역육성추진 · 민간기업의 협력도모를 위한 시스템 구축 · 공동작업소 상담, 업무능률 향상에 필요한 프로그램 형성
1993.4~	오오사와	장애복지과장, 사회복지과장	· 시가현 장애인 대책 신장기구 심사 · 살기좋은 복지마을 만들기 조례 형성을 위한 활동
1995.5~	요시오카	장애복지과장	· 이토가 가즈오기념상 창설, 장애인예술문화 지원사업 · 장애인공동작업소 추진사업, 사업운영 검토 · 장애인공동작업소 추진시설진흥지침 책정하여, 기능강화형공동작업소 추진사업
2000.4~	나카다	아동가정과장, 건강복지정책과장	· 저출산대책, 아동학대방지대책부 내부조정 등
2003~ 2005	카와노	장애인자립지원과장	· 선택할 수 있는 복지서비스 시가현특별구 사업추진 · 장애인의 취업지원에 관한 위원회 결성 · 지역에 있어서의 취업지원과 새로운 고용의 창출, 공동작업소 체계 개선과 장애인의 취웝지원에 관한 미래 방향성과 공동으로 일하고 생활하는 시가현의 모델 창출을 중심으로 사업추진

출처: 滋賀県健康福祉部障害者自立支援課,『滋賀県の福祉を考える-歴史と実践のなかから-』2007年을 참고하여 필자가 작성.

3. 총무성 출향관료의 역할로 인한 나라현의 복지정책의 특징

1) 나라현의 장애인의 취업지원 정책의 특징

나라현의 장애인 취업정책 추진배경은 다음과 같다. 나라현의 '장애인 취업 · 생활지원센터'는 2004년에 처음으로 설치되었지만 5개 복지구역에 센터를 설치 할 때는 공모를 통해서 당해 사업을 추진하였다〈표 6 참조〉.

〈표 6〉 나라현의 장애인취업 · 생활지원센터

5개의 복지구역	나라현의 시책
	장애인 취업 · 생활지원센터 (사업 시작 년월)
나라(奈良)	2004. 4.1
동화(東和)	2007. 4.1
서화(西和)	2008. 4.1
중화(中和)	2009. 4.1
남화(南和)	2010. 4.1

위에서 설명한 바와 같이 후생노동성은 2002년에 '장애인취업 · 생활지원센터'를 전국적으로 전개하였다. 그러나 시가현의 사례와 비교해보면, 나라현의 경우에는 센터의 설치 시기 및 정책 시행면에서 차이점이 발견된다. 이러한 차이점을 다양한 요인으로 설명할 수 있겠지만 본고는 출향관료의 역할에 주목한다.

나라현은 후생노동성이 2002년에 새롭게 제도화한 '장애인 취업 · 생활지원센터'를 2004년 공모를 통해 설치하였다. 그러나 후생노동성의 출향관료 활용은 고려되지 않았다. 나라현은 장애인 취업지원 등에 있어서 취업 상담체제가 충분히 갖추어지지 않은 것을 인지하고 장애인 취업지원을 보다 강력하게 추진하기 위해 '2008년나라현 장애인취업지원실행계획'을 수립하였다. 본 계획은 지속적으로 검토된 후 향후 나라현의 장애인취업지원에 대한 구체적인 수치가 목표로 설정되어 있었다. 특히, 2009년에는 '나라현의 행정기관이 장애인 복지 및 취업사업소의 역할로서 무엇을 할 수 있을까?'에 대한 의식이 높아져 각 행정 국 · 과 및 소속 관계기관이 '장애인취업지원실천계획'에 적극적으로 임하게 되었으며 특정 과에 대해 장애인 취업과 관련된 책임을 부여하고 구체적인 계획을 모색하였다. 이는 2010년 4월 23일 행정조직 개편을 통해 '건강복지부 장애복지과'의 담당 사업으로 지정, 장애인고용촉진 관계기관을 설치하면서 행정기관의 역할을 구체화시켰다. 장애인취업지원정책에 대한 '고용촉진 관계 기관'이라는 명확한 담당 기관이 설치됨으로써 나라현 주도의 장애인고용 관련 대책이 적극적으로 추진될 수 있었다. 나라현의 주도 하에 이루어진 사업으로 장애인고용과 안테나 숍의 기능을 가지는 '장애인고용촉진센터 KIZUNA Café'를 설치하였으며 2011년도부터는 '장애인 신졸업자를 대상으로 하는 취업지원(취업제휴 코디네이터 배치)'사업을 실시하였다.

나라현에서는 장애인고용정책의 추짐함에 있어서 하향식이 아닌 상향식의 결정 추진으로 전환하여 행정당국의 리더쉽 하에 조직 내에서 '2011년장애인정책추진본부'가 설치되었다〈표 7 참조〉. 이 본부는 나라현의 지사를 책임자로 하여 각 부 · 국장의 협조를 통해 장애인 정책이 결정되는 체제이다. 또한 2011년도에 '장애인정책추진 톱 포럼'을 개최하여 시정촌, 기업, 노동 단체 등의 리더들이 장애인의 취업 문제를 공유하고 이에 대한 대책을 마련하는 기회를 가졌다. 이와 같이 최근 나라현의 장애인의 취업지원 정책에서는 새롭게 조직이 만들어지는 등 구조적인 변화를 목격할 수 있다. 이러한 조직 개편에는 총무성의 출향관료가 밀접하게 관련되어 있었다.

〈표 7〉 나라현 장애인고용시책의 추진체제

장애인 정책추진 본부 (나라현 지사, 부지사, 부국장이 주도)	장애인 정책 추진 톱 포럼 (시정촌, 기업단체, 노동단체, 중앙정부 등의 대표가 주도)
↓ (장애인고용 코디네이터 회의) ↓	
기업 취업 지원	복지적 취업 지원
1. 취업연계 코디네이터의 배치 강화	1. 장애인 안테나 숍 등을 활용 추진
2. 장애인 취업을 응원하는 나라현 운영 사업장 설치	2. 장애인들의 새로운 일자리 창출 촉진
3. 장애인 정책 추진 톱 포럼 등의 운영 관리	3. 나라현 행정국에서 장애인 취업지원 촉진
4. 장애인 취업 실습현장 촉진	4. 공적기관 등에서 장애인이 만든 물건을 구입하는 운동 확대

출처: 나라현 장애인복지과의 담당자와 인터뷰 조사와 자료를 근거로 필자가 작성.

2) 총무성에서 나라현으로 출향한 관료

총무성의 출향관료와 나라현의 '장애인 복지정책과'의 관계에 대해 설명하면 다음과 같다. 나라현은 1998년부터 총무성 출향관료의 파견근무를 고려하였는바, 2009년부터 복지행정에 총무성의 출향관료를 보직시켜서 활용함으로써 중앙정부의 인재를 활용하게 되었다.(奈良新聞, 2013年 2月 27日)〈표 8 참조〉. 이처럼 총무성의 출향인사를 활용하여 현내의 복지정책 과제 수행을 위해 '복지부와 건강안전국'을 개편하여 정책을 추진하였다.

시가현의 경우 후생노동성의 출향관료가 지방정부의 복지 과제를 중앙정부와 연결해서 예산을 획득하거나 정책정보를 제공하는 역할을 하였다. 하지만 나라현의 경우 총무성의 관료가 출향하였다. 총무성 인사시스템의 특징은 순수한 관리형 부처의 역할을 가지고 있으며(松並, 1997) 지방정부의 조직을 조정하는 역할을 담당한다. 이러한 의미에서 총무성 출신의 출향관료는 2, 3년의 OJT를 마치고 곧바로 본성으로 돌아가는 것이 아니라, 지방정부 내부에서 정책을 종합적으로 관리하고 조정하는 특징을 가지고 있다. 실제로 2009년도에 총무성에서 나라현으로 출향한 스기다(杉田憲英)는 건강복지부장, 총무부장을 거쳐 나라현 부지사로 승진한 후 2012년에 총무성으로 돌아갔다(奈良新聞 2012年3月12日). 또한, 2011년도 총무성에서 출향한 마에다(前田努)도 건강복지부장, 총무부장을 거쳐 부지사로 승진하였다.

이상의 내용을 정리하면 나라현에서는 후생노동성의 주도로 실시하는 '장애인취업 · 생활지원센터'의 설치를 독자적으로 전개하기보다는 공모를 통해서 5개의 복지구역에 설치하는 정책을 추진했하였으며, 후생노동성의 전략과는 다른 정책을 전개함으로써 '장애인정책추진본부'와 '장애인 정책추진 톱 포럼'을 만들어 행정조직 안에서 장애인의 취업지원 정책을 새롭게 추진하였다. 이렇게 나라현 내부에서 행정조직을 개편하여 장애인 취업지원 정책을 추진하도록 한 것은 총무성만이 가진 조직적 관리의 특징으로서 당해 정책수행 과정에서 총무성의 출향관료가 중요한 역할을 수행하였음을 확인할 수 있다.

〈표 8〉 총무성에서 나라현으로 출향한 관료

부임 년도	총무성 관료수	나라현에 부임된 직위
1998	3명	총무부장, 지방과장, 교통정책 과장
1999	3명	총무부장, 지방과장, 교통정책 과장
2000	3명	총무부장, 시정촌 과장, 건강국 의무과장
2001	3명	부지사, 재정과장, 환경관리 과장
2002	3명	부지사, 재정과장, 환경관리 과장
2003	3명	총무부장, 총무부 행정경영 과장, 총무부 재정 참사
2005	3명	총무부장, 행정 경영과장, 재정과 참사
2006	8명	총무부장, 재정 과장, 행정 경영과장, 도로건설 과장 하천 강 과장, 도시계획 과장, 건설 과장, 경영과장
2007	3명	총무부장, 재정과장, 행정운영 과장
2009	(스기다 포함)/2명	복지부장, 정보시스템 과장
2010	(스기다 포함)/3명	건강복지부장, 재무부장, 지역만들기 지원과장
2011	(마에다 포함) /2명	건강복지부장, 시정촌 과장
2012	4명	부지사, 지사공실 차장, 시정촌 진흥과장, 복구추진실장

출처: 『日経グローカル』各誌の各年度, 나라현 장애인복지과 담당자와 인터뷰 조사와 자료에 근거하여 필자가 작성.

Ⅵ. 나가며

본고에서는 중앙정부의 인사제도인 출향관료에 초점을 두어 시가현과 나라현의 장애인 취업지원정책 과정의 차이점을 분석하였다. 지방정부의 장애인취업지원정책과정의 특징을 살펴보면, 시가현의 경우 후생노동성의 장애인취업지원정책의 시범사업으로 지정된 현(県)으로서 후생노동성 출향관료의 협력에 의해 현의 독자적인 정책을 추진할 수 있었다. 한편 나라현의 경우 최근 장애인의 취업지원정책에 관심을 가지며 후생노동성과의 일치되는 정책전개보다는 총무성의 출향관료 협력을 바탕으로 장애인 취업지원 정책을 촉진하였다. 이처럼 시가현은 오랫동안 후생노동성과 인사제도적인 면에서 긴밀한 관계를 유지하고 있었기 때문에 후생노동성의 정책의도를 능동적으로 수용함으로써 현 내에서의 정책 수행이 용이하였다. 하지만, 나라현은 후생노동성과의 인사제도적 교류가 부재한 상황에서 현 내의 공모를 통해 정책을 추진하였는바, 후생노동성이 전국적으로 추진한 '장애인취업 · 생활지원센터' 설치가 시가현 보다 다소 늦게 설치되었다.

정책수행 과정에서 중앙-지방정부를 연결해주는 출향관료는 중요한 의미를 지닌다. 본고의 사례분석을 통해 알 수 있는 함의는 출향관료는 성공적인 업무수행을 통하여 자신의 승진을 도모할 수 있다는 점과, 출향관료가 지방정부에 파견되어 관료기관의 고유정신과 사상을 바탕으로 정책을 실현시킬 수 있다는 것이다. 이것은 단체정신(esprit de corps)[5] 형성을 위해서도 중요한 의미가 있다. 요컨대, 출향관료는 지방정부에서 정책을 실현한 후, 중앙정부로 복귀하여 당해 직무사항을 동료들과 공유함으로써 업무의 연속성을 도모하고 단체정신을 강화시킨다. 출향관료가 한정된 고객(client)에 대한 전문적인 정책영역에서 역량을 발휘하여 지방정부와 긴밀한 관계를 가진다면 단체정신은 더욱 더 강화된다. 지방정부에서의 실무적인 경험을 바탕으로 경력을 쌓아가는

5) 일본에서는 관료단에게 있는 '단체정신과 시대정신(時代精神)'이 관료에게 일정한 방향성과 구속력을 주어 행정내의 전문적 식견과 가치관 등의 기준으로 작용한다. 따라서 관료에게 경영, 관리, 지배에 있어 단체정신이 중요한 요소로 인식되어 왔다(村松, 2001).

출향관료의 인사제도는 행정기관의 인재양성에 적합할 수 있고 당해 인사제도는 OJT를 통하여 단체정신을 배양하게 된다. 중앙의 지방에 대한 통제수단으로서 출향관료의 역할이 아닌 지방정부에 출향하고 있는 관료 개인의 성공적인 업무수행이 중앙정부의 정책 성공과 같은 맥락으로 생각할 수 있으며 장애인 복지정책 분야와 같이 지방정부가 선호하지 않는 정책을 지방정부가 집행하여야 할 경우 출향관료의 인사제도가 중요한 의미를 가진다.

참고문헌

秋月謙語(2000).「人事交流と地方政府(一); 公共部門における人材戦略」,『法學論業』第147巻 6号, pp. 1-26.

秋月謙語(2000).「人事交流と地方政府(二); 公共部門における人材戦略」,『法學論業』第147巻 6号, pp. 1-20.

秋月謙語(2001).『行政・地方自治』, 東京大学出版会.

秋吉貴雄(2007).『公共政策の変容と政策科学ー日本航空輸送産業における２つの規制改革』, 有斐閣.

秋吉貴雄(2008).「知識と政策転換ー第二次航空規制改革における知識の政治」,『公共政策研究』8号, pp. 87-98.

天川晃(1986).「変革の構想ー道州制論の文脈」, 大森彌・佐藤誠三郎編『日本の地方政府』, 東京大学出版会.

天川晃(1986).『日本の地方政府』, 東京大学出版会.

稲継裕昭(1996).『日本の官僚人事システム』, 東洋経済新報社.

稲継裕昭(1998).「『出向官僚』再考ー中央政府から都道府県への人材供給の変容ー」,『姫路法学』

稲継裕昭(2000).『人事・給与と地方自治』, 東洋経済新報社.

稲継裕昭(2009).「分権時代の自治体職員」,『地方公務員月報』第557, pp. 2-17.

川野宇宏(2007).「就労支援のネットワークづくり(1)」, 障害保健福祉ニュース８号, 障害保健福祉情報 No.6.

川野宇宏(2007).「就労支援のネットワークづくり(2)」, 障害保健福祉ニュース9号, 障害保健福祉情報 No.8.

齋藤愼, 中井英雄(1991).「社会支出の地域間格差ー市町村歳出決算の老人福祉費を中心として」,『季刊・社会保障研究』第27巻3号, pp. 265-273.

木下聖(2009).「地方分権化での基礎自治体における「福祉のまちづくり」条例の活用と福祉政策の展開ーバリアフリー推進から福祉の総合的な展開へー」,『埼玉県大紀』第11, pp. 63-70.

(独立行政法人)高齢・障害・求職者雇用支援機構障害者職業総合センター(2002).「知的障害者の就業と生活を支える地域支援ネットワークの構築に向けて」調査研究報告書 53号.

佐藤満(2000).「地方分権と福祉政策」, 水口憲人・北原鉄也・秋月謙吾編,『変化をどう説明するか: 地方自治篇』木鐸社.

佐藤満(2001).「丹後地域に見る分権と福祉」,『立命館大学地域情報研究シリーズ2』, pp. 153-170.

佐藤満(2011).「介護保険法の成立過程」,『立命館法学』第333巻 333号, pp. 737-772.

曽我謙吾(2013).『行政学』有斐閣.

田丸大(2000).『法案作成と省庁官僚制』信山社.

林正義(2006).「再分配政策と地方財政」財務省財総合政策研究所『フィナンシャル・レビュー』3号, pp. 138-160

藤田由紀子(2008).『公務員制度と専門性』, 専修大学出版局.

松並潤(1997).「現代の公的セクターを理解するために—新しい行政(New Public Management)の下で何を過ちうるか？」大阪学院大学法学研究, 第24巻 1号, pp. 95-125.

三谷嘉明, 真鍋顕久, 古屋健(2011).「障害者自立支援法廃止は可能か」,『名古屋女子大学紀要』57号, pp. 93-103.

滋賀県健康福祉部障害者自立支援課(2007).『滋賀の福祉を考える-歴史と実践のなかから-』, サンライズ出版.

城貴志(2009).「滋賀県における働き・暮らし応援センターの取り組み - 滋賀発, 雇用と福祉の統合を目指して - 」,『ノーマライゼーション』6月号.

村松岐夫(2001).『行政学教科書(第2版)』, 有斐閣.

真渕勝(2010).『官僚』, 東京大学出版会.

Peterson, Paul E.(1981). "City Limits", University of Chicago Press.

8장
비교문화론으로 바라본 한일 스포츠문화

오현석

Ⅰ. 들어가며

본고는 한국과 일본의 스포츠 문화를 비교분석하여, 한일 간의 문화적 유사성과 차이성을 명확히 하고자 하는 것을 목적으로 한다. 본고에서는 스포츠 문화라는 하위문화를 분석의 대상으로 삼고자 하는데, 특히 미디어에서 생산되는 담론과 이에 대한 수용자의 해독의 과정을 고찰하여, 스포츠 미디어를 둘러싼 다양한 문화적 차이와 유사성을 밝혀내고자 한다. 본고의 주요 연구 대상은 한일간의 미디어 스포츠를 둘러싼 내셔널적인 담론과 이에 대한 해독의 과정을 고찰해 보고자 한다. 이러한 과정들은 한일간의 스포츠 문화의 특성을 밝혀낼 수 있을 것이며, 이를 통해 한일간 양국에서 국가라고 하는 사회 구조적 배경을 통해 생산되는 내셔널리즘에 대한 이해를 높일 수 있을 것이다.

이러한 논의를 진행하기 위해서 우선적으로 비교연구를 이론적으로 검토한 선행연구를 고찰해 보고자 한다. 이러한 선행연구에 대한 고찰을 토대로 한일간의 스포츠 문화에 대한 구체적 현황을 점검해 보도록 하

* 본고는 일본학보 106집에 게재된 「한일 스포츠 문화의 비교 분석」을 수정 보완한 것이다.

며, 이와 함께 실증적인 분석을 진행하고자 한다.

본고의 이러한 과정들은 궁극적으로 한일간의 문화 현상에 대한 유사성과 상이성을 비교 분석하여 양국의 문화적 특성과 개개인의 행동양식의 이해를 높이고자 한다. 또한, 한국과 일본에서 미디어 스포츠를 통해 구축되는 내셔널리즘의 현황을 분석해 보는 것을 목적으로 한다.

Ⅱ. 비교문화론을 둘러싼 이론적 함의

본고에서는 비교문화론이라는 관점하에 논의를 진행하고자 하는데, 그렇다면 비교문화론의 비교란 무엇인가? 국립국어연구원의 정의에 따르면 비교란 "둘 이상의 사물을 견주어 서로 간의 유사점, 차이점, 일반 법칙 따위를 고찰하는 일"이라고 정의하고 있다.[1] 이러한 사전적 정의만을 보더라도 비교문화연구라고 하는 것은 둘 이상의 집단을 대상으로 서로간의 유사성과 상이성을 밝혀내는 과정이라고 생각해 볼 수 있다.

본고에서는 한국과 일본이라는 국가적 틀을 경계로 양국에서 발생한 스포츠 문화에 대한 비교분석을 통해 공통점과 차이점을 명확히 하고자 한다. 이러한 고찰을 위해서 기존의 비교문화론의 관점을 차용하여 논의를 진행하려고 한다.

그렇다면 이러한 비교문화를 수행하는 목적은 무엇인가?[2] 이와 같은

1) http://krdic.naver.com/detail.nhn?docid=18337400

2) 본고에서 비교문화론의 이론적 배경을 바탕으로 논의를 진행하고자 하지만, 이는 방법론적인 분석의 틀을 사용하고자 하는 것이다. 즉 본고에서 말하는 비교문화론이라는 관점이 이론적으로 타당한지의 여부를 논하고자 하는 것은 아니다. 그 이유는 선행연구를 검토해 보더라도 비교문화론의 이론적 타당성에 대한 논의는 아직까지 체계성을 갖추고 있지 않다는 판단이 들기 때문이다(남근우, 2012). 다만, 본고에서 비교문화론을 제시한 것은 한일간의 비교 연구를 위한 적절한 이론적 배경을 검토한 뒤에 논의를 진행하는 것이 바람직하다고 생각했기 때문이다.

논의에 대해서 다음과 같은 내용을 참고해 보고자 한다.

> 비교문화의 연구의 목적은 첫째, 상이한 문화와의 비교를 통해 자문화의 특성과 한계, 문제점을 도출하는 실천성을 지닌다. 둘째, 문화상대주의적 관점에서의 타문화에 대하 고정관념과 편견을 배제한다. 그로인해 문화 충격과 문화갈등을 최소화하여 타문화 이해와 국제교류의 증진을 도모한다. 셋째, 문화의 계통적 속성과 변이에 대한 분석을 통해 문화현상의 이해를 촉진하며 새로운 문화이론의 정립을 탐구한다는 것이다.[3]

이러한 비교 문화의 연구목적을 고려하면, 본고에서 시도하는 한일간의 비교연구는 한국과 일본의 사회 구조 속에서 구축되는 문화적 특징을 분석함으로써, 양국의 문화에 대한 이해를 통해 각각의 사회구조적 특징을 엿 볼 수 있을 것이다.

그렇다면, 이러한 비교 문화를 시도하는 데 있어서 연구의 범위는 어떻게 설정해야 할까? 비교연구를 수행하기 위해서는 비교의 대상을 설정하고 비교의 범위를 정하여 연구를 진행하는 것이 필연적으로 수반되는 과정이다. 통상적으로 이러한 연구범위를 설정하기 위한 방법론은 크게 두 가지 형태로 접근한다. 하나는 통시적 차원의 접근이고, 다른 하나는 공시적 차원의 접근이다. 이러한 접근방식은 언어학에서 시작 되었다고 할 수 있다. 통시적 차원이란 시간의 흐름에 따라 변하는 언어의 진화적 측면을 가리키며, 공시적 차원은 일정한 시기의 비교적 안정적인 형식 체계로서의 언어를 말한다.[4] 이러한 개념을 바탕으로 통시적 접근을 한 사회의 문화적 특성을 역사적 맥락에서 연구하는 것으로, 공시적 접근을 일정한 시대 상황의 구조적 틀 내부의 문화를 선정하여 각 문화적 특성을 비교 연

---

3) 이노미(2005), 「비교문화 연구의 이론과 실제」, 『인문과학』 제36집, 성균관대학교 인문과학연구소 p. 374.

4) 박정순(1997), 『대중매체의 기호학』, 나남출판사, p.132.

구하는 것이라고 정의할 수 있을 것이다.[5] 즉 통시적 차원의 접근은 특정 집단의 문화가 시간의 흐름과 더불어 어떻게 변화하여 오늘에 이르게 되었는지에 대한 문화의 발전과 변동, 통합과정의 이해에 대한 비교자료를 제공하며, 문화는 시대의 역사적 맥락을 이해했을 때 가장 높은 가치를 평가받을 수 있다는 것이다. 그렇기에 모든 형태의 비교연구는 문화적 실천과 역사적 구조와의 관계에서 연구되어야 한다는 것이다. 이에 반해 공시적 차원의 접근은 일정한 시점에서의 특정 공간에 위치한 집단 구성원 간의 다양한 사회규범과 행동에 의한 문화체계 상호간의 관계적 특성을 보다 쉽게 이해할 수 있는 관점을 제공해 준다. 그렇기에 특정 시점에서 특정 지역에 대한 문화현상과 문화체계의 연구를 통해 서로 다른 사회 구성원들의 구조적이고 기능적인 관계분석이 가능하다고 할 수 있다.

그렇다면 여기서 본고의 주제인 한일 비교분석의 관점에서 다시 생각해 보자. 본고는 전술한 바와 같이 한국과 일본이라는 국가를 축으로 양국간의 스포츠라는 하위문화 영역을 그 대상으로 삼고 있다. 그런데 이러한 분석이 역으로 하나의 문화적 현상, 즉 미디어라고 하는 텍스트를 통해 생산되는 국가적 표상과 그에 대한 해독을 분석하려고 할 때, 그 분석의 대상이 너무나 다양한 사회 문화적 배경을 함축하여 드러나고 있다는 점이다. 다시 말해서 어떤 특정한 국가 내에서 발생하는 하나의 문화적 현상은 하나의 단선적인 문화가 아닌 다수의 문화들이 중층적으로 결합하여 나타나게 되며, 그 이면에는 사회계층이나 종교, 젠더, 지역사회 등 다양한 문화적 배경에 의해 표출된다는 점이다. 이러한 문제점들을 고려하면, 앞에서 말한 통시적이고 공시적인 차원의 분석을 포괄할 수 있는 이론적 정립이 요구된다.

---

5) 이기우(1998), 『문화연구』, 한국문화사, p. 23.

이러한 이유에서 전경수는 에반스-프리차드의 말을 인용하면서 비교 연구의 이론적 정립이 어렵다고 강조한다.[6] 즉 문화인류학적인 접근방식에서는 자연과학과 달리 비교 대상에 대한 변수 통제가 어렵기 때문이다.

그렇지만, 본고에서는 이러한 방법론적 제약이 있음에도 한일간의 비교연구를 시도해 보고자 한다. 그 이유는 이론적으로나 방법론적으로나 확실히 정착이 되지 않았지만, 실제 한일 양국에서 진행되는 문화적 현상에 대해서 비교, 고찰하는 것 자체가 의미 있는 일이라고 생각되기 때문이다. 비록 자연과학에서 일반적으로 행해지는 변인들의 통제 자체가 어렵기는 하지만, 하나의 공통된 주제를 설정하여 양국에서 발생되는 문화적 현상을 분석하고, 거기에서 표출되는 문화적 공통점과 차이점을 분석할 필요가 있다고 생각된다. 물론 이러한 연구는 극히 제한적인 내용으로 전개될 수밖에 없으며, 분석 결과에 대한 일반화를 주장하기는 힘들다. 그렇지만, 이러한 제한적인 분석을 통해서 비교라고 하는 틀 안에서 나름대로의 결과를 유추해 내는 것도 향후 비교 연구의 참고적 자료로 활용할 수 있을 것이라고 판단된다.

그러면 여기서 본고가 지향하는 비교문화의 연구범위를 간단히 제시하고자 한다. 본고에서는 한국과 일본이라는 국가적 경계를 중심으로 미디어스포츠를 통해 전달되는 내셔널적인 담론과 이에 대한 수용자의 해독의 과정을 고찰해 보고자 한다. 이를 위해 한일간의 미디어스포츠에서 구축되고 있는 내셔널적인 담론의 특징을 살펴보고, 이러한 과정에서 드러난 한일간의 유사점과 차이점을 도출해 보고자 한다. 또한 이러한 미디어 텍스트에 대한 분석을 바탕으로 실제적으로 수용자의 해독이 어떠한 방식으로 이루어지고 있는 지 간단하게나마 검토해 보고자 한다.

---

6) 전경수(1994), p. 120.

Ⅲ. 한일 스포츠 문화 비교

본고에서 고찰하고자 하는 한일 스포츠 문화비교는 그 분석의 대상을 미디어 스포츠에서 생산/재생산되는 내셔널리즘에 초점을 맞추고자 한다. 이를 위해 본고에서는 국가대항전 스포츠 경기를 주요 분석대상으로 삼았다. 특히, 국가대항전 스포츠 중에서 축구경기를 중심으로 논의를 진행하고자 하는데, 그 이유는 국가대항전 스포츠 경기 중에서 축구경기가 한일 양국에서 가장 내셔널리즘을 활발히 생산해 내는 장이라고 판단했기 때문이다. 게다가 2002년 한일 월드컵 공동개최라는 공통적인 미디어 이벤트가 전개되었기에, 국가대항전 축구가 분석대상으로 삼기에 적절한 이슈라고 생각한다.

1. 한국의 스포츠 문화와 내셔널리즘

한국의 미디어 스포츠는 크게 두 가지의 내셔널적인 담론이 표출된다. 하나는 지배 이데올로기의 재생산의 수단으로 작용한다는 논리이며, 다른 하나는 개개인의 능동성에 기반한 개인적인 취향의 장이라는 담론이다.

먼저 지배이데올로기의 재생산이라는 표현은 한국의 역사적 배경을 고려해 보았을 때 확연히 드러나는데, 그 대표적인 예가 박정희 정권하에서 진행된 스포츠를 통한 국가 지배 이데올로기의 강화를 생각해 볼 수 있다. 이와 관련하여 황병주는 다음과 같이 논한다.

> 박정희는 한국 최초로 대중들의 욕망에 주목한 지배자로 기억될지 모른다. 이른바 '박스컵'은 대한민국이 주최하는 최초의 세계축구대회였으며 1970년대 그 열기는 대단했다. 산업화와 함께 보급되기 시작한 라디오와 TV는 축구를 통한 '상상의 공동체'가 구현될 수 있는 유력한 매개였다. '고국에 계신 동포 여러분'으로 시작되는 축구 국가대표의

경기 중계는 세계 속에서 대한민국이라는 상상의 공동체를 현재화하는 메커니즘을 상징한다.[7]

1970년대 당시 박스컵이라는 국가대항전 축구대회는 미디어를 통해 국민들에게 국가(국민)이라는 이미지를 전달하여 국민들에게 국가권력의 민족/국가주의적 호명에 응답할 수 있는 역할을 해왔다. 박스컵은 한국의 축구가 아시아 변방의 약소국을 초청하여 통쾌한 승리를 이끌어 내고, 이를 통해서 상대적으로 국가의 위대함을 각인시키는 역할을 해왔다. 이러한 과정 속에서는 한국 사회에서의 부당한 노동착취와 폭력적인 국가권력의 이면을 잊게 하고, 그 대신에 발전적인 한국의 모습을 투영시키는 효과를 발휘했다. 이러한 경향은 해방 후 한국사회에서 꾸준히 진행되어 온 미디어의 이데올로기적 기능이라고 말 할 수 있다. 즉, 미디어 스포츠를 통한 내셔널리즘의 재생산이라고 말 할 수 있다.

편, 해방 이후 한국사회에서 미디어 스포츠를 통한 내셔널리즘의 강화는 일본이라는 가상의 적을 상대화하여 진행되기도 한다. 이동연은 이와 같은 현상을 '일본콤플렉스'라고 칭한다.

그 동안 일본에게 받아 왔던 역사적 굴욕을 보상받을 수 있다는 기대 심리 때문이다. "일본에게는 절대 질 수 없다", "일본을 이겨 통쾌하다"는 일반적인 한국 국민의 생각은 사실 본래부터 일반적인 것이 아니라, 역사적으로 특수하게 구성된 하나의 허위의식으로서의 이데올로기이다. ……스포츠 경기에서 일본에 대한 '필승 콤플렉스'는 대중들 스스로 만들어 낸 파시즘적인 기대 심리의 효과이기도 하면서, 하나의 개인을 구체적인 민족 주체로 호명하는 민족주의 이데올로기의 중요한 기제로 작용한다. 한 개인에게 그가 살지도 않았던 과거 민족의 역사적 짐을 부과

7) 황병주(2002), 「민족국가간 축구경기는 평화적 전쟁 스펙터클」, 『출판저널』 324호, 대한출판문화협회, p. 9.

> 하고, 경기의 과정과 결과를 애국심에 호소하며, 그래서 그러한 민족적 감정을 자명하게 만드는 메커니즘은 사실 민족이라는 허구의 정체성을 생산해서 대중을 민족과 국가 앞에 복종케 하는 현 지배 계급의 이데올로기적 효과이다.[8]

이와 같은 주장들은 한국 사회에서 스포츠를 매개로 끊임없이 국가라는 이미지를 미디어로 전달하여, 국민들에게 내셔널리즘을 고양시키는 이데올로기적 역할을 수행하고 있다는 것이다.

그러나 이러한 이데올로기적 기능은 다른 한편으로는 개개인의 취향에 따른 일탈적인 소비도 양산해 낸다. 즉, 국가권력의 억압적인 통제기능을 발휘하는 이데올로기적 기능이 존재하는 사회구조 속에서, 개개인의 본질적인 능동적 행위나 일탈행위가 도출될 가능성을 내포한다. 이러한 맥락에서 홍성태의 주장은 눈여겨 볼만하다. 그는 2002년 한일 월드컵에서 나타난 '붉은 악마'에 관한 분석을 통해, 한국사회에서 축구라는 스포츠가 가지고 있는 문화적 특징에 대해 적절한 해석을 제시하였다.[9] 홍성태는 이 논문에서 붉은악마 현상을 단순히 파시즘적인 광기론의 징후로 분석하거나,[10] 단순히 내셔널리즘의 이데올로기적 기능으로의 해석하는 것을 경계한다. 그는 1990년 이후 한국 사회에서 등장한 새로운 문화적 취향, 즉 소비사회에 기반한 미시적 변화에 주목한다.

> 소비사회는 단순히 많은 사람들이 물질적 풍요를 누리는 사회가 아니

---

8) 이동연(2001), 「스포츠, 스펙터클, 그리고 지배 효과」, 『스포츠, 어떻게 읽을 것인가?』, 삼인출판사, pp. 193-194.

9) 홍성태(2002), 「'붉은악마 현상'의 사회적 형성과 의미」, 『월드컵, 그 열정의 사회학』, 한울아카데미, pp. 35-49.

10) 권혁범(2002), 「월드컵 '국민 축제' 블랙홀에 빨려 들어간 '대한민국'-독립적 지성은 어디에 있는가?」, 『당대비평』, 삼인출판사, pp. 62-89.

라, 그렇기 때문에 사람들이 각자의 취향을 중요하게 여기게 되고, 이러한 개인주의의 우회로를 통해 공공성의 중요성이 새롭게 떠오르는 사회이다. 이러한 변화의 주요한 예가 바로 '신세대의 등장'이고 '팬덤 문화'이고 '붉은악마'인 것이다. ……'붉은악마 현상'을 동원된 것으로 보는 것은 잘못이다. ……'붉은악마 현상'에서 우리가 무엇보다 놀랍게, 또한 즐겁게 느껴야 할 것은, 다른 사람들과 적극적으로 소통하며 자신의 취향을 추구하는 사람들이 이 사회의 곳곳에 있다는 사실이다. 인터넷을 이용해서 사람들은 적극적으로 정보를 생산하고 교환하며 스스로 월드컵을 즐길 수 있는 준비를 했다. ……'붉은악마 현상'이 무지한 대중이 조작되고 동원된 결과라고 볼 수는 없다.[11)]

이와 같은 홍성태의 관점은 한국사회에서 스포츠를 통한 내셔널리즘이 단순히 단선적인 해석을 경계해야 하는 것을 강조한다. 즉, 국가대항전 스포츠 시합을 통해 전달되는 메시지가 수용자에게 아무런 여과없이 그대로 해독되지는 않는 것을 의미한다. 이동연 역시 이러한 주장을 견지하고 있다. 그는 국가대항전 스포츠가 갖고 있는 내셔널리즘의 이데올로기적 기능을 어느 정도 인정하면서도, 개개인의 자발적 참여에 의한 스포츠 관전문화를 강조한다. 그는 2000년대 이후에 발생한 스포츠 관전문화에 대해 다음과 같이 말한다.

첫째는, 가족, 국가, 학교, 지연과 같은 근대적인 사회 집단 체계에서 강요하는 종속적인 위계 질서를 거부하면서도 개인간의 유대감을 통한 새로운 연대와 집단의식을 강조한다는 점이다. 응원의 일체감은 국가시스템이나 축구 관료 조직의 명령에서 나온 것이 아니라, 개인의 자율적인 욕구가 자생적으로 합쳐진 데서 나온 것이다. ……둘째로, 이들의 집단성과 공동체 의식은 그냥 주어진 것이 아니라 의도적이라는 점이다.

11) 홍성태(2002), 앞의글, pp. 40-41.

……표층의 차원에서 보자면 이들의 의도성은 경기장에서 뛰는 선수들과 함께 호흡하고 응원의 효과를 극대화하기 위한 일종의 도구로서의 스타일적인 표현형식으로 볼 수 있지만, 심층적으로는 새로운 청년 문화세대의 적극적인 스타일적 실천이고, 그 스타일의 공공연성을 통한 응원문화의 독자성 확보라는 의미를 가진다.[12]

이와 같이, 2000년대에 들어서서 스포츠를 통한 내셔널리즘 연구는 기존의 이데올로기적 역할에서의 관점에서 탈피하여, 사회구조의 다양성에 입각한 개개인의 능동성에 초점을 부여한다.[13]

본고에서는 이러한 선행연구를 종합적으로 고려해 보았을 때, 한 가지 분명한 사실은 해방 이후 한국사회에서 스포츠를 통한 내셔널리즘의 고양이 지속적으로 이루어져 왔다고는 할 수 있으나, 2000년대 이후 변동하는 사회구조 속에서 다양한 내셔널리즘의 소비가 이루어져 왔다는 점이다. 그렇다면 여기서 실제로 이러한 미디어 스포츠가 전달하는 내셔널적인 표상에 대해 수용자가 어떠한 해독을 행하고 있는지 필자의 박사논문을 참고로 하여 간단하게나마 검토해 보자.[14]

예를 들어 전술한 스포츠를 통한 '일본콤플렉스'[15]의 경우, 어떠한 해독이 이루어지고 있는지에 대해서는 대부분의 수용자들이 과거의 역사

12) 이동연(2001), 「스포츠, 스펙터클, 문화 효과: '박찬호'와 '붉은 악마'에 대하여」, 『스포츠, 어떻게 읽을 것인가?』, 삼인출판사, pp. 247.

13) 이와 같은 입장을 견지하고 있는 연구로서는 조한혜정(2002), 김현미(2002) 등이 있다.

14) 여기서 참고한 수용자에 관한 자료는 필자의 박사논문의 내용을 일부 참조하여 재구성한 것이다. 필자는 한국과 일본의 수용자를 대상으로 2008년 2월부터 2008년 12월까지 10개월에 동안 한국인 8인과 일본인 8인을 대상으로 인터뷰를 실시하였다. 본고에서 논의의 편의를 위해 그 내용의 일부를 간단히 소개한다.(오현석, 2009)

15) 여기서 말하는 '일본콤플렉스'는 해방이후 한국사회에 존재했던 콤플렉스와는 다소 다른 성격을 의미한다. 즉, 한국도 경제성장을 통해 일본에 대한 콤플렉스는 상당부분 희석되어 왔다고 판단된다. 그러나 스포츠 경기에서 일본에 대한 필승의 갈망은 지속적으로 이루어져 오고 있다. 이러한 부분을 과거 역사적 배경에 기인한 '일본콤플렉스'의 연장선으로 고려하여 논의를 전개하였음을 밝힌다.

적 상처가 스포츠 관전에 크게 투영되지는 않았지만, 대부분의 수용자가 일본과의 시합에서는 막연하게 이겨야 한다는 생각을 갖고 있었다. 특히 30대 여성 수용자의 경우는 일본에 대한 감정들이 과도하게 표출되어 증오감을 나타내기도 하였다. 그러나 40대 남성 수용자의 경우는 과거의 역사적 상처가 스포츠에 투영되어 시청되는 것은 바람직하지 않다는 의견을 제시하였다. 즉, 일본이라고 하는 타자에 대한 해독이 자국과 타국이라고 하는 이항대립구조 속에서 스포츠를 통해 자신의 내셔널 아이덴티티를 구축하는 기능을 수행하고 있지만, 과거의 역사적 배경에 따른 적대적 감정의 표출은 다소나마 변동되어 가고 있다고 생각된다.

한편 스포츠 국가대표 팀에 외국인 선수의 귀화문제에 대해 어떤 의견을 갖고 있는 지를 조사하였는데, 이와 관련해서도 거부감을 갖는 경우가 있었으며, 순혈주의를 중요시하는 성향도 나타내었다. 그러나 역으로 국내에서 활동하는 우수한 선수라면 귀화를 해도 무방하다는 입장을 나타낸 수용자도 있었다.

이러한 결과를 보면, 국가대항전 스포츠 경기를 통해 다양한 해독들이 이루어지고 있으며, 이러한 시청의 공간에서 나타나는 현상들이 국가 이데올로기의 작동과 수용자의 능동성이 각축을 벌이는 장으로서 이해할 수가 있다. 즉, 브루디외가 말한 생산의 장과 권력의 장의 '상동관계'가 이루어지는 공간으로서 이해할 수 있다.[16]

그런데 인터뷰 결과, 모든 수용자들이 공통적으로 국가대항전 스포츠 중계를 시청하는 행위가 내셔널리즘에 대한 고양이 이루어지는 과정으로 이해하고 있었다. 이러한 시청공간에서 이루어지는 내셔널리즘은 누

16) 현택수(1998), 「문학예술의 사회적 생산」, 『문화와 권력-부르디외 사회학의 이해』, 나남출판, p. 37.

구나 즐겁게, 또는 승리를 갈구하면서 열정적인 시청의 과정 속에서 나타난 현상이고, 이러한 과정을 통해서 자국에 대한 애국심이 자연스럽게 구축되고 있었다.

2. 일본의 스포츠 문화와 내셔널리즘

그렇다면 일본의 스포츠는 미디어를 통해 어떠한 내셔널적인 담론을 전달하고 있을까? 논의를 전개하기 전에 한 가지 강조하고 싶은 점은 일본의 미디어 스포츠도 한국과 마찬가지로 내셔널리즘의 고양에 기여하고 있다는 공통점은 존재하지만, 이와 관련된 내용들이 한국과 다소 다른 형태로 전개 되었다는 점이다. 즉, 일본의 경우는 패전 이후 미디어 스포츠를 통한 내셔널리즘의 고양이 이루어진 것은 사실이지만, 한국과 같이 일본이라는 특정 국가에 대한 필승콤플렉스 같은 담론을 생산해 내면서 자국의 내셔널리즘을 환기시키는 것과는 다소 성격을 달리 한다. 일본의 국가대항전 관련 미디어 스포츠는 한국의 스포츠 내셔널리즘과 같이 타자와의 이항대립적인 구조 속에서 타자에 대한 적대감이나 배타적인 감정의 표출과는 다소 다른 형태로 타자에 대한 해독이 나타난다. 물론, 요시미의 적절한 지적에서 알 수 있듯이 1950년대 일본사회를 보면, 프로레슬러 역도산에 관한 스포츠 담론에서 나타난 반미내셔널리즘의 표출이 등장한 시기도 존재한다.[17] 그렇지만 일본인들의 이러한 반미내셔널리즘은 패전 이후 미국의 보호아래 급속한 경제성장을 이루면서, 상당부분 희석되어 갔다고 할 수 있다.[18] 이와 같은 일본 사회의 내셔널

17) 吉見俊哉(2004), 『メディア文化論』, 有斐閣アルマ, p. 177.

18) 이러한 부분은 분명히 한국과 다른 형태로 나타난 현상이라고 생각된다. 한국의 경우, 해방 후 일본이라는 나라를 경제성장의 모델로 삼았고, 비약적인 성장을 이루긴 했지만, 일제 강점기의 아픈 역사적 상처로 인해 반복적으로 스포츠를 통한 반일 감정이 분출되어 왔다. 그러나 일본은 패전의 멍에를 안고 있으면서도 경제적,

리즘의 흐름에 대해서 아베 키요시는 다음과 같이 말하고 있다.

> 이러한 전후 사회체제는 미국에 의한 군사적 비호아래 일본이 경제성장에만 전념할 수 있었다. 동서냉전구조를 배경으로 한 미국의 극동전략이라고 하는 「은혜」에 입는 형태로, 일본은 60년대 경이적인 경제발전을 거쳐 「풍요로운 사회」로 오로지 전념해 왔다. 이러한 전후체제의 확립 속에서 일찍이 좌익적 입장에서 주장하는 「반미내셔널리즘」을 논하는 세력들은 후퇴할 수밖에 없었다.[19]

아베 키요시의 이러한 주장은 패전 후 일본사회에서 스포츠를 통한 내셔널리즘의 분석에 중요한 근거가 된다. 왜냐하면 국가대항전 스포츠를 통한 내셔널리즘의 고양은 근본적으로 '자국 대 타국'이라는 이항대립구조 속에서 타국과의 경쟁을 통해 자국에 대한 아이덴티티가 고취된다고 할 수 있다. 이러한 경우, 타국에 대한 적개심이나 배타성이 스포츠 관전에 투영이 되어 자국에 대한 내셔널리즘의 고양으로 이어지기도 한다. 전술한 한국의 대일본 필승 콤플렉스도 이러한 해석의 전형적인 본보기이다. 그렇다면 이러한 타국에 대한 적개심이나 배타성이 약하게 작용하는 일본 사회에서는 스포츠를 통해 어떠한 방식으로 내셔널리즘을 재생산해 낼까? 여기서 한 가지 분명히 해야 할 사항은 일본사회에서도 국가대항전 스포츠 경기에 대한 시청은 어떠한 형태로든 내셔널리즘의 고양과 상관관계를 갖는 다는 점이다. 다시 말해서 국가대항전 스포츠 경기를 미디어를 통해서 시청을 하는 행위는 알튀세르가 말한 국가의 호명에

정치적, 군사적 대미의존에 지나친 편중성과 함께 급진적인 경제발전으로 인한 '경제대국'으로의 위치가 반미내셔널리즘의 희석을 야기한 것으로 판단된다.

19) 阿倍潔(2003), 『彷徨えるナショナリズム』, 世界思想社, pp. 47-48.

응답하는 과정으로 이해할 수 있고,[20] 빌릭이 주장한 일상의 내셔널리즘의 구축으로 이해될 수 있다.[21]

그렇다면 과연 일본의 스포츠는 미디어를 통해 어떠한 내셔널적인 담론을 생산해 내고 있을 까? 이러한 논의에 적확한 분석을 제시한 것이 카야마 리카의 '프티 내셔널리즘 증후군'이다.[22] 그녀는 2002년 한일월드컵을 통해 일본의 응원문화를 분석하면서, 젊은이들이 거부감 없이 자연스럽게 일장기를 흔들면서 응원을 하는 과정에 결코 타국에 대한 적대심을 표출하고 있지 않다고 강조한다. 이러한 과정 속에서 일본인들은 자연스럽게 자국에 대한 자국에 대한 애국심을 구축해 나간다는 것이다.

> (국기가) 있으면 손에 쥔다. 기미가요를 부르고 있으면 듣는다. 이유가 뭐냐고 물으면 '나는 일본인이니까'라고 답하게 된다. 적극적인 애국주의는 아닐지 몰라도 '일본을 좋아한다'라고 망설임 없이 대답하는 그들도 "프티 내셔널한 사람들"이다.[23]

이러한 카야마의 주장은 한일월드컵을 통한 일본의 스포츠 관전문화를 적절히 표현하였다고 판단된다. 이러한 관점은 앞에서 말한 아베 키요시의 논리와 연관되는 부분도 존재한다. 즉, 패전 이후 일본사회에서는 경제성장을 통한 풍요로운 일본을 구축하면서, 타국에 대한 적개심이

20) Althusser, L.(1974) Idéologei et appareils idéologiques d'etat. = 西川長夫ー翻譯,『國家とイデオロギ"ー』, 福村出版, 1975年. p. 70.

21) 빌릭은 현대사회에서 내셔널리즘의 약화가 진행되기는 하지만. 일상 생활에서 국민공동체라는 인식이 무자각적/상식적인 틀 안에서 자연스럽게 매몰되어 간다는 의미로 '일상의 내셔널리즘'이라는 표현을 사용했다.(Billig, M. 1996, p. 77.)

22) 香山リカ(2003),『プチナショナリズム症候群』, 中公親書.

23) 香山リカ(2003), pp. 27-28.

나 배타심 보다는 자국중심의 애국주의가 보편화 되었고, 이러한 성향이 국가대항전 스포츠 시합에서도 자연스럽게 표출된 것으로 보여진다. 그렇다고 해서 이러한 과정들이 단순히 일본사회에서 내셔널리즘의 약화를 의미한다고 보기는 어렵다. 중요한 것은 어떠한 방식으로 내셔널리즘을 구축해 나가고, 어떠한 성격의 내셔널리즘이 구축되어 가는 지의 문제이다. 이러한 논의는 일본학계에서도 다양한 주장들이 제기되어 왔다. 일본의 대표적 내셔널리즘 연구자인 요시노 코사쿠는 축구경기나 스포츠 경기를 시청을 통한 자연스러운 일본의 응원문화가 전후 일본사회에서의 일장기 · 기미가요에 부여된 부정적 이미지가 불식된 부분이 존재한다고 말한다. 또한 이러한 행위가 단순히 내셔널리즘의 고양으로 단정짓기는 어렵다고 말한다. 그렇지만 그는 이러한 변화된 상황을 정치적으로 사용될 가능성이 있다는 것을 고려하면, 변동하는 사회구조 속에서 스포츠와 내셔널리즘의 역학구조를 연구하는 것이 보다 더 중요한 과제라고 강조한다.[24)]

한편 이와 같은 일본의 스포츠 응원문화가 내셔널리즘과 전혀 관계가 없다고 주장하는 경우도 있다. 대표적인 경우가 스기모토의 '표백된 내셔널리즘'이라는 주장이다. 그는 일본인들이 일장기를 들고 열렬히 일본을 외치는 행위나 시합 전에 함께 기미가요를 제창하는 행위에 대해 국가에 대한 심벌을 소비하는 행위가 아니라, 단순히 응원상품을 소비하는 것에 불과하다고 강조한다. 다시 말해서 그러한 응원이나 시청문화에는 내셔널리즘과의 관련성을 찾기 어렵다고 주장한다.

「일장기」나 「국가(國歌)」는 이미 내셔널리즘을 표명하는 심벌이 아니라

---

24) 吉野耕作(2007), 「若者の「右傾化 · 保守化」とナショナリズム-社会調査を通して大学生と共に考える-」, 『年報社会学論集』, 第20号, p. 7.

자신이 월드컵이라는 역사적인 사실에 조우했다라고 하는 현실감과, 정확하게 그 장소에서 자신의 신체가 존재하고 있었다고 하는 근거를 만들기 위한 도구일 뿐이다.[25)]

스기모토는 이러한 일본인들의 스포츠 관전문화는 단순히 일본(일본인)이라는 심벌에 대한 실천적 행위이며, 이는 패션상품이나 커뮤니케이션의 도구 같은 것에 지나지 않는다는 입장이다.

그렇지만 이러한 주장은 내셔널리즘이 갖고 있는 이데올로기적 기능과 역동성을 고려하지 않았다. 즉, 비록 단순히 스포츠 경기에 몰두하면서 일장기를 흔드는 행위에 불과하더라도, 이러한 과정은 일본(일본인)에 관한 표상에 반응하면서 자신만의 내셔널 아이덴티티를 구축해 나가기 때문이다. 다시말해서 이러한 일본인의 내셔널리즘의 구축과정은 전술한 빌릭의 '일상의 내셔널리즘'의 전형적인 예로 이해할 수 있다.

황성빈은 일본인이 미디어 스포츠를 통해 구축해 나가는 내셔널리즘에 관해 기존의 연구와는 다소 다른 관점의 해석을 제시한다.[26)] 그는 2002년 한일월드컵을 앞두고 일본의 오이타현에 있는 나카츠에라고 하는 작은 마을이 카메룬 국가대표의 훈련장으로 지정되면서 미디어의 주목을 받은 에피소드를 분석했다. 이 당시에 카메룬 대표가 자국에서 월급지급 문제로 도착이 늦어지자 마을주민들이 애타게 카메룬 대표를 기다리는 모습이 일본에서 미디어를 통해 전달되어 일본 내에서 큰 화제가 되었다. 이때 미디어에서는 나카츠에 마을에서 남녀노소 할 것 없이 목가적 분위기에서 카메룬 대표를 기다리고 있는 모습이 일본 전국에

25) 杉本厚夫(2003),「漂泊されたナショナリズム―ジャパニーズ・フーリガンの誕生」,『W杯サッカーの熱狂と遺産―2002年日韓ワールドカップを巡って』, 世界思想社, p. 68.

26) 黃盛彬(2005),「W杯と日本の自画像, そして韓国という他者」,『サッカー詩学と政治学』, 人文書院, pp. 175-210.

중계되었다. 결국, 늦어지는 이유에 대해 온갖 억측이 난무하면서 카메룬 대표는 예정보다 5일 늦게 나카츠에 마을에 도착했는데, 심야의 늦은 시각인데도 불구하고 초등학생은 물론 노인들까지도 환영단을 준비해 성대하게 맞이하였다. 이러한 에피소드에 대해 황성빈은 다음과 같이 말한다.

> 이 「나카츠에극장」이야기의 진정한 주역은 누구인가? 일련의 이문화교류 이야기가 진정으로 전달하고 있는 것은 「나카츠에 마을」이라고 하는 작은 지역이 대표하는 「일본」이 어떻게 「아프리카 선수」들을 따뜻한 마음으로 받아들였는가, 그리고 그들에 대해 진심을 담은 정성어린 응원으로 감동시키고, 인간미 넘치는 교류가 일어나고 있는 것을 말하고 있는 것은 아닐까? ……이 에피소드의 주역은 카메룬 대표도 아니고, 나카츠에 마을 사람도 아닌, 바로 「일본(일본인)」인 것이다.(강조는 필자)[27]

이러한 황성빈의 분석은 일본의 스포츠 문화가 내셔널리즘의 구축과 연계성을 갖는다는 중요한 단서가 될 수 있다. 나카츠에 마을에서의 작은 소동은 단순히 월드컵이라는 거대한 미디어 이벤트를 앞두고 일어난 하나의 해프닝에 불과하다. 그렇지만, 이러한 과정을 통해서 자연스럽게 아프리카 선수들에게 '따뜻한 배려를 베푸는 일본인', '인간미 넘치는 일본인'을 전달하면서, 일본(일본인)이라는 내셔널 프라이드를 각인시켜 줄 것이다. 오히려 이러한 내셔널 아이덴티티의 구축은 반미 내셔널리즘이 아닌, 배타적 내셔널리즘과 차별화된 현대 일본사회에서 작동하는 일본의 내셔널리즘은 아닐까?

그렇다면 이러한 국가대항전 스포츠 중계에 대해 수용자는 어떠한 해

27) 黃盛彬(2005), p. 180.

독을 행하고 있을까?[28] 우선, 한국의 수용자와 다르게 일본인들은 사회구조적 변동 속에서 나타나는 정치적 요인이 스포츠 시청에 투영되지는 않았다. 예를 들어, 2008년 동아시아컵이 중국 중경에서 벌어졌었는데, 그 당시 일본에서는 중국에서 수입한 냉동만두에 독극물이 들어있어서 사회적으로 크게 문제가 되었다. 또한 당시 중국사회에서 반일감정의 팽배로 인한 거리데모 등이 일어나기도 했다.[29] 이로 인해 일본내에서도 중국에 대한 반중감정의 목소리가 높아지고 있었다. 이러한 상황 속에서 중국과의 국가대항전 축구시합이 이루어졌는데, 이를 시청한 일본인들은 모두 정치적 상황과는 별개로 자국에 대한 아이덴티티를 확인하고 있는 모습을 보였다. 즉, 중국과의 정치적 상황과는 무관하게 자국중심의 해독을 행하고 있었다. 또한 귀화 선수에 대한 인식도 한국과는 극명하게 차이를 보였는데, 일본대표팀에 외국인 선수가 귀화하여 참가하는 행위를 긍정적으로 평가하고 있었다. 이와 같은 일본인 수용자의 해독의 과정은 한국과는 다르게 사회구조적으로 자리 잡은 정치적 요인들이 스포츠 중계의 해독에는 크게 영향을 미치지 않는다고 판단된다. 물론, 이러한 해석은 한일 비교의 제한적인 상황에서 나타난 현상이라고 말 할 수 있다.

그런데 일본의 수용자들도 한국과 마찬가지로 국가대항전 스포츠 중계를 시청하는 행위가 자국에 대한 아이덴티티를 강화하는 과정으로 이해하고 있었다. 다만, 한국과 다르게 타국에 대한 집중도가 현저히 떨어지고 자국의 플레이에 집중하면서 일본인으로서의 아이덴티티를 강화해 나가고 있었다.

---

28) 일본인 수용자의 해독의 과정도 필자의 박사논문의 일부를 참조하여 구성함.(오현석, 2009)

29)「スポーツ報知」, 2008年 2月 17日.

Ⅳ. 나가며

본고에서는 한국과 일본의 미디어가 스포츠를 매개로 어떠한 내셔널리즘을 구축해 왔는지를 고찰해 보았다.

한국의 경우는, 스포츠를 통해 국가권력의 유지라고 하는 이데올로기적 기능을 유지해 왔고, 미디어를 통한 내셔널리즘의 구축이 이루어져 왔다. 또한 일본이라는 타자에 대한 적대심이 스포츠에 그대로 투영되어 국가대항전 스포츠 관전을 통한 내셔널리즘의 고양이라는 기능도 존재한다. 그러나 이러한 단선적인 해석 이외에 소비세대문화의 등장과 함께 다양한 탈이데올로기적인 담론들을 양산해 왔으며, 내셔널적인 담론에 대한 능동적인 취향도 등장하게 되었다. 수용자의 해독의 과정에서도 내셔널리즘의 이데올로기적 역할에 동화되는 모습도 드러났지만, 능동적이고 자율적인 해독의 행위도 나타났다.

일본의 경우는 한국과는 다소 차이가 있는데, 미디어 스포츠에서 전달되는 내셔널적인 담론에 대해 배타적이거나 적대적인 것으로 이해되지는 않는다. 그렇지만, 자국중심의 담론을 구축하고, 자연스럽게 내셔널리즘으로의 구축을 이끌어 내는 효과를 갖고 있다. 프티 내셔널리즘 증후군에서 알 수 있듯이, 공격적인 내셔널리즘이 아닌, 지극히 온화한 형태로 국가(국민)에 대한 심벌을 소비하면서 내셔널 아이덴티티를 구축한다. 이러한 경향은 수용자의 해독의 과정에서도 비슷하게 나타나는 데, 타국에 대한 개방적인 태도를 보이면서 자국에 대한 프라이드를 고취해 나간다. 또한 한국과는 극명하게 차이가 드러나는 부분은 내셔널적인 담론에 대한 해독의 과정이 일본사회의 정치적 이슈가 스포츠 관전에 투영되는 경우가 거의 드러나지 않는다.

본고에서 검토한 내용 중에서 한일간의 스포츠를 통해 구축되는 내셔널리즘의 공통점은 내셔널적인 담론이 개개인의 일상생활에서 미디어와의 접촉을 통해 자연스럽게 스며들면서 국가 아이덴티티를 고양시킨다는 점이다. 이러한 과정은 어떠한 내셔널리즘의 구축이 이루어지고 있는가는 한일간의 차이가 존재하지만, 공통적으로 미디어를 통해 자국에 대한 내셔널 아이덴티티가 구축되고 있다는 점은 분명하다.

우리들은 일상생활에서 국가(국민)이라는 이미지를 강압적으로 각인시키는 권력구조 속에서 생활하고 있지는 않다. 그렇지만 자신의 내셔널 아이덴티티가 각인되는 순간은 보통 타국(타자)과의 경계에서 발생한다. 이러한 전형적인 케이스가 미디어에서 전달되는 국가 대항전 스포츠 경기라고 할 수 있다. 예를 들어, 4년마다 올림픽 게임을 시청한다든지, 또는 월드컵 축구 경기를 시청하는 경우, 상대국과의 이항대립적인 구조 속에서 자국에 대한 아이덴티티를 확인하게 된다. 그렇다면, 그러한 시청공간에 참여하는 과정을 어떻게 이해할 수 있을 까? 이는 알튀세르가 말한 국가라는 권력장치에 의한 호명의 과정으로 이해할 수 있다. 물론 그 과정이 강압적이지 않고, 자율적인 참여이기는 하지만, 그러한 시청의 공간에 참여하는 것은 내셔널적인 담론과의 접촉이 자연스럽게 이루어지는 공간으로의 참여이다. 물론 본고에서 논의한 바와 같이, 이러한 과정 속에서 구축되는 내셔널리즘이 국가 권력 장치에 순화되어 가는 이데올로기적 기능으로의 해석은 경계해야 한다. 역으로 수용자의 해독의 과정은 능동적이고, 자율적인 해독의 장으로 이해하는 것이 바람직하다.

가장 중요한 점은 이러한 분석이 반드시 각각의 시대적 상황, 즉 개개인 또는 그 집단에 놓여 진 특정한 정치사회적 맥락에 따라 구축/재구축되어 가고 있다는 점을 염두해 두고 고찰해야 한다.

마지막으로 본고의 논의는 한일간의 비교분석을 시도하기는 하였지만, 극히 제한적인 내용을 중심으로 논의를 전개하였다. 이러한 본고의 한계는 향후 본고에서 고찰된 내용을 바탕으로 보다 더 확장적인 연구를 지향하여 지속적으로 논의를 진행해 나가야 할 것이다.

참고문헌

권혁범(2002). 「월드컵 '국민 축제' 블랙홀에 빨려 들어간 '대한민국'—독립적 지성은 어디에 있는가?」, 『당대비평』, 삼인출판사, pp. 62–89.

김현미(2002). 「2002년 월드컵의 '여성화'와 여성'팬덤'」, 『FIFA의 월드컵을 넘어서: 공동의 이벤트, 상이한 체험』, 연세대학교 청년문화연구원, pp. 110–119.

남근우(2012). 「비교민속학의 방법론 재고」, 『실천민속학연구』, 실천민속학회, pp. 125–161.

박정순(1997). 『대중매체의 기호학』, 나남출판사.

이노미(2005). 「비교문화 연구의 이론과 실제」, 『인문과학』제36집, 성균관대학교 인문과학연구소, pp. 367–394.

이기우(1998). 『문화연구』, 한국문화사.

이동연(2001). 「스포츠, 스펙터클, 그리고 지배 효과」, 『스포츠, 어떻게 읽을 것인가?』, 삼인출판사, pp. 182–208.

______. 「스포츠, 스펙터클, 문화 효과: '박찬호'와 '붉은 악마'에 대하여」, 『스포츠, 어떻게 읽을 것인가?』, 삼인출판사, pp. 237–251.

전경수(1994). 『문화의 이해』, 일지사.

조한혜정(2002). 「피파의 월드컵을 넘어서: 일시적 자율 공간, 전복적 시간 체험」, 『FIFA의 월드컵을 넘어서: 공동의 이벤트, 상이한 체험』, 연세대학교 청년문화연구원, pp. 171–186.

현택수(1998). 「문학예술의 사회적 생산」, 『문화와 권력–부르디외 사회학의 이해』, 나남출판, pp. 19–48.

홍성태(2002). 「'붉은악마 현상'의 사회적 형성과 의미」, 『월드컵, 그 열정의 사회학』, 한울아카데미, pp. 35–49.

황병주(2002). 「민족국가간 축구경기는 평화적 전쟁 스펙터클」, 『출판저널』 324호, 대한출판문화협회, pp. 8–9.

阿倍潔(2003). 『彷徨えるナショナリズム』, 世界思想社.

吳炫錫(2009). 「サッカー中継のオーディエンスにみられるナショナル・アイデンテ

ィティ-日韓比較分析を事例に-」, 九州大学比較社会文化学府博士論文.
香山リカ(2003).『プチナショナリズム症候群』, 中公親書.
杉本厚夫(2003).「漂泊されたナショナリズム—ジャパニーズ・フーリガンの誕生」,『W杯サッカーの熱狂と遺産—2002年日韓ワールドカップを巡って』, 世界思想社, pp. 66−82.
黃盛彬(2005).「W杯と日本の自画像, そして韓国という他者」,『サッカー詩学と政治学』, 人文書院, pp. 175−210.
吉見俊哉(2004).『メディア文化論』, 有斐閣アルマ. Yosimi, S.(2004).『mediabunkaron』, yuuhigakuaruma.
吉野耕作(2007).「若者の「右傾化・保守化」とナショナリズム-社会調査を通して大学生と共に考える-」,『年報社会学論集』, 第20号, pp. 2−12.
Althusser, L.(1974). Idéologei et appareils idéologiques d'etat. = 西川長夫-飜譯,『國家とイデオロギ"-』, 福村出版, 1975年.
Billig, M.(1996). *Banal Nationalism*, Sage publication.
http://krdic.naver.com/detail.nhn?docid=18337400

9장
일본군'위안부' 문제와 한일관계*

이지영

Ⅰ. 들어가며

1991년 일본군'위안부'(이하 '위안부') 생존자 가운데 최초로 김학순이 '위안부' 피해 실태를 증언하고, 생존자들이 연이어 일본 국가를 상대로 공식 사죄와 피해 보상을 청구하는 소송을 제기하면서 '위안부' 문제는 일본 국내에서 본격적으로 사회적 이슈가 되었다. 1952년 〈샌프란시스코강화조약〉과 1965년 〈대한민국과 일본국 간의 재산 및 청구권에 관한 문제의 해결과 경제협력에 관한 협정〉(이하 한일청구권협정)으로 전후 처리가 종결됨으로써 '위안부' 문제가 해결되었다는 일본의 종래의 입장에 정면으로 이의가 제기된 것이다. 또한 1992년 〈한국정신대문제대책협의회〉(이하 정대협)가 UN인권위원회에 문제제기를 하고, 〈아시아연대회의〉가 발족되면서 '위안부' 문제는 한일 양국 사회를 넘어 국제 사회의 이슈로 확장되었다. 이제 여성폭력, 특히 전시하의 여성에 대한 조직적 폭력은 더 이상 사적영역에서 발생하는 문제, 국내 문제가 아닌 심대

* 본고는 한국정치학회보 47집 5호에 게재된 「일본 사회의 일본군위안부 문제에 대한 담론의 고찰」을 가필 수정한 것이다.

한 인권 침해, 전쟁범죄로서 국제 사회가 적극적으로 개입해야 하는 국제 문제로 환기된 것이다.

'위안부' 문제가 일본 사회, 국제 사회의 주요 이슈가 된 지 20여년, '위안부' 문제는 한일 양국의 외교적 갈등을 심화시켜왔고 나아가 중국, 미국 등 기타 국가들과 일본과의 외교적 마찰의 원인이 되었다. 1993년 군의 직간접적 개입을 인정하고 반성과 사죄를 담은 고노(河野)담화의 발표, 1995년 〈여성을 위한 아시아 평화 국민기금〉(이하 아시아여성기금) 발족과 보상 사업의 실시, 1997년 중학교 역사교과서에 '위안부' 기술이라는 '위안부' 문제에 대한 일본 정부의 일련의 대응이 이루어졌으나 2000년대에 들어와 고노담화의 수정 움직임, 2005년 교과서 '위안부' 기술 삭제, 거듭되는 정치가의 망언 등으로 후퇴했기 때문이다.

그러나 '위안부' 문제가 한일관계의 최대 현안으로 등장하게 된 계기는 2011년 8월의 한국헌법재판소의 결정이라고 할 수 있다. '위안부'피해자들은 2006년 '위안부' 문제에 대한 가해국 일본뿐 아니라 우리의 책임, 한국 정부의 책임을 사법의 장에 제기한 것이다. 피해자들은 한일청구권협정 제3조 해석상 분쟁 해결을 위한 조치에 근거하여 피해자들의 배상청구권을 둘러싸고 소멸되었다는 일본 정부의 해석과 해결되지 않았다는 한국 정부의 해석상 분쟁이 있음에도 아무런 조치를 취하지 않은 것은 피해자들의 기본권을 침해하여 위헌이라는 확인을 구하는 헌법소원심판을 청구하였다. 이 청구에 대해 헌법재판소는 일본군'위안부'피해자들의 배상청구권은 헌법상 보장되는 재산권일 뿐만 아니라, 그 실현을 가로막는 것은 헌법상 재산권 문제에 국한되지 않고 근원적인 인간으로서의 존엄과 가치의 침해와 직접 관련이 있다며 피해자들의 침해되는 기본권의 중대성과 구제의 절박성을 들어 한국 정부의 부작위는 위헌이라고 판결한 것이다.

이를 계기로 외교통상부는 일본 외무성에게 한일청구권협정 제3조 분쟁 해결 절차에 입각하여 청구권협정의 해석상의 대립을 해소하기 위한 양자 외교협상을 공식 요구한 바 있으며, 2011년 12월 교토에서 개최된 한일 정상회담에서는 이명박 대통령이 노다 요시히코(野田佳彦) 총리에게 일본군'위안부' 문제 해결의 시급성을 강도 높게 제기하며 일본 측을 압박하였고, 이에 대해 노다 총리는 인도주의적 해법 마련을 약속한 바 있다. 그러나 법적 책임론을 주장하는 한국의 입장과 인도주의적 접근을 시도하려는 일본의 입장이 근본적으로 대립하는 가운데 이 문제는 독도 문제에 이어 또 하나의 양국 간 갈등으로 자리를 잡았다. 결국 '위안부' 문제의 해결은 박근혜 정부와 아베 신조(安倍晋三) 총리에게 넘겨졌고 2015년 12월 28일 타결이 이루어졌다. 양 정부 간 주요 합의 내용을 보면 일본 정부의 책임 명확화, 내각총리대신 명의의 공개적 · 공식적 형태의 사죄와 반성 표명, 이행 조치로서 한국 측 재단 설립과 일본 정부 예산 10억 엔에 의한 피해자들의 명예회복 및 상처 치유 사업 등의 실시이다.[1] 이 합의 내용이 24년 간 해결되지 못했던 '위안부' 문제의 해결 수준으로서 적정한 것인지, 위헌 상태를 해소할 만한 작위인지에 대한 평가는 엇갈리고 있다. 그러나 박근혜 정부 출범 이후 '위안부' 문제의 해결 없이는 한일관계의 개선도 없다는 단호한 입장과 해결의 수준은 '위안부' 피해자와 시민사회가 납득하고 수용할 수 있어야 한다는 주장에 비추어 볼 때 피해자, 시민사회와의 의사소통이 결여된 조급한 합의였다는 비판은 면하기 어려울 것으로 여겨진다.

'위안부' 문제가 등장했을 때부터 '위안부' 문제를 바라보는 시각은 동일하지 않았다. '위안부' 문제는 다양한 문제가 교차하는 지점에 놓여 있

1) 이상덕(2016), 「일본군 위안부 피해자 문제 타결과 그 의미」, 『외교』 116호.

어 그 자체가 복합적인 성격을 띠고 있기 때문이다. 우선 '위안부' 문제는 '위안부'로 일본의 식민지였던 조선, 대만, 중국 여성이 주로 동원되었다는 점에서 식민 지배-피지배의 제국주의 문제인 동시에 민족 문제이다. 또한 같은 식민지 내에서도 가난하고 무지한 하층 여성이 동원되었다는 점에서 경제적, 정치적 힘의 불균형에 기인한 계급 문제를 내포한다. 그리고 여성에 대한 남성과 가부장적 국가의 폭력이라는 젠더 문제이기도 하다. 따라서 어느 범주에서 '위안부' 문제를 인식하고 이에 접근하느냐에 따라 '위안부' 문제의 해결에 대한 주장과 정책적 대응은 달라진다고 하겠다. 제국주의와 민족 범주에서 접근하면 '위안부' 문제의 주체는 국가로, '위안부' 문제는 가해국 일본과 피해국 식민지의 경험이라는 국가라는 경계 안의 특수한 문제가 되고, 계급이나 젠더 범주에서 접근하면 '위안부' 문제의 주체는 피해자로, '위안부' 문제는 국가의 경계를 넘어 여성, 인류의 보편의 문제가 된다.[2] 국가와 개인, 특수와 보편의 중층 속에서 위안부 문제는 균열을 내포한 채 경우에 따라서는 내셔널리즘의 담론에 포섭되기도 하고 인권과 민주주의 담론으로 균열을 극복하기도 해왔다.

본 글은 일본군'위안부' 문제, 무엇이 문제였는지 다양한 주장과 담론의 변화를 검토하고 '위안부' 문제, 무엇이 해결되었고 무엇이 과제로 남아있는지 살펴보고자 한다.

2) 日本の戦争責任資料センター編(1998),『シンポジウム ナショナリズムと「慰安婦」問題』, 東京: 青木書店. 山下英愛(2008),『ナショナリズムの狭間から—「慰安婦」問題へのもう一つの視座』, 東京: 明石書店.

Ⅱ. 일본군'위안부' 문제에 대한 담론들

1. 성노예제 대 상행위

1) 성노예제

'위안부' 문제에 대한 사회적 관심을 집중시키고 '위안부' 문제를 정책 이슈화하는데 영향을 미친 담론이 성노예제 담론이다. 존재조차 알려지지 않았던 '위안부'가 성노예였고, 성노예제를 강제한 것이 구 일본군이었다는 주장은 한일 양 사회에 큰 충격을 던졌다.

성노예제라는 용어가 공식적으로 쓰인 것은 1993년 빈에서 개최된 세계인권회의(이하 빈회의)에서였다. 빈 선언 · 행동계획ⅡB의 3 '여성의 평등한 지위 및 인권'(이하 빈인권선언)에서 무력분쟁하에서의 여성의 인권 침해는 '국제인권법 및 국제인도법[3]의 기본 원칙의 침해'이며 '특히 살인, 조직적 강간, 성적 노예제 및 강제적 임신을 포함하여 이 종류의 모든 인권 침해는 실효적인 대응을 필요로 한다'고 규정한 것이다.[4] 빈회의는 인권 차원에서 여성에 대한 폭력의 문제를 논의한 최초의 회의이다.

인권 차원에서 여성폭력 문제를 다룬 빈회의의 성과로 1993년 12월 UN 총회에서 〈여성에 대한 폭력 철폐 선언〉이 채택되었다. 이 선언의 특징은 여성에 대한 폭력은 사적인 일이 아니라 '양성 간의 역사적으로 불평등한 권력 관계'에 기인하는 문제로서, 여성의 정치적 · 경제적 · 사회적 평등의 달성을 저해하는 요인으로 인식, 폭력으로부터의 구제를 여

3) 국제인도법은 무력분쟁에 의해 발생한 인도상의 문제를 최소화하는 것을 목적으로 인도적 이유에서 전쟁의 수단, 방법을 제한하고 분쟁에 의해 실제로 또는 잠재적으로 영향을 받는 개인 및 일정 재산을 보호할 것을 목적으로 하는 일군(一群)의 조약상 또는 관습법상의 규칙이다.

4) 日本弁護士連合会(1993), 「戦争における人権侵害の回復を求める宣言」.

성의 권리로 규정하고 있다. 이 선언의 또 다른 특징은 여성에 대한 폭력을 '육체적, 정신적, 성적 및 심리적 손해 또는 고통이 결과적으로 발생하거나 발생할 성에 근거한 모든 폭력 행위'의 넓은 의미로 해석하고 있다는 것이다. 빈회의의 성과는 여기에 그치지 않는다. 1994년 UN인권위원회는 빈인권선언을 받아들여 여성에 대한 폭력과 그 요인을 철폐하는 조치를 권고하기 위한 특별보고관을 임명했다. 보고 대상은 분쟁하의 여성폭력, 가정폭력, 관습에 의한 폭력, 강간, 성희롱, 인신매매이다.[5] UN인권위원회는 1996년 2월, 쿠마라스와미 특별보고관의 〈전시의 군사적 성적 노예제 문제에 관한 보고서〉(이하 쿠마라스와미보고서)를 발표하게 된다. 인권 차원에서 여성에 대한 폭력 문제가 논의되게 되고, 그 가운데에서도 분쟁하의 여성에 대한 폭력이 국제 사회의 주요 이슈가 된 것은 냉전 붕괴 이후 코소보내전, 르완다내전 등 다발하는 무력분쟁 상황에서 상대 진영의 여성에 대해 대규모, 조직적인 성폭력이 가해지고 있는 실상이 드러났기 때문이다.

이러한 전시하의 여성에 대한 폭력 문제의 하나로 '위안부' 문제를 의제화하고 '위안부'제도를 성노예제[6]로 호명하는 데 중요한 역할을 한 것이 〈한국정신대문제대책협의회〉(이하 정대협)와 〈일본변호사연합회〉(이하 일변연)이다. 1990년 11월 설립된 정대협은 1980년대 한국 민주화운동을 추진하며 성장해온 한국 여성운동의 힘을 '위안부' 문제 해결을 위한 활동에 결집시키는 구심점이 되었다. 정대협은 '위안부' 강제연행의 사실 인정, 공식 사과, 사실 규명, 책임자 처벌, 위령비 건립, 생존자와 유족에 대한 보상, 역사교육의 일곱 가지 요구를 명시하며 설립되자마자 강력하

5) United Nations(1995), *The United Nations And The Advancement Of Women 1945–1995*, New York.

6) 성노예제, 성노예라는 용어는 국제 사회와 일본에서는 통용되고 있으나 한국에서는 피해자들이 용어 사용에 거부감을 표시해 일반적으로는 사용되지 않고 있다.

게 운동을 주도해 나갔다. 한편 일변연은 1949년 변호사법에 의해 설립되어 직능단체로서의 성격을 갖고 있으나 특별민간법인이 아니라 변호사 자치가 이루어지고 있다. 이러한 일변연이 주최하는 중요한 대회 중 하나가 인권대회인데, 실행위원회에서 그해의 테마를 결정하고 선언을 발표하고 있다. 1993년 제36회 인권대회의 테마가 전시하의 인권 침해였고, 각국의 전시하의 강제노동 조사 결과를 바탕으로 1995년 1월에 발표된 것이 〈종군위안부 문제에 관한 제언〉이다. 일변연은 이 제언에서 최초로 일본 정부에 대해 '위안부' 문제의 법적 책임을 인정할 것과 '위안부'피해자에 대한 입법조치에 의한 사죄와 보상을 요구했다.

정대협과 일변연은 빈회의에서 빈인권선언 원안의 '이 종류의 "현재의" 인권 침해는 실효적인 대응을 필요로 한다'는 문구에서 '현재의'라는 표현을 삭제할 것을 요구했다. 구 일본군에 의한 '위안부' 문제 등 과거 발생한 인권 침해 문제에 대해 제약을 초래할 수 있다고 판단했기 때문이다. 결국 '현재의'라는 표현은 '모든'이라는 문구로 수정되었다. 또한 정대협과 일변연은 빈회의에서 '위안부' 문제에 대해 문서 발표를 했고, 1994년의 여성과 개발에 관한 제2회 아시아태평양각료회의에서도 '위안부' 문제에 대한 사실 조사를 제안하는 발언을 했다. 1995년 제4차 베이징세계여성회의에서는 정대협과 일변연, NGO의 요청으로 전시하 성적 노예제의 피해자에 대한 보상을 포함한 행동강령이 채택되었다. 정대협과 일변연이 일관되게 제기한 것은 성노예제라는 용어는 '위안부' 문제를 지칭하는 것으로 성노예제에 '위안부'제도가 포함되어야 한다는 것이다.[7]

이 두 단체가 '위안부'를 성노예로 인식한 데는 실존하는 '위안부'피해자와 그들의 증언이 크게 작용했다. '위안부'피해자는 '위안부' 문제를 과

7) 日本弁護士連合会(1995), 「従軍慰安婦問題への政府の対応に関する声明」.

거의 문제, 종료된 문제가 아니라 현재 발생하고 있는 무력분쟁하의 여성에 대한 폭력의 문제와 연결시키는, '위안부' 문제에 현재성을 부여하는 존재인 것이다. 피해자의 증언을 통해 밝혀진 '위안부'가 된 경위, 위안소로의 배치, 위안소에서의 생활 실태를 일변연은 군의 지령으로 징집되어 군법, 비 군법을 불문하고 일체의 법령의 적용을 받지 않고 계약관계도 없는 무권리 상태였으며 마치 군의 소유물과 같은 취급을 받는 노예 상태로 인지했다. 정대협과 일변연의 '위안부' 문제에 대한 이러한 인식과 발언 및 제안은 쿠마라스와미보고서의 기초가 되었다. 한국, 북한, 일본에 대한 방문조사를 바탕으로 작성된 이 보고서에서 정식으로 '위안부' 문제는 전시하의 성노예제로 규정된 것이다. 일변연은 '위안부'를 성노예제에 포함시킨 쿠마라스와미보고서에 대해 '위안부' 문제 해결을 위한 솔직한 제언으로 평가하고 이 보고서의 UN인권위원회 채택과 일본정부의 수용을 요구했다. 그리고 1997년에는 무력분쟁하의 조직적 강간 · 성노예제 및 성노예제 유사행위에 관한 특별보고관으로 맥두걸이 임명되어, 1998년에 최종보고서(이하 맥두걸보고서)가 발표되었다. 맥두걸보고서는 부속문서에 위안소에 대한 분석 결과를 담고 있다. 이 보고서는 위안소를 강간소로 규정하고 책임자 처벌을 강조하고 있다.

정대협과 일변연이 주도한 성노예제 담론은 1990년대 일부 남성 지식인과 페미니스트 여성학자에 의해 수용되었지만 일반에게 인식되게 된 것은 정대협과 〈전쟁과 여성 폭력 일본네트워크(Violence Against Women in War Network Japan〉(이하 일본VAWW-NET)이 2000년에 주최한 〈일본군 성노예제를 재판하는 여성국제전범법정〉(이하 2000년 법정)이 계기가 되었다. 가해국 일본의 여성이 피해국 여성들과 연대하여 개최한 이 법정은 개정 4일째에 국제공청회 〈현대 분쟁하의 여성에 대한 범죄〉를 열었는데 아시아, 중동, 아프리카, 유럽, 북미, 라틴아메리

카로부터 17개국의 여성들이 무력분쟁하에서의 성폭력에 대해 증언했다. 국제공청회에서 '위안부' 생존자의 증언이 함께 이루어지면서 국제사회에 '위안부' 문제가 과거만의 문제가 아님을, '위안부'가 전시하의 성노예임을 확인시키는 역할을 한 것이다.[8)]

2) 상행위

그러나 성노예제 담론에 대한 반동은 일본에서 바로 시작되었다. 그 반동은 '위안부' 제도가 성노예제가 아니라 상행위였고 '위안부'는 성노예가 아니라 매춘부라는 주장에서 시작된다. '위안부' 문제에 대한 이러한 상행위 담론을 형성한 것은 1995년 1월에 결성된 〈자유주의사관연구회〉와 이 연구회가 모체가 되어 1996년 12월에 조직된 〈새로운 역사교과서를 만드는 모임〉(이하 새역모)이다. 새역모가 표방하는 자유주의사관이란 기존의 역사교과서나 연구를 관통하는 일본근대사에 대한 비판은 중국이나 한국, 미국 등 외국의 비판을 수용하여 자국의 행위를 모두 악으로 단정하는 '자학사관'으로, 이러한 자학사관을 수정해야 한다는 것이다. 새역모가 자학사관의 상징으로 카테고리화한 것이 '위안부' 문제와 남경학살이다. 따라서 자학사관에 의해 기술되어온 역사를 수정하기 위해서는 '위안부' 문제는 수정되어야 하는 대상인 것이다.[9)] 그렇다면 '위안부' 문제의 무엇을 수정해야 하는가? '위안부' 문제에 대한 통설이다. 새역모는 '위안부' 문제에 대한 성노예제 담론은 자료에 근거하지 않은 통설로 규정하고 이러한 통설은 자료에 의해 수정되어야 한다고 주장한다.

8) 戦争と女性への暴力日本ネットワーク(2006),『女性国際戦犯のすべて一「慰安婦」被害と加害責任』, 東京: 女たちの戦争と平和資料館.

9) 渡辺治(2001),『日本の大国化とネオ・ナショナリズムの形成: 天皇制ナショナリズムの模索と隘路』, 東京: 桜井書店.

새역모가 주요 자료로 제시하는 것은 '위안부'피해자의 증언이다. 새역모는 위안소의 실태나 '위안부'의 피해 실태에는 전혀 언급하지 않고 몇몇 증언 가운데 등장하는 부모가 민간업자에게 전차금을 받고 팔았다거나, 성격이 좋고 명랑해서 '위안부'로서 인기가 있었고, '위안부' 생활 3년 남짓에 2만 6천여 엔의 저금과 5천 엔의 송금을 했다는 부분 등을 발췌해 '위안부'는 상행위였고 매춘부였다고 '위안부' 문제에 대한 담론을 재구성한 것이다.

새역모에 의해 재구성된 상행위 담론을 대중에게 확산시킨 것이 〈역사사실위원회〉이다. 역사사실위원회는 미 하원의 '위안부'결의안 채택을 저지하기 위해 2007년 6월 14일 워싱턴포스트지에 '위안부' 동원에 일본 정부나 군의 강제연행은 없었다는 전면광고 〈THE FACTS〉를 게재한 단체이다. 역사사실위원회는 쿠마라스와미보고서, 맥두걸보고서를 통해 '위안부'제도가 성노예제이며 전시하의 조적적인 성폭력으로 심대한 인권침해라는 규범이 형성되고, 1998년부터 2007년까지 7번이나 미 하원에 '위안부'결의안이 상정된 것은 서구의 잘못된 역사 인식에 기인한 것이라고 보고 있다. 따라서 근거 있는 역사 사실의 제시를 통해 일본의 전쟁범죄에 대한 서구의 잘못된 역사 인식을 시정한다는 것이 역사사실위원회의 취지이다. 특히 역사사실위원회가 중시하는 것은 미국과 일본 국내 여론으로, 현재는 〈역사사실보급협회〉로 개칭하여 영어 전용 사이트를 운영하며 미국의 주요 정치가에게 서한을 보내는 등의 활동을 전개하는 한편, 일본의 보수 잡지 〈WiLL〉, 〈세론(正論)〉, 〈쇼쿤(諸君)!〉 등을 통해 '위안부' 문제에 대한 담론을 양산하고 있다. 역사사실위원회의 특징은 운동 차원에서 '위안부' 문제의 수정을 시도했다는 것이다. 그 운동이 바로 '위안부'의 역사적 사실을 알린다는 THE FACTS 운동이다. THE FACTS 운동의 목적은 성노예 등 반일(反日) 프로파간다에 오피니언이 아닌 사실로써 대항하여 사회 전체의 판단을 올바르게 한다는 것이다.[10] 역사사실위원회는 재구성된 상행위 담론에 역사의 사실이라는 의미를 부여함으로써 '위안부'에 대한 일본군의 강제와 심대한 인권 침해의 실태를 무화하고 일본의 국가로서의 가해 책임을 애매하게 했다. 게다가 남성 중심의 서사인 상행위 담론에 역사의 사실이라는 의미 부여는 '위안부' 문제에서 폭력성과 성차별성을 제거한다. 이러한 상행위 담론을 수용함으로써 일본 사회는 '위안부' 문제에 대한 죄의식에서 벗어날 수 있는 것이다.

2. 법적 책임 대 도의적 책임

1) 법적 책임

성노예제 대 상행위 담론의 대립만큼이나 뜨겁고 이후 '위안부' 문제에 대한 일본 정부의 대응과 한국 정부의 인식, 양국의 시민사회는 물론 국제 사회의 인식에 큰 영향을 미친 것이 법적 책임 대 도의적 책임 담론의 대립이다. 성노예제 대 상행위 담론의 대립이 '위안부' 문제의 정의에 관한 것이었다면 법적 책임 대 도의적 책임의 대립은 '위안부' 문제의 해결에 관한 것이라고 할 수 있다. 법적 책임론이든 도의적 책임론이든 책임론의 내용은 책임의 주체와 해결 방법으로 구성되었다. 즉, '위안부' 문제의 책임이 누구에게 있고 어떻게 책임을 져야하는가를 둘러싸고 책임론은 전개되었다.

법적 책임론은 '위안부'제도를 일본군 성노예제로 규정하는 정대협과 일변연이 주도하였다. 정대협과 일변연의 주장에 의하면 우선 '위안부' 문제에 대한 책임의 주체는 일본국으로 그 책임의 근거는 일본국헌법과

10) 역사사실위원회홈페이지 http://www.ianfu.net/opinion/ (검색일: 2013. 03. 11).

국제법이다. 일본국헌법 제98조의 조약, 국제관습법 준수의 의무 규정과 국제인도법 중 〈헤이그육전(陸戰)조약〉 제3조 군인의 일체 행위에 대한 교전당사자의 책임 규정에 의거해 '위안부' 문제에 대한 책임은 일본국에 있다는 것이다. 또한 정대협과 일변연은 국제인도법과 〈노예금지에 관한 조약〉, 〈추업(醜業)을 행하기 위한 부녀매매 금지에 관한 조약〉, 〈강제노동에 관한 조약〉에 의거해 '위안부'제도의 위법성을 구성한다. 국제인도법에서 '위안부'제도는 헤이그육전조약 위반이며 〈인도에 대한 죄〉에 해당한다. 당시 점령 지역에 있어서 강간은 형사죄로 일본군 점령지에서의 강간, 성적 학대, 성적 노예화는 헤이그육전조약 제43조 점령지 법률 준수와 제46조 사권(私權) 존중의 원칙에 위배된다는 것이다. 한편, 인도에 대한 죄는 제2차 세계대전 종전 후 도쿄에서 열린 극동국제군사재판의 법적 기초였던 극동국제군사재판소조례가 규정한 전쟁범죄의 유형으로, 그 처벌 행위는 '살육, 섬멸, 노예적 학대, 추방, 기타 비인도적 행위' 및 '정치적 또는 인종적 박해 행위'인데 '위안부'제도가 이에 해당한다는 것이다.

그렇다면 이러한 법적 책임이 있는 일본은 국가로서 어떻게 '위안부' 문제를 해결해야 하는가. 정대협은 앞서 기술한 일곱 가지를 주장하고 있고 일변연은 다음 네 가지를 제언하고 있다. 첫째는 철저한 조사를 통해 '위안부' 문제의 진상을 규명해야 한다. 둘째는 일본의 법적 책임을 인정하고 '위안부'피해자에게 공식 사죄하는 것이다. 셋째는 피해 구제를 위해 피해자 개인에게 배상하는 것이며 넷째는 다시는 되풀이 되지 않도록 역사교육을 통해 '위안부' 문제의 교훈을 계승해 가는 것이다.[11] '위안부' 문제의 해결을 위해 한일 시민사회는 연대하며 활동을 전개해왔으나

11) 日本弁護士連合会(1995), 「従軍慰安婦問題に関する提言」. 日本弁護士連合会(2012), 「日本軍'慰安婦'問題の最終的解決に関する宣言」.

'위안부' 문제의 해결을 둘러싸고 정대협과 일본의 시민단체들 간에 가장 큰 차이를 보이고 있는 것은 책임자 처벌일 것이다. '위안부' 문제의 책임자를 처벌해야만 '위안부' 문제가 해결된다고 보는 정대협과 대일본제국과 구 일본군에 의해 자행된 '위안부' 문제의 책임자를 규명하여 처벌한다는 것은 현실적으로 불가능하며 문제 해결의 우선순위는 아니라는 것이 많은 일본 시민단체의 견해였다. 이러한 견해 차이는 한일 시민사회의 연대에 균열을 가져오기도 했다.

2) 도의적 책임

도의적 책임은 일본 정부에 의해 일관되게 주장된 것으로 일본 사회의 '위안부' 관련 운동단체와 지식인들에게 점차 수용되었다. 법적 책임 담론 내에서 '위안부' 문제 해결에 대한 자신들의 인식을 동일화했던 일본 지식인과 시민단체가 도의적 책임 담론을 수용하는 계기가 된 것이 아시아여성기금의 발족과 사업의 추진이다.

일본에서 자민당일당우위체제가 붕괴된 직후 발족된 〈자민당〉, 〈사민당〉, 〈신당사키가케(新黨先驅)〉의 연립정권에서 1994년 설립된 〈전후 50년 문제 프로젝트〉의 〈종군위안부문제소위원회〉가 '위안부' 문제의 검토를 시작, 12월의 제1차 '위안부' 문제 조사 보고를 바탕으로 설립된 재단법인이 아시아여성기금이다. 아시아여성기금의 사업은 다음 세 가지로 구성되어 있다. 첫째는 모든 '위안부'피해자 개인에게 200만 엔의 '보상금'을 지급하는 사업으로, 총 5억 7,000만 엔이 일본 국민의 모금에 의해 지급되었다. 둘째는 의료 · 복지 지원 사업으로 총 5억 1,000만 엔이 일본 정부의 예산에서 충당되었다. 셋째는 일본 총리의 사죄 편지를 전하는 것으로 당시 고이즈미(小泉) 총리의 편지가 피해자에게 전달되었다. 필리핀, 한국, 대만에서 285명에 대해 세 가지 사업이 실시되었고, 네덜

란드에서는 79명에게 의료·복지 지원 사업과 총리의 편지 전달 사업이, 인도네시아에서는 인도네시아 정부와의 합의하에 고령자 지원 복지사업이 실시되었다. 아시아여성기금은 1995년 〈아시아여성기금 설립에 있어서의 국민에 대한 호소〉를 발표한 이후 이와 같은 사업은 일본의 도의적 책임을 다하고 일본 국민의 사죄의 마음을 전하기 위한 것이라는 주장을 2007년 해산될 때까지 일관되게 유지해왔다. 아시아여성기금은 발족 당시부터 지속적으로 도의적 책임 담론을 확산시켜 법적 책임론의 내용을 수정해왔던 것이다. 즉 '위안부' 문제에 대한 책임의 주체를 국가가 아닌 일본 국민으로 대체시키고, '위안부' 문제의 해결 방안으로 배상이 아닌 보상을 실시함으로써 일본이 정부뿐 아니라 국민을 포함하여 총체적으로 '위안부' 문제에 대해 책임을 다했다는 서사를 일반에 정착시켰다.

1990년 1월 〈한겨레신문〉이 발표한 윤정옥 전 이화여대 교수의 '위안부' 취재기는 일본에서 '위안부' 문제를 수면 위로 부상시켰다. 그리고 6월 6일 참의원예산위원회에서의 〈사회당〉 모토오카 세이지(本岡昭次) 의원의 조선인의 강제연행에 관한 질의에 대한 "국가총동원법에 근거한 업무로서 '위안부'의 강제연행은 없었다. 고인(故人)의 이야기 등으로는 민간업자가 '위안부' 같은 사람을 군과 함께 데리고 다닌 듯해 실태 조사는 할 수 없다"는 정부위원의 답변은 '위반부'피해자의 오랜 침묵을 깨게 했다. 김학순의 증언은 '위안부'와 '위안부'제도의 존재를 부정할 수 없게 만든 것이다. 또한 1992년 1월 요시미 요시아키(吉見義明) 주오대학(中央大學) 교수에 의해 북지나파견군참모장 오카베 나오자부로(岡部直三郎)의 통첩 등 군 관여를 증명하는 자료가 발표되었다.[12] 일본 정부는 본격적으로 실태 조사에 착수해 1992년 7월 방위청 소장 70건, 외무성 소

12) 吉見義明(1993), 『從軍慰安婦資料集』, 東京: 大月書店.

장 25건 등 127건의 관련 자료가 발견되었다고 발표했다. 그러나 이것으로는 조사가 불충분하다는 비판이 일자 다시 2차 조사가 실시되었는데, 이때 정부 차원에서 한국의 '위안부'피해자 16명에 대한 면접 조사가 이루어졌고 피해 실태에 대한 증언이 수집되었다. 1993년 8월, 이 조사 결과와 더불어 발표된 것이 고노담화이다.[13)]

'위안소는 당시 군 당국의 요청에 의해 설영(設營)된 것으로 위안소의 설치, 관리 및 위안부의 이송에 대해서는 구 일본군이 직접 또는 간접으로 이에 관여했다. 위안부의 모집에 대해서는 군의 요청을 받은 업자가 주로 이를 담당했으나, 그 경우에도 감언, 강압에 의하는 등 본인의 의사에 반해 모집된 사례가 많고 게다가 관헌 등이 직접 이에 가담한 것도 있었다는 것이 밝혀졌다. 그리고 위안소에서의 생활은 강제적인 상태 하에서의 괴로운 것이었다'는 내용의 고노담화는 '위안부'제도의 강제성과 일본군의 관여를 인정하고, '위안부'피해자에게 일본 정부의 사죄와 반성의 마음을 표명했다. 고노담화의 발표는 1990년까지 인정하지 않았던 군의 관여, '위안부'제도의 강제성을 일본 정부 차원에서 최초로 인정하고 사죄한 획기적인 것이었다.

그렇다면 일본 정부는 일본 정부가 인정한 '위안부' 문제에 대해 어떻게 책임을 져야하는가, 어떤 수단으로 '위안부' 문제를 해결해야하는가, 책임론의 내용을 둘러싼 논의가 시작되었다.

그러나 일본 정부는 '위안부' 문제에 대한 법적 책임은 인정하지 않는다. 우선 헤이그육전조약은 모든 교전당사자가 가입해야 한다는 조항을 두고 있는데 2차 대전 당시 교전국 중 코스타리카와 이탈리아, 도미니카

13) 2차 조사발표에서는 방위청방위연구소도서관 소장 자료 117건, 외무성외교사료관 소장 자료 54건, 구 후생성 자료 4건, 구 문부성 자료 2건, 국립공문서자료관 자료 21건, 국립국회도서관 자료 17건, 미국국립공문서관 자료 19건의 존재가 밝혀졌다.

등이 비준하지 않았기 때문에 법적 효력이 발생하지 않는다는 것이다. 그리고 극동국제군사재판소조례의 인도에 대한 죄에는 무력분쟁하의 성폭력은 포함되지 않아 이 역시 적용되지 않으며, 1998년에 국제형사재판소 로마규정에 무력분쟁하의 성폭력이 인도에 대한 죄, 전쟁범죄로 규정되었다[14]고 해도 과거의 사건에 소추해서 적용할 수 없다는 주장이다. 따라서 일본은 '위안부' 문제에 대해 국제법상 책임이 없고, 피해자에 대한 배상 책임도 성립되지 않으며, 무엇보다 일본의 전후처리는 샌프란시스코강화조약과 개인배상청구권을 포기한 한일청구권협정으로 종결되었다는 것이다. '위안부'피해자의 증언으로 드러난 피해 실태에 대해서는 일본 정부는 법적 책임은 없지만 도의적 책임 차원에서 피해자에게 보상한다는 방침을 결정했고 그 보상 방안이 아시아여성기금이었다. 법적 책임에 의한 배상은 가해자와 피해자 간의 의무와 권리이지만 도의적 책임하의 보상은 가해자 일방의 자의적이고 시혜적인 것이다. 도의적 책임담론은 일본국과 '위안부'피해자 개인 간의 권리, 의무 관계를 해소시키고 윤리적, 도덕적 차원에서 '위안부' 문제를 편성하며 그 책임의 주체로 국민을 등장시킨다.

1994년 8월, 전후 50년을 맞이해 무라야마 도미이치(村山富市) 총리는 '위안부' 문제에 대해 반성과 사죄를 표명하며 그 마음을 국민과 나누기 위해 '폭넓은 국민 참여의 길'을 탐구하고 있다는 담화를 발표했다. 폭넓은 국민 참여의 길인 아시아여성기금은 1995년 7월, 설립에 있어 '국민적 보상을 하는 것이 현재를 사는 우리의 위안부 희생자, 국제 사회, 미래 세대에 대한 책임이며 국민기금을 통해 한 명이라도 많은 일본인의

14) UN은 국제형사재판소 로마규정에 의해 무력분쟁하의 성폭력을 재판하는 구 유고법정과 르완다법정을 설치했다.

사죄의 마음을 표현해 달라'는 내용의 대국민 호소를 발표한다.[15] 전후 전쟁책임에 관해 제기됐던 일억총참회(一億總懺悔)론 이후 50년 만에 재등장한 국민책임론이라 할 수 있다.

일본의 우파 정치가나 보수단체는 '위안부' 문제에 관한 법적 책임 담론, 도의적 책임 담론 양자를 모두 거부했지만, '위안부' 운동단체와 지식인 일부에서 이 도의적 책임 담론을 수용하면서 일본의 시민사회에 균열이 발생하고 한일 연대가 약화되었다. 도의적 책임 담론을 수용한 측은 '위안부' 문제에 대한 일본 정부의 법적 책임 인정은 현실적으로 어려운 가운데 최선은 아니지만 '위안부'피해자에 대한 하나의 지원 방안이 될 수 있으며, 전후 역사 청산을 위해 무엇인가를 할 수 있는 기회로 인식한 것이다.[16]

이러한 도의적 책임 담론은 아시아여성기금의 사업을 통해 국제 사회에도 확산되었다. 아시아여성기금은 필리핀, 한국 등에서 사업을 개시하면서 게재한 신문 광고문과 '위안부'피해자에게 보낸 이사장 편지, 활동보고서 등을 통해 '도의적 책임을 다하기 위해 일본 국민의 사죄의 마음을 표한다'는 도의적 책임 담론을 국제 사회에 인식시킨 것이다. 쿠마라스와미보고서는 '환영할 만한 노력(Welcom Effort)'이라고 평가했고, 1996년 이래 여섯 차례에 걸쳐 미 하원에 '위안부'결의안이 제출되면서도 본회의 상정에는 이르지 못한 이유도 미 행정부와 공화당계 의원들을 중심으로 이 도의적 책임 담론이 수용되었기 때문이다. 일본 정부의 도의적 책임과 아시아여성기금에 대해 한국에서는 정대협을 중심으로 격렬한 반대가 지속되어 왔다.

15) 〈위안부 문제와 아시아여성기금 디지털기념관〉 홈페이지 http://www.awf.or.jp/6/statement-04.html (검색일: 2013. 07. 06).

16) 와다 하루키(2005), 「아시아여성기금문제와 지식인의 책임」, 제2회 한일연대21심포지엄 발표논문.

3. 전쟁범죄 대 전장(戰場)의 성

1) 전쟁범죄

성노예제와 상행위 담론이 '위안부' 문제의 정의에 관한 담론이었다면 전쟁범죄와 전장의 성 담론은 성노예제와 상행위 담론의 외연이 각각 확장된 것이라고 할 수 있다. 전쟁범죄 담론은 주로 정대협과 일본VAWW-NET에 의해 주도되었다. 일본VAWW-NET은 1997년 도쿄에서 20개국, 40명의 해외 참가자가 모여 개최된 〈전쟁과 여성에 대한 폭력 국제회의〉를 계기로 국제VAWW-NET이 발족된 것에 이어 1998년에 일본기독교부인교풍회가 중심이 되어 만들어진 것이다. 국제VAWW-NET과 연대하여 무력분쟁하의 여성폭력 문제에 대해 활동을 전개하고 있는 일본VAWW-NET은 '위안부'제도를 '성노예제', '전시하의 군에 의한 조직적인 성폭력', '전쟁범죄'로 규정하는 국제 사회의 규범을 공유하고 있다. 특히 2차 대전 중의 '위안부' 문제와 오키나와(沖縄) 등 미군기지 주변의 여성폭력 문제, 나아가 아시아를 비롯해 세계 각지의 무력분쟁하의 여성폭력 문제에 중점을 두고 있는 일본VAWW-NET의 최대 활동은 정대협과 더불어 2000년법정을 주최한 것이다.

정대협과 일본VAWW-NET은 성노예제인 '위안부'제도가 단 한 번도 단죄되지 않고 책임자 처벌이 이루어지지 않은 것에 의문을 제기한다. 김학순 증언 이후 일본의 공식 사죄와 개인배상을 요구하는 '위안부' 관련 소송이 이어졌으나 기각되거나 패소했다. 1991년의 〈아시아태평양전쟁한국인희생자보상청구사건〉도, 1992년의 〈부산종군위안부 · 여자근로정신대 공식사죄 등 청구소송〉도 실패했다. 또한 '위안부'제도는 인류 역사상 최초로 전쟁범죄를 재판한 극동국제군사재판에 소추되지 않았다. 1990년대 후반에 와서야 무력분쟁하의 성폭력이 전쟁범죄로 규정되었으나, 국제형사재판소도 현재의 사건 만을 다룰 수 있어, '위안부'제도는 전쟁범죄로서 재판하기가 현실적으로는 쉽지 않다. 일본VAWW-NET은 국가도 국제기구도 '위안부'제도를 전쟁범죄로 다루지 않는다면 시민의 손으로 재판해야 한다고 주장하고 2000년법정을 주최한 것이다. 2000년법정의 가장 큰 특징은 국제시민법정으로서 법적 효력은 없지만, '위안부' 문제에 대한 일본 국가의 법적 책임을 물어 히로히토(裕仁) 천황에게 유죄 판결을 내린 것이라 할 수 있다. 히로히토 천황을 포함한 10명을 기소하여, 10명 전원에게 인도에 대한 죄로서 성노예제의 책임을 물은 것이다. 이것은 극동국제군사재판에서도 다루지 못했던 천황의 전쟁책임을 공개적으로 다룬 것으로 전후 일본 사회의 금기에 대한 도전이었다. 성노예제인 '위안부'제도의 책임자에게 유죄 판결을 내린 2000년법정을 통해 '위안부'제도는 전쟁범죄로 상징화될 수 있었다. 총 30개국, 1,000명 이상이 참여한 2000년 법정은 95개 해외 언론사에 의해 전 세계에 보도되었다.

정대협과 일본VAWW-NET이 '위안부'제도를 전쟁범죄인 인도에 대한 죄로 규정하는 데는 위안소에서의 성폭력 피해가 전쟁 당시 뿐 아니라 피해자의 전 생애에 걸쳐 이어지고 영향을 미치기 때문이다. 정대협과 일본VAWW-NET은 '위안부' 피해 실태를 심대한 인권 침해에서 더 나아가 '인생 피해'로 인식한다. 위안소에서의 성적 강제와 폭력도 여성의 인권을 침해한 것이지만 그 이후의 불임, 외상후스트레스 등 신체적, 정신적 고통이 평생에 걸쳐 인간다운 삶을 살기 어렵게 했다는 것이다. '위안부'제도의 가장 큰 피해는 여성으로서의 정체성을 부정당하고 사회 구성원으로서 배제당하는 '수치' 속에 침묵을 강요받으며 존재를 인정받지 못한 여성으로서의, 인간으로서의 존엄의 훼손이다. 전쟁범죄 담론은 무엇보다 '위안부'제도를 인도에 대한 죄로 규정하고 책임자를 처벌함으로써 인생 피해로부터의 구제와 여성의 존엄의 회복을 지향한다.

2) 전장의 성

그러나 전쟁범죄 담론에 대한 반발은 거셌다. 역사사실위원회는 '위안부'제도를 전쟁범죄로 규정한 2000년법정을 인민재판으로 비난하며 '위안부'제도를 전장에서의 보편적인 성문제로 대체한다. 상행위 담론이 '위안부'제도에 대한 국가의 고의, 군의 강제성을 부정하고 '위안부' 개인에 초점을 둔 담론이라면 전장의 성 담론은 상행위 담론과 마찬가지로 국가의 고의나 군의 강제성은 부정하지만 전장이라는 특수한 상황 속에서의 군의 성행위는 전 세계적으로 보편적이었고, 필요했기 때문에 과거에서 현재까지 유지되어온 것이라고 주장한다. 나아가 전장의 성이 범죄라면 무력분쟁하의 군의 성행위와 관련된 모든 국가에 죄를 물어야하며 일본에게만 그 책임을 묻는 것은 공정하지 않다는 것이다.

이러한 전장의 성 담론은 하타 이쿠히코(秦郁彦) 전 니혼대학(日本大學) 교수로부터 시작되었으나,[17] 본격적으로 확산된 것은 2006년 미 하원의 '위안부'결의안 본회의 상정에 대비해 역사사실위원회가 전장의 성 담론을 사실로서 재생산하면서이다. '위안부'결의안이 '위안부'제도를 성노예제로, 21세기 최대 규모의 인신매매로 규정하자 미국의 일본 점령기, 한국전쟁, 베트남전쟁, 미군 주둔기지 주변의 군용 매춘업소와 미 병사의 성행동 실태, 성매매 여성의 규모 등을 자세하게 기술하며 미군이 카피한 것으로 여겨질 정도로 일본군위안소의 생태와 똑같다고 주장한다. 전장의 성 담론의 목적은 미 하원의원을 설득하는 것이다. '위안부'제도

17) 秦郁彦(1999), 『慰安婦と戦場の性』, 東京: 新潮選書.

는 성노예제나 인신매매가 아닌 미국도 무력분쟁에 개입할 때마다 행해 왔고 지금도 행하고 있는 전장과 성의 보편의 문제이므로 본회의에 상정된 결의안을 취소하거나 비난의 대상을 일본 정부에서 미일 양국 정부로 수정하라는 것이다.

그러나 전장의 성 담론이 진정 향하고 있는 것은 대외나 미국이 아니다. 이러한 내용 구성으로 전장과 성의 보편성이 인정되거나 미국의 의원들이 설득될 것이라고 처음부터 생각하지 않았다. 전장의 성 담론이 의식하는 것은 대내 설득이다. 일본 국민에게 이해시키고, 일본 국민의 지지를 동원해서 정당성을 확보하려는 것이다. 그리고 이것은 주효했다. 지금까지 살펴본 '위안부' 문제의 담론들 가운데 일반 국민의 지지 동원에 성공해 정당성을 확보해 가고 있는 것은 성노예제, 법적 책임, 전쟁범죄 담론이라기보다 상행위, 도의적 책임, 전장의 성 담론이다. 2005년 이후 일본의 역사교과서에서 '위안부' 기술은 사라졌고 '위안부' 문제에 대해 전혀 모르는 전후 세대와 '위안부'에 대한 가해의 망각과 현재 일상화된 성매매의 정당화를 원하는 많은 이들에게 수용되어 '위안부'제도가 군에 의한 강제였다고, 그것이 범죄이고 일본이 법적 책임을 져야한다고 인식하는 사람은 소수가 되었다.

그렇다면 일본에서 상행위, 도의적 책임, 전장의 성 담론이 수용되는 이유는 무엇일까? 지금부터는 그 이유에 대해 살펴보기로 한다. 여기서 주목하는 것은 이 담론들을 발신할 때의 어법이다. 이 담론들은 내셔널리즘의 어법으로 반대 담론을 논파하고, 내셔널리즘 내에서 '위안부' 문제를 인식하고 행동하는 것이 국민의 도덕이고 윤리라고 말한다.

Ⅲ. 내셔널리즘의 어법으로 위안부 문제 말하기

1. 일본군'위안부' 문제의 축소 어법으로서의 강제성 논의

상행위, 도의적 책임, 전장의 성 담론을 관통하는 어법은 '위안부' 문제에 있어서 국가의 탈 주체화이다. 즉, '위안부' 제도에 대한 국가의 의도성, 조직성, 계획성, 강제성을 철저하게 배제하는 것인데 이때의 최대 걸림돌이 관헌과 군의 개입, 강제성을 공식적으로 인정하고 사죄를 표명한 고노담화이다. 이 고노담화 때문에 한국은 끊임없이 '위안부' 문제로 일본 정부에 배상을 요구하고, UN 등 국제기구는 일본 정부에 '위안부' 문제의 해결을 권고하고, 미 하원은 '위안부'결의안을 논의한다는 것이다. 따라서 이들 담론은 강제성 차원에서만 '위안부' 문제를 말하며 고노담화의 내용을 재편성하고 나아가 수정을 거론함으로써 고노담화의 문제점을 부각시킨다. 우선 '위안부' 모집 단계에만 초점을 맞춰 모집 단계에서 관헌이 집에 침입해 끌고 가는 것으로 강제성의 의미를 재구성하여 고노담화에서 언급한 피해자의 '의사에 반한' 것은 강제성의 의미를 결여한다는 것이다. 이러한 강제성 의미의 재구성을 강화하는 것은 자료에 근거해 '사실'을 말한다는 어법이다. 관헌이 집에 침입해 끌고 갔다는 것을 입증하는 공문서가 없으므로 피해자의 의사에 반해 민간업자의 사기, 강압 등에 의해 모집된 것을 강제연행이라고 하는 것은 사실이 아니라는 것이다. 사실무근임에도 불구하고 강제성을 인정한 고노담화가 모든 '위안부' 문제의 원인이며, 근거 없이 발표된 고노담화를 기본 전제로 일본 정부에 배상과 법적 책임을 요구하는 것은 잘못된 것이라고 단정한다. 이러한 단정하에서는 강제연행을 증언하는 '위안부'는 거짓말쟁이가, 고노담화를 전제로 '위안부' 문제의 해결을 말하는 언론과 학자는 사기꾼 내지는 음모론자가 되는 것이다.

이렇게 자신들이 구성한 강제성 개념으로 모집 단계에만 초점을 두어 '위안부' 문제를 말하는 어법은 모집 단계의 강제성 유무로만 '위안부' 문제를 인식시킨다. 모집 단계의 강제성이라는 틀 내에 '위안부' 문제에 대한 인식을 가두어, 위안소에서의 '위안부'의 피해 실태나 범죄성, 국가의 책임은 '위안부' 문제로서 인식되지 못하게 만드는 것이다. 강제성 논의는 '위안부' 문제를 축소시키고 '위안부' 문제에서 국가를 제외시킨다.

2. 도덕적, 윤리적 차원에서 구성하는 국익과 일본의 자긍심

상행위, 도의적 책임, 전장의 성 담론은 '위안부' 문제에서 국가의 탈주체화를 시도하면서 성노예제, 법적 책임, 전쟁범죄 담론을 논파할 때는 국가를 전면에 부상시킨다. 이때에 국가는 '위안부' 문제의 주체가 아니라 '위안부' 문제에서 회복되고 구출되어야 하는 대상으로서 그려진다. 국가를 대상으로 그려내는 어법은 윤리적, 도덕적 차원에서 국익을 말하고 일본의 자긍심을 말하는 것이다. 도덕적, 윤리적 어법으로 편성하는 국익, 일본의 자긍심에 관한 서사의 구도는 다음과 같다. 우선 반대 담론의 발신자들에 대한 도덕적, 윤리적 차원에서의 비난으로 시작한다. 근거 없이 '위안부' 문제의 해결을 권고하는 UN이나 국회에서 결의까지 하는 미국은 일본에 대해 내정간섭을 하고 있다. 특히 무력분쟁에 개입할 때마다 미군은 일본군과 같은 성행동을 하고 위안소와 같은 군용 매춘업소를 이용하고 있으면서 '위안부'제도가 성노예제로 21세기 최대 인신매매였다고 규정하는 미국이 인권 운운하는 것은 상전의식에서 일본에 설교하는 것이다. 한국은 경제적 지원을 받고 전후처리를 했으면서 다시 '위안부' 문제를 거론하는 배신의 나라이며, 돈 벌려고 몸을 팔았으면서 강제연행이었다고 위증하는 위안부 역시 거짓말쟁이이다. 중국은 국제사회에서 일본을 고립시키기 위해 일본인 마이크 혼다 의원에게 정치자금까지 지원하면서 '위안부'결의안을 통과시킨 음모의 나라이다.

그리고 이렇게 도덕적, 윤리적으로 결함이 있는 반대 담론에 가담하여 행동하는 것이 곧 국익과 일본의 자긍심을 해치는 것이라고 주장한다. 잘못한 것도 없으면서 이러한 내정간섭과 설교에 굴복해 사죄한 고노담화나 고노담화를 계승하고 있는 정치가는 전후 계속되어온 자학사관에 젖어 국익을 해치고 있다. 일본인이면서 근거도 없이 일본 정부의 책임을 이야기하고, '위안부'제도가 성노예제이며 범죄였다고 말하는 것은 스스로 일본인의 자긍심을 저버리는 것이며, 나아가 배신의 나라 한국이나 음모의 나라 중국, 고노담화 외에는 '위안부'에 대해 아무것도 모르는 국제 사회와 연대하는 것은 반일이며, 매국노라는 것이다.[18]

이 서사가 제시하는 국익과 일본의 자긍심을 회복하는 길은 먼저 자학사관에서 벗어나 고노담화는 사실에 근거하지 않으며, 사실무근인 고노담화는 수정한다고, 일본은 잘못이 없다고 국제 사회를 향해 결연히 말해야 한다. 그리고 일본인으로서 잃어버린 '봉사의 정신'과 '공공성'을 회복하는 것이다. 여기서 '강제성을 입증하는 자료는 없다'고 결연히 공언한 아베 총리는 국익을 지키려는 정치가가 된다. 봉사의 정신과 공공성의 예로는 국가를 위해, 특공대를 위해 몸을 던졌으면서도 조용히 침묵을 지키는 일본인 '위안부'와 오키나와(沖縄)전투에서 본토 방어를 위해 끝까지 싸우다 집단 자결한 '히메유리부대'[19]가 제시되어 있다.

그러나 서사의 구도에서도 드러나듯이 도덕적, 윤리적 차원에서 구성된 국익이나, 일본의 자긍심은 구체적인 내용이 없는 텅 빈 것이다. 일본

---

18) http://www.ianfu.net/opinion/ (검색일: 2013. 03. 11)

19) 히메유리학도대(ひめゆり學徒隊)의 통칭. 히메유리는 한국어로 '하늘나리'라는 꽃 이름이다. 1944년 12월에 오키나와현에서 일본군이 중심이 되어 시행한 간호훈련에 의해 조직된 여자학도대 중 오키나와사범학교여자부, 오키나와현립제일고등여학교의 교사, 생도로 구성된 부대의 명칭이다. 최종적으로는 교사, 학도 240명 중 136명이 사망하고 이 중 10명이 집단 자결을 했다고 전해진다.

의 국익과 자긍심은 내정간섭하고 국가 간 신의를 저버리고 일본을 고립시키려는 도덕성이 결여된 국가들과 그러한 국가들의 반대 담론에 가담하는, 봉사의 정신과 공공성을 잃어버린 일본 국민이 존재해야만 성립되기 때문이다. 게다가 국민이 회복해야 하는 윤리와 봉사의 정신이 젊은 여성의 인권과 생명의 희생이라면 전시로의 회기를 연상시키기까지 한다. 이러한 공허한 내용의 내셔널리즘의 어법으로 '위안부' 문제에 대한 정당성을 확보하기 위한 하나의 방법은 공허함을 인식하지 못하도록 대중을 향해 같은 어법으로 수없이 반복해서 발화하는 것이다.

3. 내셔널리즘 어법의 양적 억압

새역모가 본격적으로 발신하고 역사사실위원회에 의해 재생산되기까지 상행위, 도의적 책임, 전장의 성 담론의 내용은 새로운 것은 거의 없다. 그러면서도 십 수 년 동안 상행위, 도의적 책임, 전장의 성 담론이 일본 내에서 지지를 획득하고 확산된 것은 내셔널리즘의 어법으로 '위안부' 문제 말하기와 함께 발화 자체를 증가시켰기 때문이다.

새역모와 역사사실위원회의 회원들이 공개 발행 부수 60만 부 이상을 자랑하는 보수주의 대표 매체 〈분게슌쥬(文藝春秋)〉를 발행하는 분게슌쥬사의 쇼쿤!, 산케이(産經)신문사의 세론, PHP의 〈보이스(Voice)〉를 통해 내셔널리즘의 어법으로 '위안부' 문제를 지속적으로 말하고 있는 것이다. 이러한 보수계 잡지의 특징은 독자는 압도적으로 남성이 많은 기업 샐러리맨 중심이며 공개 발행 부수가 10만에서 20만 부 사이이다. 그러나 1989년 〈사피오(SAPIO)〉의 창간을 시작으로, 1990년대 양산된 〈바트(Bart)〉, 〈뷰즈(Views)〉, 〈이것이 요미우리(THIS IS 讀賣)〉 등 만화, 패션, 연예인 화보 등 보다 대중적인 콘텐츠를 담은 잡지들이 경쟁하듯 강화된 내셔널리즘의 어법으로 '위안부' 문제를 말하기 시작했다. 20대를 독자층으로 하는 잡지들인 만큼 '위안부' 문제에 대한 상행위, 도덕적 책임, 전장의 성 담론이 30대 샐러리맨 층에서 20대 층으로 확산되고 있음을 알 수 있다.[20] 2004년에 새롭게 발간된 WiLL은 이러한 매체 중 가장 격렬한 어법으로 반복적으로 '위안부' 문제 말하기를 이어가고 있는 잡지이다. 2005년 4월호에는 〈아사히(朝日), 조총련, 일본VAWW-NET 매국의 트라이앵글〉을 게재했고, 2007년 5월호는 특집호 〈종군위안부에 대반격〉을, 연이어 8월에는 〈종군위안부와 단호히 싸우다 !〉를 발행했다. 2013년 8월과 9월호에는 특집기사로 〈한국의 '성노예'를 용인하지 말라〉를 편성했다.

문제는 보수계 잡지나 미디어가 내셔널리즘의 어법으로 상행위, 도의적 책임, 전장의 성 담론을 확산시켜 가는 동안 성노예제, 법적 책임, 전쟁범죄 담론의 발신의 양은 현저히 줄었다는 것이다. 그 계기는 일본VAWW-NET과 일본 국영방송 NHK 간의 소송이다. 2001년 1월, NHK는 시리즈 〈전쟁을 어떻게 재판할 것인가〉의 제2탄 〈전시성폭력〉편에서 2000년법정에 대해 방송했다. 방송 후 일본VAWW-NET은 취재 시의 합의와는 달리 NHK가 2000년법정의 심리 해설이나 판결 내용을 삭제하고 하타 교수의 비판적인 코멘트를 삽입하는 등 방송 내용이 편집되었다며 이 편집에 의한 구성이 취재 시 일본VAWW-NET의 기대에 부합하지 않는다며 기대권 침해로 소송을 제기했다. 2004년 4월, 도쿄지방재판소가 '방송사업자에게는 취재 소재의 편집권의 자유가 보장되어 있다'며 일본VAWW-NET의 주장을 기각하자 2005년 1월 12일 〈아사히신문〉은 방송 내용이 개편된 것은 당시의 나카가와 쇼이치(中川昭一) 경제산업성장관과 아베 신조 내각관방부장관이 NHK 상층부에 압력을 넣었기 때문이

20) 요시미 순야(1999), 「잡지 미디어와 내셔널리즘의 소비」, 코모리 요우이치 · 타카하시 테츠야 저, 이규수 역 『내셔널 히스토리를 넘어서』, 서울: 삼인.

라는 보도를 했다. NHK는 〈아사히신문 허위 보도 문제〉라는 제목으로 간판 프로그램인 〈NHK뉴스7〉에서 연일 10분 이상 보도 했다. 한편 아사히신문의 보도에 대해 당시 아베 내각관방부방관은 각 방송사의 보도 프로그램에 출연해 아사히신문의 보도를 부정하고 오히려 2000년법정의 검사로 북한대표 두 명이 참여한 것을 들어 이 두 명이 북한공작원이었다며 2000년법정에 대해 북한의 공작활동이 있었다는 견해를 밝혔다. 결국 2008년 최고재판소에서 일본VAWW-NET의 패소가 확정되었다.

보수계 잡지와 미디어, 젊은 층을 대상으로 하는 다양한 콘텐츠의 신흥 미디어에 이어 국영방송과 내각관방부장관이 아사히신문과 일본 VAWW-NET을 비판하고 2000년법정에 대한 북한의 공작설을 말하고 사법이 그것을 법적으로 공인하면서 성노예제, 법적 책임, 전쟁범죄 담론의 발화는 현저히 줄어 한국의 시민단체와 연대하는 일부 시민단체와 지식인, 학술 잡지 내에서만 수용된 채 일반 대중으로부터는 멀어지게 된 것이다. 이때부터 내셔널리즘의 어법으로 '위안부' 문제 말하기는 유행처럼 번져나갔고 좀 더 강한 어법으로, 좀 더 격렬하게 말하는 경쟁이 시작되었다. 이러한 내셔널리즘 어법의 증대는 일반 대중의 사고에 대한 압력으로 작용한다. 내셔널리즘 어법으로 '위안부' 문제 말하기의 양적 압력은 일반 대중의 '위안부' 문제에 대한 인식을 상행위, 도의적 책임, 전장의 성 담론 내에 폐쇄시켜 기타 담론의 수용을 어렵게 하는 것이다.

Ⅳ. 나가며

한국의 시민사회는 일본군'위안부' 문제 해결을 위해 성찰적인 일본의 시민단체, 더 나아가 국제 사회와 연대하며 다양한 활동을 해왔다. 우선

'위안부' 문제를 한일 간 역사 문제로, 세계 여성의 인권 문제로, 항구적 세계 평화 구축을 위해 잊어서는 안 되며 다시는 되풀이해서는 안 되는 기억과 계승의 문제로 공론화하고 전 세계에 확산시켜왔다. 또한 '위안부' 문제에 대해 일본 정부의 법적 책임을 추궁하는 한편 공식 사죄 및 배상 등을 촉구해왔고 일찍부터 '위안부'피해자의 생활을 지원해왔다. 한국 정부 역시 1993년 김영삼 정부부터 〈일제하일본군'위안부'에 대한 생활 안정지원법〉을 제정하여 피해자에 대한 지원을 시작했으며 보건복지부와 여성가족부를 통해 일상생활, 신체적 · 정신적 치유, 명예 회복 등 다방면에 걸쳐 지속적으로 지원을 해왔다. 그러나 한일관계의 악화와 더불어 일본 내에서의 '위안부' 문제에 대한 담론이 변화하는 가운데 '위안부' 문제에 대한 견해 차이는 확대되어 한일 간 '위안부' 문제 해결을 위한 합의를 도출하는 것이 어려운 상황에 이르게 된 것도 사실이다.

이러한 가운데 예상하지 못한 형태로 발표된 것이 12월 28일의 한일 정부 간 일본군'위안부' 문제의 타결이었다. 전후 70년, 현재 생존하는 '위안부'피해자는 44명, 12월 28일의 타결로 한국은 '위안부' 문제의 무엇을 해결했고, 일본은 무엇을 이루었는가, 남은 과제는 없는 것일까. 한국 정부는 일본 정부로부터 '위안부' 문제의 책임 인정과 아베 총리의 공식 사죄, 그리고 정부 예산 10억 엔 지불을 얻어냄으로써 지금까지의 '위안부' 문제 해결안 중 가장 진일보한 것으로 자평하고 있다. 그러나 일본 정부는 '위안부' 문제의 책임을 인정한다고 했을 뿐 구체적인 언급은 없어 여전히 책임을 둘러싸고 자의적 해석의 여지를 남겼다. 또한 한국 측 재단에 일본 정부가 10억 엔을 지원하는 것이 과연 피해자들의 요구이며 한국의 시민사회가 납득할 수 있는 해결안이었는지에 대해서도 이후 쏟아져 나온 피해자와 시민단체의 반대성명이 그 답을 제시하고 있는 듯하다. 한편 일본 정부는 한국 정부로부터 일본대사관 앞의 소녀상 철거를 위한 노력, 이번 타결로 일본군'위안부' 문제는 양국 정부 간에 불가역적으로 해결되었다는 합의, '위안부' 문제에 대해 국제 사회에서 일본 정부를 더 이상 비판하지 않겠다는 약속을 얻어냄으로써 '위안부' 문제가 최종적으로 해결되었다고 인식하고 있다. 이제 한국 정부는 일본에 대해, 그리고 국제 사회에서 더 이상 '위안부' 문제를 거론할 수 없게 되었고 유네스코 기억 유산에 일본군'위안부'에 관한 기록 등록 작업도 중단하지 않을 수 없게 되었다.

한일청구권협정이 체결된 1965년과 일본군'위안부' 문제가 최종적, 불가역적으로 타결되었다는 2015년은 한국의 현대사에 어떤 해로 기록되고 기억될 것인가. 피해자가 생존해 있었기에, 그들이 침묵을 깨고 피해 실태를 세상에 고발했기에 현재성을 담보했던 일본군'위안부' 문제, 이제 피해자가 더 이상 생존하지 않는 때가 왔을 때 우리는 일본군'위안부' 문제의 풍화를, 망각을 어떻게 막을 수 있을까. '나 같은 피해자가 다시는 생기지 않게 하라'는 피해자들의 유지를 우리는 어떻게 계승해 가야할 것인가. 〈일본군'위안부' 문제의 최종적, 불가역적 해결〉 첫 해인 2016년 우리 앞에는 오히려 더 많은 과제가 쌓여있음을 알게 된다.

참고문헌

이상덕(2016). 「일본군 위안부 피해자 문제 타결과 그 의미」, 『외교』 116호.

이지영(2013). 「일본 사회의 일본군위안부문제에 대한 담론의 고찰」, 『한국정치학회보』 제47집 제5호.

요시미 순야(1999). 「잡지 미디어와 내셔널리즘의 소비」, 코모리 요우이치 · 타카하시 테츠야 저, 이규수 역 『내셔널 히스토리를 넘어서』, 서울: 삼인.

와다 하루키(2005). 「아시아여성기금문제와 지식인의 책임」, 제2회 한일연대21심포지엄 발표논문.

戦争と女性への暴力日本ネットワーク(2006). 『女性国際戦犯のすべて一「慰安婦」被害と加害責任』, 東京: 女たちの戦争と平和資料館.

日本の戦争責任資料センター編(1998). 『シンポジウム ナショナリズムと「慰安婦」問題』, 東京: 青木書店.

日本弁護士連合会(1993). 「戦争における人権侵害の回復を求める宣言」.

______(1995). 「従軍慰安婦問題への政府の対応に関する声明」.

______(1995). 「従軍慰安婦問題に関する提言」.

______(2012). 「日本軍'慰安婦'問題の最終的解決に関する宣言」.

秦郁彦(1999), 『慰安婦と戦場の性』, 東京: 新潮選書.

山下英愛(2008). 『ナショナリズムの狭間から―「慰安婦」問題へのもう一つの視座』, 東京: 明石書店.

吉見義明(1993). 『従軍慰安婦資料集』, 東京: 大月書店.

渡辺治(2001). 『日本の大国化とネオ・ナショナリズムの形成: 皇制ナショナリズムの模索と隘路』, 東京: 桜井書店.

United Nations(1995), *The United Nations And The Advancement Of Women 1945–1995*, New York.

http://www.awf.or.jp

http://www.ianfu.net

10장
독도와 한일관계

곽진오

Ⅰ. 들어가며

110여 년 전 일본이 독도(獨島)[1]에 대해 관심을 갖게 된 시기는 1904년 러일전쟁을 대비해서였다. 일본은 당시 울릉도에 망루를 설치하고 러시아 군함의 동해 항해를 감시했다. 이러는 과정에서 독도가 장차 전략적으로 중요한 섬이라는 것을 인식하고 1905년 2월 22일 독도에 대해 자국 영토편입을 선언하는 시마네현 고시(告示)40호를 행하게 된다. 고시에서 독도의 명칭을 이전의 이름이었던 송도(松島, 마츠시마)에서 지금의 이름인 죽도(竹島, 다케시마)로 개칭한다. 전후 일본은 동 고시를 통해 독도'무주지선점론(無主地先占論)'에 바탕을 둔 영유권 주장과 독도에 대한 한국의 역사적 권원을 부정하는 유력한 근거로 사용해왔다. 하지만 기존의 주장에 모순이 생기는 것은 독도'고유영토론(固有領土論)'이 등장하면서이다. 이에 대한 증거로는 1953년 7월 13일자와 1954년 2월 10일자의 두 번에 걸쳐 일본외무성이 한국에 보내온 구상서에 독도는 고대로부터 일본영토의 불가분의 일부라며 기존의 독도'무주지선점론'에 독도

1) 본고에서는 한국 측에서는 독도, 일본 측에서는 다케시마(竹島)로 부르기로 한다.

'고유영토론'을 혼합하였던 것이다. 이처럼 서로 양립할 수 없는 두 개의 논리에 대해 한국은 이러한 주장이 억지이며 모순이라고 일본의 독도영유권주장을 일축한다. 그러나 일본은 한국의 이러한 비판에 대해 아직까지 납득할만한 해명을 내놓지 못하고 있다.

한편 1905년 독도는 결코 무주지가 아니었으며, 일본의 독도 편입 자체도 영토주권을 획득하기위한 국가의 유효한 법률적 행위로서 인정될 수 없다는 증거들이 있다. 이는 일본외무성이 2008년 2월부터 독도관련 홈페이지에 독도가 무주지 이었다는 주장내용을 볼 것 같으면 "1900년 대한제국칙령 41호에 석도가 오늘날의 다케시마(독도)라면 왜 칙령에 독도를 사용하지 않았는가"[2]라 하면서 지금이라도 독도문헌이 발견되면 한국영토로 인정할 것처럼 기술하고 있다. 당시 대한제국은 칙령41호를 통해, 울릉군이 울릉도뿐만 아니라, 죽도(대섬, 울릉도 연안의 소도), 석도(독도)까지 관할토록 정하면서 울릉도의 행정단위를 군으로 승격시켰다. 이 조치는 서울주재 일본공사에게 일본인들의 울릉도 침입을 근절하여 줄 것을 요구한 직후에 취해졌으며, 동 칙령의 내용은 관보에도 게재된 만큼, 독도가 대한제국의 영토라는 사실을 몰랐다는 일본의 주장은 합리성을 결여한 변이라 할 수 있다. 그리고 당시 독도는 무인도이었을지는 몰라도 무주지 는 아니었다. 왜냐하면 이는 조선이 오래전부터 취해오던 수토정책(搜討政策)의 일환으로 섬을 비워두며 관리하였을 뿐 일본식으로 해석한 공도정책(空島政策)이 아니었기 때문이다. 그러나 일본은 독도가 대한제국의 섬일 것이라는 점을 충분히 인지하고 있었음에도 불구하고 고시 사실을 대한제국에 알리지 않았으며 동경에 있는 외국공관에도 공시하지 않았다. 이와는 반대로 1876년에 오가사와라 제도(小笠原

2) http://mofa.go.jp/mofaj/area/takeshima/(일본외무성 홈페이지, 접속: 2016.1.18).

諸島, The Bonin Islands)를 일본 영토에 편입하기 이전 동경에 있는 미국, 프랑스, 독일 공관에 이 사실을 통보하였다. 이러한 사실에 비추어 보았을 때 일본에 의한 독도 무주지선점론과 고유영토론은 바람직하지 않으며 자기소모적 논쟁으로 비춰 질 수 있다.

Ⅱ. 독도의 이해

독도에 대한 한국의 입장은 독도는 지리적으로, 역사적으로, 그리고 국제법적으로도 대한민국의 고유영토이다. 그러나 일본 또한 한국과 유사한 내용으로 독도가 일본영토임을 주장하고 있다.[3] 이에 대해 한국은 '일본이 명백한 한국의 영토인 독도에 대해 영유권을 주장함으로서 한일 양국관계를 손상시키는 일은 심히 유감스러운 일이다'라고 주장한다.[4] 그러면서 '독도는 논쟁의 여지가 없는 한국의 고유한 영토이다. 이는 다양한 역사적 사실과 공식문서에 의해 증명되고 있으며, 일본 스스로도 수차례에 걸쳐 독도가 일본과 무관한 영토임을 인정한 역사적 선례가 있다'등으로 독도가 한국의 영토임을 주장하고 있다.[5] 한편 일본역시 한국의 독도영유권 주장과 별로 다를 바 없는 내용으로 독도영유권을 주장하고 있다. 이하 자료와 표는 역사쟁점과 시기에 있어서 한일양국의 독도 관련 주요주장내용이다.

---

3) 일본역시 독도(竹島 다케시마)가 "역사적으로 비춰볼 때도 그리고 국제법상으로도 명백하게 일본의 고유영토이다"고 주장하고 있다. 竹島は, 歴史的事実に照らしても, かつ国際法上も明らかに我が国固有の領土です.www.mofa.go.jp/mofaj/area/takeshima/(일본외무성 홈페이지, 접속: 2016.1.18)

4) http://dokdo.mofa.go.kr/kor/index.jsp(한국외교부 홈페이지, 접속: 2015.7.21)

5) http://dokdo.mofa.go.kr/kor/index.jsp(한국외교부 홈페이지, 접속: 2016.1.18)

〈자료 1〉 독도관련 한일양국의 주요쟁점에 대한 주장

쟁점	한국 측 주장	일본 측 주장
于山島는 독도인가	우산국은 울릉도 우산도 · 삼봉도는 독도	우산도 · 삼봉도는 울릉도
안용복의 공술이 사실인가	울릉도와 독도 영유권을 재확인	신뢰할 수 없다
역사상 독도를 실효적으로 지배한 것은 누구인가	다케시마(竹島) 도해금지(1696)는 울릉도 · 독도 영유권 재확인	도해금지대상에 독도는 포함되지 않음
「조선국교제시말내탐서」(朝鮮國交際始末內探書)	일본 정부는 울릉도와 독도를 한국령으로 인정	다케시마(竹島 울릉도)에 대해서만 기록, 마츠시마(松島)는 독도가 아님
지적편찬(地籍編纂)관련 태정관(太政官)문서(1877)	죽도외일도(竹島外一島), 울릉도와 독도를 조선령으로 인정	인정한 것이 아님
대한제국 칙령 41호(1900) 석도(石島)는 독도인가	'울릉도를 울도(鬱島)로 개칭', '울릉전도(鬱陵全島)와 죽도(竹島), 석도(石島)를 관할'하도록 함	아님
1905년 편입 결정, 시마네현(島根縣)고시 유효성	일제침략에 의한 것, 국제법적 효력이 없음	유효함
울도군수 심흥택 보고서(1906)	독도는 울도군 소속이었음	독도를 부속도서로 생각하지 않음

위의 자료에서 알 수 있듯이 일본은 한국의 독도영유권주장에 대해 상반된 입장을 취하거나 또는 일관되게 부정하고 있다. 이는 일본이 한국의 독도영토주권행사에 대해 동의하기 어렵다는 취지의 내용으로 볼 수 있다. 그러나 독도를 지리와 역사 그리고 국제법적으로 보았을 때 일본에 의한 독도영유권주장은 사실과 거리가 있음을 알 수 있다. 독도는 한반도와 일본열도의 중간쯤에 위치한 섬이다 (북위 37° 14' 26.8", 동경 131° 52' 10.4"). 실제, 독도는 하나의 섬이 아니라, 여러 도서지형

물의 집합체이다. 즉, 독도는 동도(東島)와 서도(西島) 두 개의 주 섬과, 주변에 산재한 89개의 암석들로 구성되어 있다. 동도와 서도의 면적은 각각 73,297㎡, 88,740㎡이며, 독도전체의 면적은 187,554㎡이다. 그리고 독도는 독특한 생태계를 갖고 있다. 독도의 서도에는 물골이라는 곳이 있는데 여기서는 소량의 담수가 생산되고 있으며, 독도를 덮고 있는 얇은 토양과 이끼로 덮인 화산암들은 70~80 종의 식물과 22종의 조류(鳥類) 그리고 37종의 곤충들의 서식지를 이루고 있다. 또한 한류와 난류가 교차하는 섬 주변 해역은 100여종의 어류를 포함한 다양한 해양 생물들의 서식처이기도 하다. 독도는 한반도의 최동단(最東端)으로서 중요한 상징적 의미를 갖고 있다. 그러나 이러한 상징적 중요성 외에도, 독도는 한국어민들의 어로작업장으로 이용되고 있으며, 최동단 지진 관측소 및 천체 관측소로 이용되는 등 실질적 중요성도 제공해오고 있다.

〈자료 2〉 독도에 설치된 지진관측소

더 나아가 역사적으로는 『세종실록지리지』(1454)에 예로부터 한국인들이 독도를 울릉도의 부속도서로 생각해 왔다는 내용을 적고 있다. 독도는 울릉도로부터 남동쪽에 있으며, "맑은 날에는 울릉도에서 독도를 바라볼 수 있다"[6] 고 기록되어 있다. 이는 일본이 은주시청합기(隱州視聽合紀, 1667)를 통해 독도가 일본영토라고 주장하는 시기보다 210여년 앞선다.

Ⅲ. 한국의 독도

오늘날 한국과 일본은 이 섬을 각각 독도(獨島)와 다케시마(竹島)라 부른다. 그러나 이 명칭들이 채택되기 전에는 다양한 이름들이 독도를 부르는데 사용되었다. 독도는 한국에서 우산도(于山島), 가지도(可支島), 석도(石島) 등 다양한 이름으로 불리어 왔다(한국어에서 접미어 '도'는 섬을 의미). 그러나 이러한 이름 중에서도 우산도가 독도라는 이름으로 가장 흔히 사용되는 이름이었고, 19세기 후반이 되면서 석도와 독도가 광범위하게 쓰이기 시작했다. 석도와 독도는 '돌섬 또는 독섬'의 한문표기이며, 독은 전라도 방언으로 돌을 의미하기에 19세기 중후반에 200여명의 전라도사람들이 울릉도에 이주해 와서 살기 시작하면서 독도가 돌섬으로 불리어졌고 돌섬은 바위섬을 의미한다. 아래설명은 전라도를 중심으로 독도관련 '石'과 '獨'자가 들어간 지명들의 예들이다.

6) 于山武陵二島, 在縣正東海中. 二島相去不遠, 風日淸明, 則可望見. 『세종실록지리지』(1454, 권153), 강원도 삼척도호부 울진현조.

〈자료 3〉『朝鮮地誌資料』17-23(전라남도 편)에 나온 지명 중 '石'과 '獨'자가 들어간 지명

지명	언문	비고(필자)	지명	언문	비고
石峴峰	돌고개	돌->石)	石橋洑	독다리보	독->石
石溪	돌냇	돌->石	石洑	독보	독->石
石頭山	독머리산	돌->石	石犬峙	독개재	독->石
石峴	돌고개	돌->石	石窟山	독굴매	독->石
石谷	돌고개	돌->石	石井坪(谷)	독정평(골)	독->石
石峴峙	돌개재	돌->石	石峙	독갓재	독->石
石峴坪	돌고개들	돌->石	碑石坪	비독거리들	독->石
石橋坪	돌다리들(평)	돌->石	石內谷	독안이고랑	독->石)
石峴	독고개	독->石	獨山	똥뫼	똥(獨)
石谷	독골	독->石	犢岩坪	독매들	독->犢
白石坪	차독박일골	독->石	瓮峙	독재	독->瓮

〈자료 4〉『朝鮮地誌資料』16(전라북도 편)에 나온 지명 중 '石'과 '獨'자가 들어간 지명

지명	언문	비고	지명	언문	비고
立石里	션돌	돌->石	石橋坪	독달리들	독->石
立石酒幕	션돌쥬막	돌->石	立石坪	션독거터	독->石
石隅坪	돌모름이들	돌->石	石亭坪	독정이	독->石
石山	독산	돌->石	石洞峙	독골재	독->石
石洑坪	독보들	독->石	獨山坪	독매들	독->獨

이들 전라남도와 전라북도의 지명표기 용례는 예로부터 독도관련 명칭들이 다양하게 불리어졌다는 것을 의미한다. 특히 오늘날 우리나라에서 사용하고 있는 독도에 대한 한자 이름인 '獨島'와 동일한 표기법은 아니지만 훈차 한 용례를 사례로 볼 것 같으면 석도=독도는 동일하게 인

식되어져 불리어졌음을 알 수 있다. 한편 정확한 통계를 내기는 어려우나, '독'을 '石'으로 훈차 한 용례는 전라남도가 전라북도보다 더 많음을 알 수 있다.[7] 그래서 '돌섬 또는 독섬'이 그 의미(뜻)에 따라 한문으로 옮겨졌을 때, '석도(石島)'라고 표기되는 것이며, 발음에 따라 한문으로 옮겨졌을 때, '독도'라고 표기되었던 것이다. 그러나 일본은 1905년에야 독도를 '다케시마'라고 부르기 시작하였다. 하지만 일본이 1905년 독도를 다케시마로 부르기 전에도 일본문헌에는 독도라는 한자를 찾을 수 있다.

〈자료 5〉『軍艦新高號行動日誌』1904年 9月 25日條, 日本防衛廳戰史部 소장[8]

일본인들은 17세기 이후 독도를 마쓰시마(松島)로 부르다가, 19세기말 이후에는 리양꼬도(リヤンコ島), 랑코도(ランコ島), 다케시마(竹島) 등 다른 이름으로 불렀다. 특히, 주목을 끄는 점은 일본인들이 독도를 마쓰시마(松島)로, 울릉도를 다케시마(竹島)로 불러 오다가 20세기 초부터 갑자기 독도를 다케시마로 울릉도를 마쓰시마로 변경하여 부르기 시작하

7) 김기혁(2006), "일제 강점기 울릉도 지명의 생성과 변화," 『문화역사지리』 제18권 1호, 한국문화역사지리학회.

8) 『リアソコルド』岩韓人之ヲ独島ト書シ. 『리앙쿠르트』 이곳(한국)사람들은 이를 독도라고 쓴다.

였다는 것이다. 1667년 일본에서 출간된 풍토기(風土記)인 은주시청합기에, 독도와 울릉도는 각각 마쓰시마(송도)와 다케시마(죽도)로 표기되어 있다. 그때부터 독도를 부르는 일본이름은 마쓰시마 이었다. 19세기 후반 경부터는 리양꼬(또는 랑코)라는 이름도 쓰였는데, 이는 서양세계에서 처음으로 독도를 목격한 프랑스 포경선 리앙쿠르호의 일본식 표기이다. 당시 독도를 목격한 프랑스인들은 배의 이름(Liancourt)을 따서 독도를 '리앙쿠르 암(Liancourt Rocks)'이라 명명했다. 그 후 리앙쿠르 암은 서양인들이 독도를 부를 때 널리 사용하는 이름이 되었다. 1905년부터, 일본인들은 독도를 현재 명칭인 다케시마로 부르고 있으며, 이는 '대나무 섬'을 의미한다. 공식, 비공식을 막론한 어떤 일본 측 자료도 바위섬 독도가 왜 대나무 섬으로 불리게 되었는지에 대한 설득력 있는 설명을 제공하고 있지 못하다.

Ⅳ. 일본의 독도

독도가 한국의 고유영토라는 근거는 서기 6세기로 거슬러 올라간다. 울릉도 · 독도를 포함하고 있는 우산국에 관한 최초의 기록은 서기 512년 삼국사기의 기록이다. 여기에 신라의 이사부가 나무로 만든 사자를 이용한 계교로써 우산국을 정복하였다는 기록이 있다. 당시 우산국의 영토는 울릉도 본섬과 그 부속도서인 독도 등으로 구성되어 있었으며, 동해에 울릉도와 독도 두 개의 섬이 존재하고 있다는 우리 조상들의 지리적 인식은 그 후 조선시대에 간행된 『세종실록지리지』 그리고 『신증동국여지승람』(1531)에도 나와 있다. 앞에서도 언급했듯이 이 두 책에는 독도가 조선의 강원도에 속하는 섬임을 명확하게 표시하고 있다. 한편, 독도에 대해 언급하고 있는 일본 기록은 17세기 중반의 기록인데, 그 중에서도 일본 이즈모지방(出雲地方)의 관료인 사이토 간스케(斉藤勘助)[9]가 편찬한 풍토기인 은주시청합기에 잘 기록되어 있다.[10] 은주시청합기는 "북서 방향으로 2일 1야를 가면 송도(독도)가 있다. 그곳에서 다시 1일 정도에 죽도(울릉도)가 있다(戊亥間行二日一夜有松嶋 又一日程有竹嶋). 이것이 세상에서 말하는 이소다케시마(磯竹嶋)로 대나무나 물고기, 강치가 풍부하다. 이 두 섬은 무인의 땅이다. 이곳에서 고려를 보는 것은 운슈(雲州)에서 인슈(隱州, 지금의 오키섬 隱岐島)를 바라보는 것과 같다. 그러한 즉 일본의 서북 한계는 차주까지 한다(然則日本之乾地 以此州爲限矣)"[11]로 기록하고 있다. 여기서 말하는 '차주'는 오늘날 일본 시마네현 오키섬을 얘기한다. 더 나아가 은주시청합기에는 오키국(隠岐国)의 서북에 송도, 죽도가 있다는 것을 기록했지만, 오키국에는 포함되지 않고 같은 책의 부속 지도도 도젠(島前)과 도고(島後)뿐이고 송도 · 죽도는 제외되어 있다.[12] 이후 나가쿠보 세키스이(長久保赤水)에 의해 은주시청합기를 참고로 그려졌다고 보여 지는 개정일본여지로

9) 사이토 토요노부(斉藤豊宣)이라고도 한다.

10) "사이토는 운슈(出雲國, 이즈모노쿠니) 마쓰에(松江)의 마쓰다이라(松平藩)의 무사이었다. 간분7년(1667)에 번주 마쓰다이라 쓰나타카(松平綱隆)가 오키군(隠岐郡)의 군다이(郡代)로 임명했다. 사이토는 오키로 건너가 군 안을 빠짐없이 순시한 후 노인들에게서 들은 전설이나 여러 이야기, 오키의 지리, 절과 산사 산물 등을 기록했다. 그것은 藩主에게 보낼 보고서를 만들기 위한 것이었다. 그렇게 해서 완성된 것이 '은주시청합기(인슈시초고기)'이다. 隱州는 隠岐國을 말하는 것이며 그곳에서 보고(視) 들은(聽) 것을 합하여(合)기록(紀)한 것이라는 의미이다." 隱州視聽合紀 독도자료집 III(동북아역사재단 2007), p. 15.

11) 隱州視聽合紀 독도자료집 III(동북아역사재단 2007), p. 35.

12) "然則日本之乾地 以此州爲限矣"의 해석에 대해 한일 간에는 견해차이가 존재한다. "일본의 서북한계를 나타내는 '이주(此州)'가 가리키는 곳은 과연 어디인가? 울릉도인가 아니면 오키도 인가? 독도의 귀속문제는 '이주(此州)'가 어느 섬을 가리키는가에 따라 달라진다고 인식되어 왔던 것이다. 한국 측은 '이주(此州)'가 오키도 이므로 독도는 한국 측에 귀속된다고 주장하고, 일본 측은 울릉도이기 때문에 독도는 역사적으로 일본의 영토라고 주장하고 있다." 隱州視聽合紀 독도자료집 III(동북아역사재단 2007), p. 6.

정전도(改正日本輿地路程全圖, 1791)역시 독도가 일본의 영역이외에 그려져 있다.

〈자료 6〉 개정일본여지로정전도(改正日本輿地路程全圖, 1791)

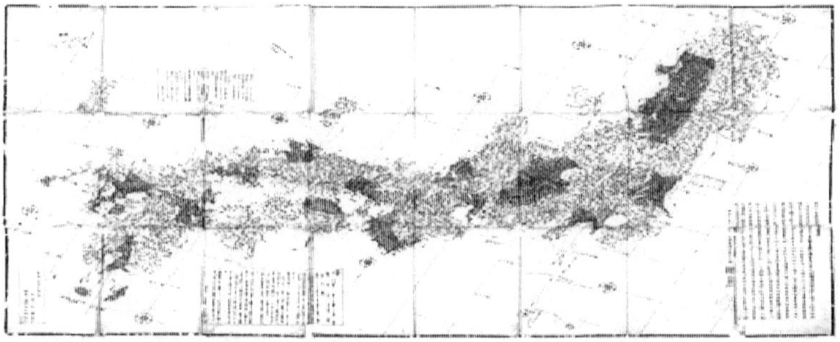

이 지도 제작자 나가쿠보는 에도(江戶)시대 중 · 후기 출신의 지리학자로「개정일본여지로정전도」이외에도「지구만국산해여지전도(地球萬國山海輿地全圖)」,「대청광여도(大淸廣輿圖)」,『당토역대주도연혁지도(唐土歷代州都沿革地圖)』등을 제작했으며,『동오기행(東奧紀行)』,『안남국표류물어(安南國漂流物語)』,『장기행역일기(長崎行役日記)』등을 저술했다. 특히 나가쿠보에 의해 1780년에 제작된「개정일본여지로정전도」는 10리를 한 치로 하는 축척(약 1/130만)을 이용해 당시로서는 섬세하게 일본영역을 그리고 있다. 지도에 일본 열도의 윤곽은 양호하고, 일본에서 최초로 위선과 경선(경도의 기입은 없음)을 나타내는 등 비교적 정확하게 제작되어졌다. 당시 유포되었던 것은 장식성이 강한 이시가와 토모노부(石川流宣) 제작의 일본지도였기 때문에 획기적인 것으로 받아들여졌고, 그 후 1811년, 1833년, 1840년, 1846년, 1871년에 중판되어 메이지(明治) 초기에 이르기까지 명성을 떨쳤다. 그러나 이 지도에는 울릉도와 독도가 오키섬의 북서쪽에 함께 그려져 있다. 또한 울릉도(竹島)와

독도(松島) 두 섬 옆에는 '見高麗猶雲州望隱州'라고 적혀 있는데 이 글귀는 앞에서도 언급했듯이, '여기에서 고려(조선)가 보이는 것은 정확히 이즈모(出雲)로부터 오키 섬을 원망(遠望)하는 것과 같다'는 뜻으로 1667년에 저술된 현존 최고의 오키 地誌인 『은주시청합기』권1의 國代記에 나오는 내용을 옮겨 적은 것이다.

〈자료 7〉울릉도와 독도가 조선의 영토임을 나타내고 있다[13]

1785년 하야시 시헤이의 삼국접양도	울릉도 · 독도가 조선의 것임을 설명

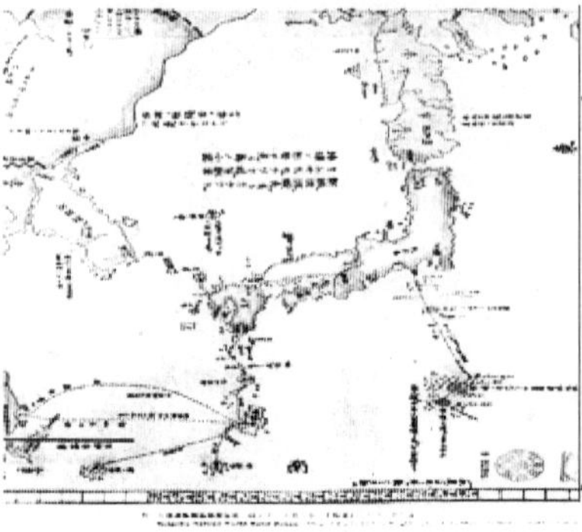

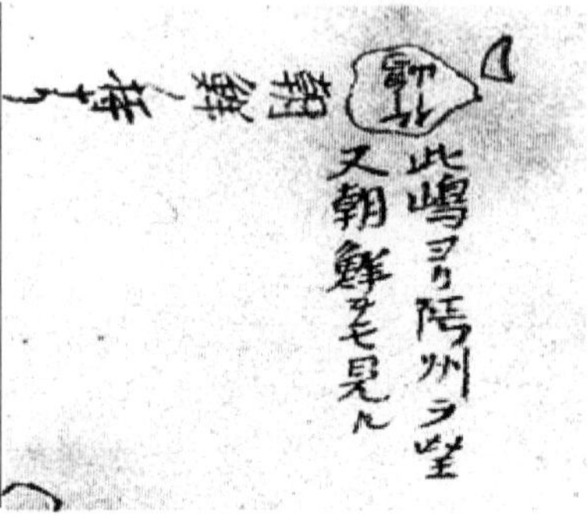

하야시 시헤이(林子平)에 의해 그려진 삼국접양지도 역시『은주시청합기』내용을 신뢰하여 울릉도와 독도를 지도로 나타내고, 글귀도 그대로 적고 있다. 이는 당시 일본인들의 울릉도 · 독도에 대한 영토 인식을 그대로 반영한 것이라고 볼 수 있다. 그리고 〈자료 6〉을 보면, 울릉도와 독도를 일본 영토에서 제외한다는 뜻으로 경 · 위도선 자체가 울릉도와 독도 부분에는 그려져 있지 않다. 또한 한반도 남단의 부산지도 부분에도

13) 죽도 즉, "朝鮮ノ持也(조선의 소유)"이라고 적혀있고, 〈은주시청합기〉에서 유래된 구절 "此嶋ヨリ隱州ヲ望 又朝鮮ヲモ見ル" (이 섬에서 은주(오키섬)를 바라보고 또 조선도 본다). 이는 〈은주시청합기〉의 저자 사이토 호센은 물론 나카쿠보 세키스이 그리고 하야시 시헤이 모두 다케시마와 마쓰시마 즉 울릉도와 독도를 한국 땅으로 인식하고 있었음을 알 수 있다.

같은 공식을 적용시켜 경선과 위선을 그리지 않고 있다. 한편 은주시청합기의 '일본의 북쪽경계는 차주를 한계로 한다'는 기록은 일본인들이 독도(송도)가 일본의 영토라는 주장의 근거로 인용해왔다. 그러나 위의 구절이 우리 측에 의해서는 당시 일본인들이 독도가 그들의 영토가 아닌 것으로 인식하고 있었음을 증명하는 자료로 인용되고 있다.

Ⅴ. 안용복과 독도

17세기 말 안용복이 두 번에 걸쳐 일본에 건너가 독도가 한국의 영토임을 주장했다는 역사적 사실을 둘러싸고 한일양국은 이견이 팽배하다. 〈자료 1〉에서도 알 수 있듯이 이른바 '안용복의 공술이 사실인가'는 양국의 문헌기록을 근거로 당시 안용복의 행적에 대해 진실게임의 양상으로까지 번지고 있는 게 현실이다. 그 이유는 당시 조선의 어부 안용복의 활동으로 조선과 일본이 최초로 정부차원의 외교적 접촉을 하게 되었으며, 이를 계기로 일본 정부가 한국의 독도 영유권을 공식적으로 인정했기 때문이다.

안용복은 조선의 어부로, 숙종실록의 기록에 의하면 숙종 19년(1693) 박어둔 이하 십여 명과 함께 울릉도에서 어로 및 농사 활동을 하던 중 일본 오야가문의 어부들과 충돌하여 일본 오키섬까지 납치당하게 된다. 오키島主는 안용복 일행을 돗토리번(鳥取藩)의 호키슈(伯耆州)태수에게 이송하게 되며, 안용복은 호키슈 태수 앞에서 울릉도가 조선의 영토임을 강조하며 일본인들의 출어를 금지하여 줄 것을 요구하였다. 이에 호키슈 태수는 이를 도쿠가와 막부에 보고하고 '울릉도는 일본의 영토가 아니다'라는 서계(書契)를 써주어 안용복 일행을 조선으로 귀국하게 하였던 것이다.[14] 이러한 안용복의 활동과 일본 중앙정부의 결정은 원록(元祿)시대(1688~1704)의 일본 측 기록에도 잘 나타나있다. 그러나 안용복의 도일(渡日) 활동에도 불구하고 일본어부들의 울릉도침범은 계속되었으며, 결국 안용복은 이의 근절을 위해 두 번째 도일을 감행하게 된다.

〈자료 8〉 울릉도 · 독도(竹島 · 松島)가 강원도 소속 이라는 내용이 기록된 모사본[15]

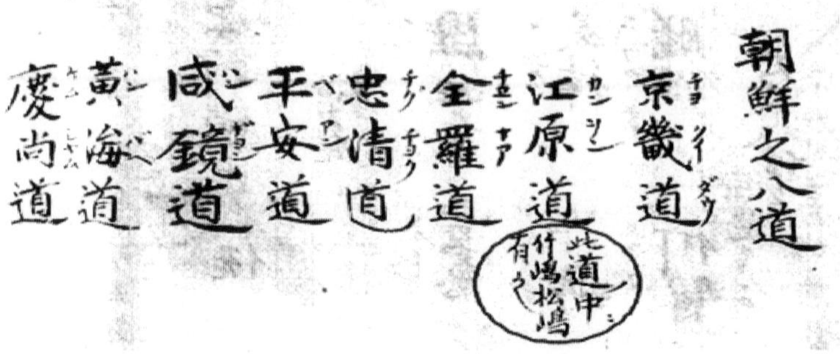

일본학자들은 안용복의 활동이 사실이 아니라거나 그의 진술이 거짓이라 하며 역사적인 안용복의 도일활동 결과를 부정하려 하지만, 안용복 사건은 일본 측 자료에도 기록되어 있는 역사적 사실이다. 안용복의 활동을 기록한 일본 측 자료에는 조선통교대기(朝鮮交通大記), 백기민담기(伯耆民談記), 초려잡기(焦慮雜期), 교린고략(交隣高略), 죽도고(竹島考), 인부연표(因府年表)등이 있다. 1696년 방문에서는, 오키(隠岐)[16]의 무라

---

14) 이 내용에 대해서는 논란이 있다. 즉 안용복이 에도 막부에서 울릉도(죽도)와 독도(송도)를 조선령으로 한다는 취지의 서계를 얻었다고 하는데, 그러한 기록은 아직까지 한일 양측에서 발견되지 않고 있다. 안용복이 쇼군(将軍)의 서계를 받았다고 하는 것은 1693년의 일이다. 돗토리번에서 에도로 보내져, 막부에서 후하게 대접받은 뒤, 서계를 받았지만 돌아가는 길에 쓰시마번에 의해 몰수되었다고 하는데, 이는 아직까지 그 어느 것도 밝혀진 바가 없다.

15) 2005년 일본 오키섬 무라카미家의 서고에서 발견된 것으로 아래 그림 「江原道の中に「竹嶋 松嶋有之」라고 써져있다.」 江原道에 울릉도와 독도가 강원도 소속임을 朝鮮之八道에 설명되어 있다.

16) 시마네 반도 북부의 도서(島嶼).

카미家 문서가 명백히 밝히고 있듯이, 오키에서는 「조선지팔도」를 보여주고, 강원도 안에 죽도와 송도, 즉 울릉도와 자산(우산)도가 있음을 주장했다. 두 섬이 함께 조선의 영토라고 하고, 그 사실을 일본의 관리에게 기록하게 한 것은 중요하다. 이어서 돗토리번에 가서, 돗토리 번주와 만나 항의하려고 했지만, 그것은 실현되지 못했다. 단, 배 안에 미리 준비하고 있었던 「쇼군에게 올리는 서물, 혹은 이나바(因幡) 영주에게 드리는 서물(公方様へ差上候書物, 或は因幡領主に差出候書物)」이 돗토리번에 의해 압수되었던 일이 『죽도기사』에 나타나있다. 그리고 1697년 2월에 쓰시마번이 동래부사에게 던진 질문 속에서 「지난 가을, 귀국 사람이 지편(紙片)을 올린 일이 있습니다. 조정의 영에 따라 나온 것입니까?(去秋, 貴国人呈単の事あり, 朝令に出ずるかと)」한 것에 대하여 조선 측에서는 「바람에 떠다니는 어리석은 백성에 대해서는, 설령 조작이 있다한들 조정에서 아는 바가 아니다(漂風の愚民に至りては, たとい作為する所あるも, 朝家の知る所にあらず)」라고 회답하였고, 게다가 1698년 3월 문서 속에서도 「서장을 올린 일에 관해서는, 진실로 그 경거망동의 죄가 있다(呈書の事に至りては, 誠に其の妄作の罪あり)」라고 기술하고 있다. 이는 관백(関白) 앞으로 보내는 안용복의 문서가 제출되어 있었던 사실은 한일양국이 함께 인정하고 있다. 결국 안용복은 조선인으로서 처음으로 송도(우산도)를 실제로 눈으로 확인하고, 그것이 죽도(울릉도)의 부속섬으로서 강원도에 소속됨을 명확히 한 것이었다. 그 결과로서 조선에서는 우산도에 대한 인식이 확산되어, 『강계고(疆界考)』[17](1756년)이나 『동국문헌비고』(1770년) 속에서 「우산은 즉 왜(倭)가 말하는 송도이다(于山は即ち倭の所謂松島也)」라고 기록하게 된 것이었다. 결국

17) 『동국문헌비고』와 함께 신경준이 편찬한 조선의 역대판도도(歷代版圖圖).

안용복의 2차 도일의 결과 도쿠가와 막부는 울릉도와 독도가 조선의 영토임을 다시 한 번 확인하게 되고 양도(兩島)에 대한 일본인들의 도해(渡海)를 금지하였던 것이다.

〈자료 9〉독도도해금지령문서

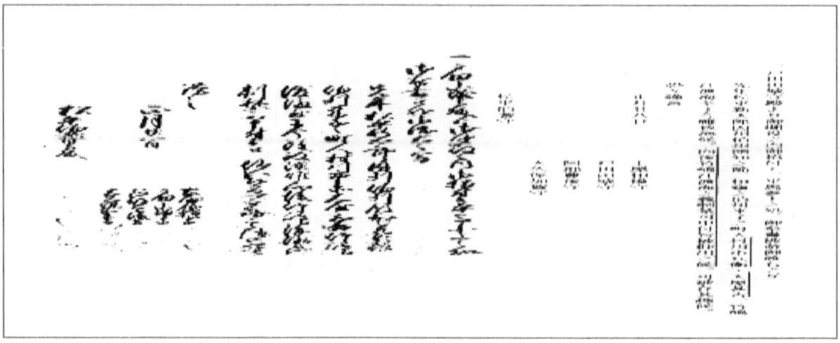

이는 1696년 1월, 오야 · 무라카와 양가의 울릉도 · 독도에의 도항이 금지되었고, 1696년 1월을 계기로 일본이 울릉도가 조선령임을 정식으로 승인하고, 이 '죽도 일건'은 일단락되었다.[18] 그러나 일본은 1696년 1월에 당시 막부가 일본인에게 울릉도 도항을 금지하지 않았으며 그 증거로 이후에도 울릉도 독도 근처에서 일본인들을 보았다는 기록을 예로 들며 독도가 일본영토임을 주장하고 있다. 이러한 일본의 독도영유권주장에 대해 호리가즈오(堀和生)[19]는 다음과 같이 설명하고 있다.

> 17세기 일본인의 송도=독도에서의 어업은 어디까지나 다케시마=울릉도 진출을 부정한 것에 지나지 않기 때문에, 그 다케시마 도항 금지와

18) 北澤正誠『竹島考護』中巻(1881年). 기타자와도 울릉도와 우산도를 다케시마와 송도라고 이해하고 있다. (동 상권)

19) 호리 가즈오 당시 교토(京都)대 교수는 1987년 발간된 일본의 한국사 연구잡지 〈조선사 연구논문집〉에 기고한 "1905년 일본의 竹島 편입"이라는 논문에서 일본정부의 독도 영유권 주장은 제국주의 침략과정에서 구체화된 것이라고 지적하고 있다.

함께 끝났다고 밖에 할 수 없다. 그 증거로 이후 오오타니 · 무라카와 양가가 송도만을 목표로 여행한 일은 전혀 없었다. 그러나 이렇게 겐로쿠기(元祿期)에 다케시마=울릉도로의 도항이 막부에 의해 금지된 후에도 산인(山陰)지방의 어민들이 비밀리에 동도에 건너간 일이 있었던 것 같다.[20] 또한 민간에서는 송도=독도를 오키(隱岐)국의 소속이라고 쓰고 있는 책이 있는데,[21] 나아가 독도=울릉도가 조선의 속령임을 모르는 책도 있었다.[22] 그러나 이러한 책임 없는 민간인의 인식은 영토 주권의 귀속에는 관계가 없다. '다케시마 일건' 이후 막부의 영토 의식을 나타내는 자료로 관찬 지도를 들 수 있다. 일본 의 관찬지도 속에서 송도=독도를 최초로 그린 것은 나가쿠보 세키스이(長久保赤水)의 『일본여지노정전도』(1773년)이다. 이 지도는 경위선을 사용한 최초의 지도이기도 했다. 나가쿠보는 또한 목판 채색 인쇄한 『일본노정여지도』(1778년)를 간행했다. 이 지도에서 특히 주목되는 것은 일본 본토와 그 부속 지에는 모든 채색이 있지만, 다케시마와 송도는 조선 반도와 함께 채색되지 않은 것이다.[23] 즉, '다케시마 일건'을 답습한 이후의 관찬지도는 다케시마, 송도를 함께 일본 영토로 취급하고 있지 않다. 또한 고지도의 단계를 완전히 탈피했다고 하는 관찬지도, 이노우 타다타카(伊能忠敬)의 『대일본연해여지전도』(1821년)에는 다케시마, 송도와 함께 포함되지 않은 것이다. 즉, 거의 17세기 후반에는 다소 모호했는데, 겐로쿠시대의 조선 정부와 교섭을 거친 후, 막부는 송도=독도의 존재를 인지하고 있으면서, 그것을 일본령이라고 보고 있지 않았던 것이다. 이상 간단한 결론을 내리면, 일본인이 17세기에 송도, 독도에 대해 깊이 알게 된 것은 어디까지나 일본인이 조선령인 울릉도에 진출하고 있었던 상태였기 때문이다. 그리고 양국 정부의 협상에서 울릉도가 조선 소속으로 정착되었을 때, 그 속도인 송도=독도도, 지극히 자연스럽게 일본의 판도에서 제외

20) 戸田敬義, 「竹島渡海之願」의 「竹島之図」 参照.

21) 北図通葬編, 『竹島圖説』(宝暦年間).

22) 松浦武四郎, 『他計甚磨雑誌』(1854年).

23) 崔書勉 前掲 論文.

되었던 것이다.[24)]

그럼에도 불구하고 일본은 1696년 1월 이후에도 안용복일행이 울릉도 · 독도 근처에서 일본어부들을 보았으며 그리고 일본에 와서 일본인들의 울릉도 · 독도 도해를 금지해줄 것을 요구했다는 이유를 들어 막부에 의한 울릉도 · 독도 도해금지령에 대해 부정하고 있다. 이에 대한 근거로 일본은,

> 1696년 5월 안용복이 동료 10인과 오키에 나타났다. 돗토리번에 소송하러 간다는 등 그들의 진술한 내용은 오키에 있는 「겐로쿠 9 병자년에 조선배가 해안에 도착한 일을 기록한 한권의 각서(元禄九丙子年朝鮮舟着岸一巻之覚書)」에 기술되어 있다. 돗토리번에 도착한 안용복인행을 보고받은 막부의 지시로, 가로(현재의 돗토리시 가로)에서 추방되어 귀국했다. 귀국한 안용복이 조선왕조의 군사향정기관인 비변사에서 말한 내용은 『숙종실록』에 기재되어 있다. 쓰시마번은 1696년 10월에 번에 온 조선사절에게 막부의 도해 금지 결정을 전했다. 그 과정에서 당시 마쓰시마라고 불리던 현재의 다케시마에 대해서는 조선과의 교섭에서 일체 언급되어 있지 않다. 또한 다케시마(울릉도)도해금지사실을 조선에 전한 쓰시마 번은 그 후에도 울릉도 도해 금지에 대한 조선의 事例章을 문제 삼았고, 또한 조선인이 쓰시마번을 통하지 않고 소송하려 한 사실에 대해 1699년까지도 계속 조선과 교섭을 했는데 이런 사실이 쓰시마번의 기록 『다케시마기사(竹島紀事)』에 기재되어있다.[25)]

이처럼 일본은 당시 막부가 일본어민들에게 울릉도 · 독도는 일본영토와 관계가 없는 곳이니 도해하지 못하게 한 사실에 대해 여러 이유를 들

24) 『조선사연구회논문집』(제24집)(1987년 3월), p. 4.
25) 『竹島問題100文100答』에 대한 비판(경상북도 독도사료연구회편, 2015), p. 211.

어 부정하고 있다. 그 이유 중 하나가 안용복의 울릉도 · 독도 주장이 거짓말이라는 것이다. 특히 조선의 기록에 안용복이 부정적으로 비춰지고 있는 점을 들고 있다.[26] 안용복의 당시 행위들을 조선정부가 스스로 부정한 것과 그리고 안용복이 1696년 1월 이후에도 울릉도에서 일본인을 보았다는 공술 등을 들고 있다. 더 나아가 일본정부는 1696년 정월에 울릉도 도해가 금지되어 있었으므로 일본인들은 울릉도에 가지 않았기에 안용복이 1696년 5월에 울릉도 · 독도에서 일본인을 보았다는 것을 포함해서 안용복의 진술을 믿을 수 없으며 더 나아가서 한국정부가 안용복의 과거행적을 내세워 울릉도 · 독도 영유권을 주장하는 것에 대해 부정하고 있다. 그러나 일본의 이러한 주장에 모순이 생기는 것은, 막부가 1696년 정월을 계기로 요나고(米子) 사람들에게 울릉도 도해를 금지한 것은 사실이다. 이는 일본정부도 인정하고 있다. 그리고 안용복이 1696년 5월에 울릉도 · 독도에서 일본인을 보았다는 내용이 사실이고, 당시 조 · 일 간의 울릉도 교섭결과로 울릉도에 도해가 금지되었다는 것도 일본이 인정하고 있다.[27] 그러나 일본은 당시 울릉도만 일본인 도해금지대상이었지 독도는 도해금지대상이 아니었기에 독도가 일본영토라고 주장하고 있다. 하지만 1696년 안용복관련 鬱陵島爭界(일본에서는 죽도일건(竹嶋一件)이라 부름)가 발생하기 36년 전인 1659년에 오야 진키치(大谷甚吉) 무라카와 이치베에(村川市兵衛), 즉 오야 · 무라카와 가문이 기

26) "한국은 숙종실록(肅宗實錄)에 안용복이 일본으로 건너가 울릉도 · 독도에 대해 일본의 영토침범에 항의한 것"으로 기록되어 있다고 주장하지만, 같은 숙종실록에는 쓰시마의 사신이 "작년에 貴國人(조선인 안용복)이 소송하려 한 일이 조정의 명령에 의한 것인가"를 물은 데에 대해, 조선 조정은 어떻게 화답할까를 어전회의에서 상담한 기록이 있다. 대처 방침은 "만약 답해야 할 일이 있다면 역관을 에도에 보내면 될 터인데 무엇을 꺼려 소란스런 포민(浦民)을 보낼 일이 있겠는가?.... 태풍에 표류한 어리석은 백성이 무언가를 했다 해도 이는 조정이 알바는 아니다"라는 것으로 귀결된다. 『竹島問題 100問 100答』(Will 2014. 3月号), p. 189.

27) 『竹島問題 100問 100答』(Will 2014. 3月号), p. 143.

록하고 있는 독도는 울릉도의 부속 섬으로 기록하고 있다. 여기에는 '울릉도 · 독도(竹島松島),' '울릉도 안의 독도(竹島之內松島),' '울릉도 근처의 소도(竹島近所之小島),' '울릉도 근변의 송도(竹島近邊松島)' 등과 같이 울릉도와 독도를 하나의 섬으로 또는 지금의 독도를 울릉도의 부속 섬으로 보고 있다. 이후에도 독도가 일본영토가 아니라는 일본의 인식은 하야시 시헤이(林子平)의 삼국접양지도(三國接壤地圖, 1785) 및 나가쿠보 세키스이(長久保赤水)의 개정일본여지로정전도(改正日本輿地路程全圖, 1791) 등을 통해서 알 수 있다.

Ⅵ. 나가며

일본 시마네현(島根県)은 올해도 어김없이 독도가 일본땅 이라는 주장을 펴기 위해 2월 22일 현청소재 마쓰에시(松江市)무도관에서 이른바 '죽도의 날, 竹島の日'행사를 개최했다. 올해로 11회째이다. 지난해 일본은 고등학교 교과서에 독도교육을 포함시킴으로써 이제 전국 모든 초 · 중고등학교에서 독도가 일본의 고유영토로 가르치게 되었다. 한편 지난 1월 22일 일본 기시다 후미오(岸田文雄)외무상이 일본국회 외교연설에서 3년 연속 독도영유권을 주장했다. 이는 작년 12월 28일 일본군 위안부 합의를 한 이후 이제는 본격적으로 독도를 쟁점화하려는 것으로 보인다. 기시다는 이 연설에서 "일본의 고유 영토인 시마네현 다케시마에 대해 일본의 주장을 확실하게 전하고 끈질기게 대응할 것"이라고 주장했다. 한편 이에 앞서 2012~2013년 외무상의 외교연설에서는 "다케시마 문제는 하루아침에 해결될 문제는 아니지만 끈질기게 대응할 것"이라는 표현을 썼다. 이후 2014년 외교연설에서부터는 일본의 독도영유권을 포함했다. 일본정부에 의한 독도영유권 주장은 어제 오늘의 일이 아니다. 그리고 일본정부가 독도영유권을 주장하는 동기는 '교육을 통해 자라나는 청소년들에게 일본의 고유영토인 독도가 한국에 의해 불법으로 점거되어 있다'고 가르치기 위한 것이다. 이에 대한 근거는, 지난 수년간 일본이 학생들에게 가르쳤던 독도관련 영유권주장 내용을 통해서 알 수 있다. 1990년대 일본 교과서에서 독도 관련 기술은 '일본과 한국 사이에 竹島 문제가 있다'고 언급하는 수준이었다. 그러다가 2003년 고등학교 교과서인 「最新日本史」(明成社版)에 "竹島가 우리나라(일본) 고유의 영토"라는 기술이 최초 등장했지만 그 영향은 미미하였다. 그러나 일본 시마네현 의회가 '시마네현 고시 제41호'(1905.2.22.)의 독도 편입 100주년을 기념하기 위해 '竹島의 날'(2.22)을 조례로 정한 2005년부터 일본의 독도 교육이 강화되기 시작하였다. 이때부터 독도를 일본의 고유영토라고 하는 주장을 뛰어넘어 한국이 불법점거하고 있다고 기술하기 시작하였다. 그리고 같은 해 발간된 중학교 공민교과서(扶桑社, 후소샤)에서 "죽도를 한국이 불법 점거"하고 있다고 기술하기 시작한 뒤 2007년 · 2008년도 판 고교 사회과 교과서 2종이 독도를 "한국이 불법으로 점거", "한국이 점거"라고 하는 교과서가 뒤이어 나왔다. 그러한 바탕 위에 2008년부터 일본 외무성이 앞장서서 竹島 홍보 팸플릿의 발간과 홈페이지의 '竹島' 사이트를 통해 독도가 일본의 고유영토이고, 한국이 불법점거하고 있다고 하면서 대내외적 홍보를 강화함과 동시에 일본문부과학성이 독도교육을 정부차원에서 독려하고 나섰다.

그 결과 2008년 7월 14일, 일본 문부과학성은 교사용 중학교 사회과 '학습지도요령해설서'를 통해 한 · 일간 독도를 둘러싸고 영유권 주장에 차이가 있다고 기술하여 '독도'를 직접적으로 명기하고 나섰다. 그 이듬해인 2009년 12월 25일, 교사용 고등학교 '학습지도요령해설서'의 발표에 '독도' 표현은 없었으나 '중학교에서의 학습을 바탕으로'라고 기술함으로써 사실상 '독도 영유권'을 주장하였다. 그리고 2010년 문부과학성이 검정 통과시킨 초등학교 사회교과서(5학년) 5종 모두에 독도영유권이 일본에 있음을 기술하였다. 2011년 3월 30일에 검정 통과한 교과서에서 모든 지리교과서 4종과 공민 7종을 포함해 역사 1종(7종 검정 통과)에서 독도가 일본의 고유영토라고 표현하였고, 지리교과서 1종과 공민교과서 3종이 한국이 불법점거하고 있다는 기술을 하였다. 2012년 3월 27일의 고등학교 교과서 검정통과에서도 일본의 부당한 독도 영유권 주장이 그대로 담겼다. 2013년에는 고등학교까지 독도가 일본영토라고 기술했고 2016년 올해부터는 일본중학교에 배포되는 역사교과서 8종 모두에 '독도가 일본 땅'이라고 기술되어있다. 이처럼 일본의 독도영유권주장은 과거와 현재를 떠나 미래에도 계속되리라 생각된다. 본 논문이 분석했던 중세이래로 일본에 의한 독도관련영유권주장은 과거 양국 정부 간의 외교문제에서 이제는 교육현장에 까지 파고들고 있다. 한국의 입장에서 보면 일본이 자라나는 청소년들에게 독도교육을 시키는 것이 적반하장이 아닐 수 없다. 그러나 일본의 행위가 비록 터무니없고 비정상적이라 할지라도 우리가 이에 대해 대응을 게을리 한다면 일본의 억지주장을 용인하는 결과를 초래할 수도 있다.

참고문헌

김기혁(2006). 「일제 강점기 울릉도 지명의 생성과 변화」, 『문화역사지리』 제18권 1호. 한국문화역사지리학회.

崔書勉. 「古地図から見た独島」(『統一日報』 1981年 5月 27-29日).

北澤正誠(1881). 『竹島考護』 中巻.

松浦武四郎(1854). 『他計甚磨雑誌』.

戸田敬義. 「竹島渡海之願」의 「竹島之図」.

隱州視聽合紀(2007). 독도자료집 III(동북아역사재단).

北図通葬編. 『竹島圖說』(宝暦年間).

『세종실록지리지』(1454, 권153).

『조선사연구회논문집』 제24집(1987년 3월).

『竹島問題100文100答』에 대한 비판(경상북도 독도사료연구회편, 2015).

『竹島問題 100問 100答』(Will 2014. 3月号).

http://dokdo.mofa.go.kr/kor/index.jsp(한국외교부 홈페이지, 접속: 2016.1.18).

www.mofa.go.jp/mofaj/area/takeshima/(일본외무성 홈페이지, 접속: 2016.1.18).

집필진 소개(게재순)

김웅기

홍익대학교 상경대학 조교수.
정치학 전공.
주요 업적은「在日コリアンと韓国国政参政権: 権利主体という新たな属性の発生」(『일본학보』 제93집, 2012),「혐한 현상으로 인한 재일동포사회의 충격」(2014년도 재외동포재단 용역사업) 등 다수.

최인숙

성공회대 외래교수.
프랑스, 한국, 일본 여론 전공.
주요업적은「반론기술을 이용한 여론의 구조분석: 원자력 발전에 대한 일본인의 여론」(2012),「한국과 일본의 탈물질주의」(2013),「이원집정제 권력모델 분석 연구: 프랑스, 오스트리아 사례를 중심으로」(2015) 등 다수.

문연주

방송통신심의위원회 연구위원.
방송통신정책, 출판학 전공.
주요 업적은『일본 편집자의 탄생』(2010),「동일본대지진 보도와 대일이미지의 구성」(2012),「인터넷을 통한 일본 대중문화 수용 현황 및 특성 연구를 위한 시론」(공저, 2013) 등 다수.

이기태

통일연구원 부연구위원.
일본외교, 일본안보정책 전공.
주요 업적은『동아시아 세력전이와 일본 대외전략의 변화』(공저, 2014),「데탕트기 미국의 동아시아 정책과 일본의 대한안보정책: 미국의 '철수', '균형', '연합' 전략과 한일안보협력」(2014),「일본 공명당과 집단적 자위권 행사 용인 문제」(2015) 등 다수.

이진원

서울시립대학교 국제관계학과 교수.
일본정치, 일본지방자치 전공.
주요 업적은『동아시아 공동체론의 현황과 전망』(공저, 2009),『한중일3국의 시민사회를 말하다』(공저, 2006),『한중일3국의 의사소통구조』(공저, 2004) 등 다수.

김종걸

한양대학교 국제학대학원 교수.
현대일본경제, 개발경제론 전공.
주요 업적은 『한국형 복지국가』(2014), 『글로벌 금융위기와 대안모델』(2012), 「한국과 일본의 사회적경제」(2014), 「韓国協同組合基本法の背景・構造・今後の課題」(2012) 등 다수.

전영수

한양대학교 국제학대학원 특임교수.
현대일본경제, 일본금융론 전공.
주요 업적은 『이케아세대, 그들의 역습이 시작됐다』(2014), 『세대전쟁』(2014), 「사회적경제의 일본적 특징과 함의」(2015), 「관민협치로서 새로운 공공의 한국적 시사점」(2015) 등 다수.

임현정

성균관대학교 사교육혁신 교육연구소 책임연구원.
일본지역연구, 복지정책 전공.
주요 업적은 「일본의 지방분권개혁 이후 중앙-지방정부 간의 관계-시가현의 복지정책 영역을 중심으로-」(2015), 「日本の福祉政策における厚生労働省の政策戦略-障害者福祉政策を中心に」(2015) 등 다수.

오현석

서울신학대학교 일본어과 조교수.
비교사회문화학(일본사회문화, 일본미디어론 전공).
주요업적은 「일본의 축구중계가 구축한 내셔널적인 담론」(2015), 「일본의 문화연구에 관한 일고찰-미디어연구를 중심으로-」(2015), 「일본의 축구중계 시청과 내셔널 아이덴티티」(2012) 등 다수.

이지영

창원대학교 사회과학연구소 박사후연구원.
일본정치, 현대문화공공정책 전공.
주요 업적은 『일본 부활의 리더십-전후 일본의 위기와 재건축』(공저, 2013), 『젠더와 세계정치』(공저, 2013), 「일본의 지방의회 여성의원 충원경로의 다양성」(2014), 「일본 사회의 일본군위안부문제에 대한 담론의 고찰」(2013) 등 다수.

곽진오

동북아역사재단 연구위원.
현대한일관계, 정치학전공.
주요업적은 『세계화와 동아시아민족주의』(공저, 2010), 『세계제국, 미국』(역서, 2014), 「강화조약을 통해서 본 일본의 독도인식」(2015) 등 다수.

경쟁과 협력의 한일관계

초판 1쇄 인쇄 2016년 2월 25일
초판 1쇄 발행 2016년 2월 28일

지은이 한국일본학회
펴낸곳 논형
펴낸이 소재두
등록번호 제2003-000019호
등록일자 2003년 3월 5일
주소 서울시 관악구 성현동 7-77 한립토이프라자 6층
전화 02-887-3561
팩스 02-887-6690
ISBN 978-89-6357-423-3 94340
값 20,000원

이 도서의 국립중앙도서관 출판예정도서목록(CIP)은 서지정보유통지원시스템 홈페이지(http://seoji.nl.go.kr)와 국가자료공동목록시스템(http://www.nl.go.kr/kolisnet)에서 이용하실 수 있습니다.(CIP제어번호: CIP2016005713)